植民地と児童文化

植民地教育史研究年報◉2010年………13

日本植民地教育史研究会

皓星社

植民地と児童文化

2010 植民地教育史年報 第13号 目次

巻頭言 …………………………………………………………… 槻木瑞生　3

Ⅰ．シンポジウム　植民地と児童文化

シンポジウム開催趣旨 ………………………………………… 前田　均　8
「植民地と児童文化～朝鮮研究から」………………………… 大竹聖美　10
子どもたちに届けられた"読み物"を考える………………… 北川知子　32
植民地と児童文化　～「満洲」研究から
　— 石森延男の満洲児童文学活動を中心に— ……………… 河野孝之　41
「在満日本人」という共同体の創出 …………………………… 山本一生　50
台湾の児童文学と児童文化……………………………………… 河原　功　58
河原功氏の発表についてのコメント ………………………… 弘谷多喜夫　69

Ⅱ．研究論文

日本領有時代台湾における初等義務教育制度に関する考察……… 林　琪禎　74

Ⅲ．研究ノート

「大東亜共栄圏」下の植民地文化政策—胡蝶の夢の虚構と実相— 田中　寛　100

Ⅳ．研究資料

在日コリアン一世の学校経験 — 金時鐘氏の場合—
………………………………………………… 李　省展・佐藤由美・芳賀普子　126

Ⅴ．旅の記録

台湾教育史遺構調査（その3）………………………………… 白柳弘幸　148

Ⅵ．書評

小林茂子著『「国民国家」日本と移民の軌跡—沖縄・フィリピン移民教育史—』
…………………………………………………………………… 小島　勝　156
遠藤正敬著『近代日本の植民地統治における国籍と戸籍——満洲・朝鮮・台湾』
…………………………………………………………………… 佐野通夫　165
本間千景著『韓国「併合」前後の教育政策と日本』………… 李　省展　173
武強著　監修宮脇弘之　蘇林・竜英子翻訳
『日本の中国侵略期における植民地教育政策』……………… 弘谷多喜夫　181
林　初梅著『「郷土」としての台湾　郷土教育の展開にみるアイデンティティの変容』
…………………………………………………………………… 中川　仁　186
中川　仁著『戦後台湾の言語政策—北京語同化政策と多言語主義』
…………………………………………………………………… 桜井　隆　194
高婷著『近代中国における音楽教育思想の成立　留日知識人と日本の唱歌』
…………………………………………………………………… 岡部芳広　200

Ⅶ. 気になるコトバ
軍歌……………………………………………………………… 桜井　隆　210

Ⅷ. 研究活動報告
韓国独立記念館研究所との研究交流・シンポジウム参加報告
チョナン（天安）を訪れて ― 独立記念館シンポジウムから ― … 渡部宗助　216
1910年代朝鮮総督府学務局の植民地歴史教育 ……………… 佐野通夫　223
1910年前後の日本の歴史教育－その状況・教育課程・教科書 … 渡部宗助　242

Ⅹ．彙報 ………………………………………………………… 白柳弘幸　266
編集後記 ………………………………………………… 岡部芳広、中田敏夫　271
著者紹介 ……………………………………………………………………… 272
CONTENTS …………………………………………………………………… 275

巻頭言

槻木瑞生[*]

　私の知人にタイ人のおばさんがいる。なかなか美味しいタイ料理を作ってくれるが、遠慮なく厳しいこともおっしゃる。ある時、天国と地獄の話になった。「お前は間違いなく地獄へ行く。それで、文句あるか？当然私は天国に行く。私は天国へ行きたい。」とここまでは普通の話である。その後が少々変わっている。「だけど天国では何もしなくても、三度、三度のご飯が出てくるのだろう？それはつまらないな。地獄へ行けば仲間がいる。それで仲間と騒いで暮らして行ける。それならば地獄の方がいいかな。」こんなことを言われるとこちらは笑うしかない。

　タイは貧富の差が激しい。豊かな人は極端に豊かである。それで貧しい人は豊かになりたいと思っているのだろうか。それは間違いない。それでは心の底からそう思っているのだろうか。「いやあ、場合にはよっては地獄でも良いよ。」と、本音はそんなところである。

　豊かな生活は良いと言えば良い。しかし豊かな生活に縛り上げられて上品な服を着ているから、あのきたない屋台であの美味しい辛い蝦の炒め物を食べられない。また豊かな人は偉い人でなければならないから、勉強したくなくてもしなければならない。貧しい人は多少の悪さをしても拳固で殴られる程度だが、豊かな人や偉い人はマスコミから轟々の非難を受ける。だから相当に神経を使って生活することになる。どちらが幸せなのか。

　日本でもこんな話がある。かつての農村では、息子の中で一番頭が良い子には農業を継がせた。天候、水、土の状態は毎年のように変わる。千変万化の自然を相手にするのには頭の良い子でなければならない。次

[*]元・同朋大学教員

にあまり頭が良くなくても、口先が達者な子は商人にする。そして何もできず本を読むぐらいしかできない頭の悪い子は、寺子屋に入れて、坊さんにするか先生にする。これは実に辛口の冗談である。

　しかし日本では、いつから豊かさが最高の価値になったのだろうか。豊かさ以外の価値はないのだろうか。またいつから成績が良い子が立派な子ということになったのだろうか。学校の教科書に書かれているものはすべて「過去の知識」である。もちろん「過去の知識」は必要だ。だが未来になって、過去の知識だけではどうにもならないことが起こった時に過去の知識の成績が良いだけで対応できるだろうか。極楽に行っても蓮の葉の上に座っているだけなら、腰が痛くなったりまた退屈しないだろうか。

　「近代国家」の建設は国境を作ることから始まる。国境の中にある多様な生活、文化、人種をひとまとめにし、外国から来る「敵」に対応しようとする。ひとまとめにするには、すべての住民に共通の言語(標準語)、共通の文化(近代科学)、共通の象徴(桜、富士山、歴史)を教えて、そこに一つの国民を生み出さなければならない。それらを教えるために、まず必要なのは「近代学校」である。「近代学校」は高度な文化を伝えるために創られたのではなく、「近代国家」建設に必要だったからだ。だから「近代学校」は間違いなく「国家主義」に基づく施設である。この事情は現在でも何も変わってはいない。

　明治の初期には各地で、「学校は寺子屋より教育水準が低い。だから学校建設に反対する。」という暴動があった。「三重暴動」はその典型であろう。この暴動は「無知蒙昧な人民」が反乱を起こしたのではない。「近代学校」に対するごく自然な評価の結果である。だから政府は「近代学校」の価値を認めさせなければならなかった。そして「近代学校」の内容整備のために帝国大学に教育学の講座が作られ、専任の教員が置かれた。それが明治の後半であった。

　「近代学校」体系の下では「多様さ」は許されない。日本に日本語の通じない日本人がいたらどうなるだろうか。すべての人に通ずる標準語は必要だ。また地方文化は中央文化より遅れたものとしなければならない。そうしなければ中央の「近代的文化」を学んでくれないだろう。こうした「近代学校」のねらいは、一貫した学校体系を作り、学校体系を

軸とする試験制度を普及させ、試験の成績の良い子を「優秀」とすることで完成される。

　満洲の教育当局が悩んだ問題は、中国の地に馴染んで日本語のできない子弟の問題であった。また桜や富士山を教えたところで、こどもたちには何の共感も沸かないことであった。そのために日本人であることを止めてしまった日本人も多い。植民地当局が感じていた教育の問題点は現地人を「同化」するよりも、まずは同化されて行く日本人にあった。

　なぜ在満日本人は現地の文化を吸収しようとしたのだろうか。また現地の人々は日本側の学校で何を吸収しようとしたのだろうか。日本が植民地で作った現地人学校は、現在でも残っている。しかしアメリカ大陸にあった日本人学校は消えてしまった。このことをどのように考えるだろうか。

　序に言うが、あの程度の教育で「同化」されてしまうほど、当時のアジアの人々の文化的水準は低かったのだろうか。漢奸などと言うことばは論外としても、日本側の学校に来た人がまず自分たちの世界についてどのような未来を描き、そのためにどのような知識を求めていたのか。これを見直す必要がある。戦後の「同化教育論」は、見方によってはアジアの人々を貶めるための論議のような気がしてならない。

　近現代教育史研究の目的は、江戸時代の寺子屋を単に古臭いものとして次の時代の「近代教育」を創る「基盤」となったと定義することではない。さらに漢族、朝鮮族、モンゴル族、ロシア人などの学校、私塾、書院、書堂を「遅れたもの」、「役に立たないもの」と位置づけるものでもない。ペリーが来日した時にアメリカの教育は巡回教師の時代であって、アジアより教育水準が「遅れていた」ことを忘れてはならない。要するに近代以前の教育は、「近代教育」とは全く価値や質が違うものとして見直すことが必要である。

　「近代教育」とはかなりの「偏り」を持った教育である。私たちの教育史研究の仕事は、その「偏り」をできるかぎり客観的に見直すためのものだ。

　当たり前のことだが、日本の「近代教育」と、西欧の「近代教育」は全く異なる。日本の教育学者の理想であるJ.J.ルソーの評価でさえ、日本と西欧では正反対と言えるところがある。近代の日本の教育学のあこ

がれであったルソーは、日本人が作ったルソー像であって、むしろなぜ、日本人がそうした姿を求めたかを探ることが先である。そうした作業は既に始まっているが、それを始めたのは教育学以外の人々であることは残念である

　日本の教育関係の辞典を見ると、学校、近代学校、私塾などをきちんと定義しているものは少ない。中にはそうした項目さえ入っていないものや、その定義もバラバラと言ってよいものがある。それは私たちに「近代教育」について、戦前から引き継いだかなりの「偏見」があるためである。

Ⅰ. シンポジウム

植民地と児童文化

シンポジウム開催趣旨

前田　均*

　これまで当会では大会のシンポジウムにさまざまなテーマを設定してきたが、おもに制度やそれに基づく学校教育や教科書等が扱われることが多かった。「教育（史）」を考えるにあたっては、制度等を「表」とするならば「裏」である学校教育以外で行われた子どもに対する文化活動を取り上げることも必要であろう。今回はその観点から「植民地と児童文化」と題してシンポジウムを開催することとなった。「裏」と言ったが、決して「表」のみを重視する立場からそう言っているのではない。むしろ「裏」の方が子どもたちに対しての影響が強いこともある。考えてみれば現在、世界中で人気のある日本のマンガやアニメも「児童文化」と考えてよいであろう。その影響力を過小評価する人はいないはずだ。

　私が多少とも詳しい台湾を例にとる。台湾映画『冬冬の夏休み』（１９８４年）は主人公が小学校を卒業する場面から始まるので冒頭には「仰げば尊し（畢業歌）」が流れるが、最後の場面は「赤とんぼ」（山田耕筰）で締めくくられる。テレビのCMでも日本の童謡が用いられることがある。戦後に児童雑誌の編集に携わった人に話を聞いたことがあったが、戦前の『少年倶楽部』の小説を翻案して掲載したこともあったそうである。忘れ去られた作品の再利用である。『少年探偵団』の中国語訳を見かけることもあるが、これも戦前からの継承であろう。親や祖父母が子どもにする昔話が「桃太郎」であることもあった。「桃太郎」は台湾では映画の主人公『新桃太郎』となって戦後も活躍した。そういえば子どもに「七つの子」を歌って寝かしつけたという人（昭和ヒトケタ世代の女性日本語教師）に会ったこともある。

＊天理大学国際学部教員

他の地域ではどうなのであろうか。児童文学、児童雑誌、童謡・唱歌、漫画、紙芝居、放送（特にラジオ体操や「少国民の時間」など）、駄菓子屋の文化などが、日本統治下ではどうだったのか、それが戦後にどう継承され継承されなかったのか、それが「表」とどう共存し対立していたのか、解明すべきことは多い。台北駅前にある「台湾歴史館」という小型の博物館風の施設は戦後の台湾の風景を再現したものだが、駄菓子屋も再現展示されている、それを見ると、経営者の「欧婆桑（オバサン）」が座る所が畳であることをはじめ、まるで日本の駄菓子屋である。

たとえば台湾では「里の秋」が歌われることが多い（テレサ・テンの中国語版がある）が、あの歌は戦中に作られたとはいえ、有名になったのは戦後なので台湾への流入も同じと思われる。これなど戦後における継承の例であろう。

最近の日本では、音楽大学や美術大学・農業大学といった特定分野を勉強する大学を舞台にした漫画に人気があり、テレビドラマ化・映画化もされている。一部は台湾でも独自にテレビドラマ化された。漫画を好む世代は実際の大学生より少し下だから、一種の「憧れ」を前提とした作品鑑賞なのではないか。そういえば『ひだまりスケッチ』（蒼樹うめ）も高校の美術科に通うためアパートに住んで勉強する女子の話である。一人暮らしの高校生という「今の自分ではない」姿を描いているわけである。かつての日本の児童文化が東京の山の手の生活を前提としたものであったから、地方や植民地からの憧れの対象としての東京、特に山の手の像がどうとらえられていたのであろうか。どう憧れ、どう反発していたのであろうか。

今回のシンポジウムだけではすべてを尽くすことはできないが、文化史ともかかわるこの分野の研究が進展する契機としたい。

「植民地と児童文化〜朝鮮研究から」

大竹聖美*

1．植民地朝鮮と児童文化に関する研究史

　日本の児童文化史研究において、旧植民地の本格的な調査・研究がはじめられたのは、1990年代以降と言ってよいだろう。台湾人研究者遊珮芸による『植民地台湾の児童文化』（明石書店、1999年）は、その最初のまとまった成果である。

　旧植民地朝鮮に関しては、日本人による研究として、仲村修による朝鮮人主体の反日抵抗児童文化運動の一連の研究[1]が1990年代までは唯一のものであった。韓国人による研究では、李相琴と李在徹の研究があり、両者ともに大阪国際児童文学館が行っていた外国人研究者招聘制度を利用し、日本に研究滞在したことがあり[2]、そのため日本語による論文等も発表されていて貴重である。1990年代までは、この3名の研究が植民地朝鮮の児童文化研究のすべてだったと言ってよい。李在徹、李相琴の日本語論文には次のものがある。

　　李在徹「韓日児童文学の比較研究（1）」、大阪国際児童文学館『児童文学館紀要』第7号、8号
　　李在徹「韓国児童文学の歴史と現状」、児童文学者協会『日本児童文学』1990年6月号
　　李在徹「1920年代の韓半島の児童書――児童雑誌を中心にして」、『子どもの本・1920年代展図録』1991年
　　李相琴「方定煥と「オリニ」誌―「オリニ」誌刊行の背景―」、大

---

*東京純心女子大学子ども文化学科教員

阪国際児童文学『外国人客員研究員 研究報告集1995～1996』1997
年
李相琴「日本と韓国にかける児童文化の橋～韓国オリニ文化をとおして考える～」、大阪国際児童文学『外国人客員研究員研究報告集1995～1996』1997年

　李相琴には、『半分のふるさと──私が日本にいたときのこと』（福音館書店、1993年）という日本語の自伝的児童文学作品もあり、日本では作家としても知られている。戦時中の在日朝鮮人の暮らしを知る優れた児童文学作品として、第27回日本児童文学者協会新人賞、第31回野間児童文芸新人賞、第9回坪田譲治文学賞、第41回産経児童出版文化賞ＪＲ賞などを受賞し、『新編　新しい国語2』（東京書籍）にも一部掲載されている。
　しかし、本国では、李相琴といえば、韓国の幼稚園教育の歴史を初めて体系的に研究した業績が高く評価されている。また、方定煥の研究でも知られている。方定煥は韓国近代児童文学の始祖として、また総合的な近代児童文化運動（オリニ運動。児童雑誌発行・童話集発行・創作童話童謡運動・口演童話運動・こどもの日（オリニナル）創設等）の始祖として、韓国・朝鮮の児童文化を考察する際の重要人物である。李相琴による長年の方定煥研究は、2005年にようやく評伝としてまとめられた[3]。
　一方、韓国児童文学史研究の第一人者として日韓両国において広く知られる李在徹の「韓日児童文学の比較研究（1）」（大阪国際児童文学館『児童文学館紀要』第7号、8号）では、日本の1900～1940年代の児童雑誌を韓国人研究者の立場から研究し、日本の児童雑誌に現れた朝鮮関連記事を概括的に批評している。日本児童文化の＜侵略性＞を指摘した貴重な研究成果である。李在徹は、大阪国際児童文学館での客員研究員期間を経て本国に帰国してすぐ韓国児童文学学会を創設し、1990年7月には、学会誌『韓国児童文学研究』も創刊している。創刊号に掲載された李在徹の論文は、同「韓日児童文学の比較研究（1）」の韓国語版であった。
　発表者は、韓国における児童文化・文学研究の権威である、李相琴、

李在徹両教授に師事しながら、1998年より日韓文化交流基金訪韓フェロー、大韓民国政府招聘留学生としてソウルに滞在し、植民地時代の児童文化資料の調査研究を行った。その成果は、『近代韓日児童文化文学関係史（1895〜1945）』（ソウル：青雲、2005年）、『韓日児童文学関係史序説』（ソウル：青雲、2006年）として韓国語書籍として発表されているが、日本語では、『植民地朝鮮と児童文化』（社会評論社）として2008年になってようやく刊行された。しかし、本著は、2002年に韓国延世大学大学院教育学部博士課程の学位論文として書かれたものの日本語版であるため、2002年以降の研究成果が反映されていない。

　実は、2002年というのは、ワールドカップ・サッカー競技の日韓共同開催が行われた年で、以降、日韓の文化交流が目覚ましい進展を見せていく時代の変わり目でもあった。児童文化・文学研究の領域でも、2002年以降、新しい研究成果が過去にない勢いで発表されていったのである。主たる日本語の研究は次のとおりである。

　　李姃炫『方定煥の児童文学における翻訳童話をめぐって—「オリニ」誌と「サランエソンムル（愛の贈り物）」を中心に』大阪大学大学院言語文化研究科修士論文、2004年
　　金永順『植民地時代の日韓児童文学交流史研究—朝鮮総督府機関紙「毎日申報」子ども欄を中心に—』梅花女子大学大学院博士学位請求論文、2006年
　　黄善英『「童心」の思想と詩法——日韓近代の童謡運動』東京大学大学院博士学位請求論文、2007年
　　金成妍『越境する文学−朝鮮児童文学の生成と日本児童文学者による　口演童話活動−』九州大学大学院比較社会文化学府・日本社会文化専攻博士学位請求論文、2008年

　いずれも韓国人研究者による研究成果であり、日本の大学院における学位請求論文であることが特徴である。

　ところで、植民地における児童文化を考察する際に、重要な観点があることを確認しておきたい。例えば、植民地時代の児童雑誌を例に挙げれば、方定煥によって1923年に創刊された『オリニ』のように、朝鮮

人が主体的に朝鮮の子どもを対象に朝鮮語で書いた雑誌がある一方で、朝鮮人主体の児童雑誌でも日朝両語が混在した雑誌もある。朝鮮人が朝鮮の子どものために主体的に発行した雑誌であっても、使用言語が異なっているのは、その背景の思想が抗日的であるからなのか、実質的な政治的判断がなされているからなのか、発行年度によるものなのかなど細かい検討が必要になってくる。さらに、日本人が日本の子どものために編集した朝鮮を知るための唱歌集や童話集や、朝鮮人が日本語で書いた朝鮮昔話集や童話集がある一方で、日本人が朝鮮の子どもたちのために朝鮮の地で編集した児童読み物集があって、そこには朝鮮語の作品も含まれているなど、一口に植民地児童文化といっても、その主体(日本人であるか朝鮮人であるか)や対象(日本の子ども向けなのか朝鮮の子ども向けなのか)、言語(日本語なのか朝鮮語なのか)が様々で、ときに混在しているのが、この領域の特徴である。

朝鮮における植民地時代の児童文化研究は、上述した論文等があるばかりで、ようやく研究の端緒が開かれたところといってよく、不明な部分が多い。全体を整理して把握するにはまだ時間が必要である。

2.『植民地朝鮮と児童文化』(社会評論社) の概要

そうしたなかで、拙著『植民地朝鮮と児童文化』(社会評論社、2008年)は、執筆主体・読者対象・使用言語が複雑な植民地朝鮮をめぐる児童文化について、落ち穂拾いをするように収集した資料をもとに、どうにかその全体像を概観する目的で編まれたものである。本書の概要に触れることで、植民地朝鮮をめぐる児童文化研究の範囲の広さを知ることができよう。

①日本の近代児童文化・文学研究として

発表者は、まず日本人の児童文化領域における朝鮮観・朝鮮受容を知る必要があると考えた。そのため、本著では、明治期の代表的少年雑誌(『少年園』『穎才新誌』『小国民』『少年世界』)を調べ、特に日清・日露の戦争期にどのような朝鮮関連の記事が掲載されていたかを整理し

ている。また、『少年世界』の主筆であり、多くのお伽噺集を刊行し、この時代の児童文化を築いた人物として巌谷小波の朝鮮観を知らずしてこの時代を理解できないとの認識から、巌谷小波による朝鮮関連の文章や、小波が紹介した朝鮮の昔話、小波が朝鮮に渡り開催した口演童話会の模様などを考察している。

　また、国民愛唱歌として時代を彩った『鉄道唱歌』の詞を書いた大和田建樹の『満韓鉄道唱歌』や、いしはらばんがくの『地理歴史　朝鮮唱歌』など唱歌に歌われた朝鮮の歴史風土を知ることで、この時代の日本人が朝鮮をどう理解し、どう伝えようとしていたかを知ろうとした。

　大正期については、「模範家庭文庫」「世界童話大系」「日本児童文庫」といった叢書が児童文化の中で大きな位置を占めていたことに着目し、そこで紹介された朝鮮や朝鮮昔話はどのようなものであったか検討している。大正期には、明治時代と違った人道主義的な朝鮮観も見られるが、しかし、国際協調の潮流の中にあっても、日本昔話集の巻の中に、アイヌ・琉球・台湾と並んで朝鮮が一地方として組み込まれているなど、帝国主義的な枠組みを確認することができた。

　そして、昭和初期のプロレタリア児童文化の領域にも、朝鮮が登場していたことを確認している。韓国では現在もっぱら児童の人権尊重の先駆的運動で民族独立運動であったとされる方定煥による一連の「オリニ運動」が、『少年戦旗』では無産階級による労農少年運動として連帯の対象と見られ、熱烈に応援されている。また、プロレタリア童謡集として名高い槇本楠郎の『赤い旗』では、槇本楠郎の創作プロレタリア童謡「コンコン小雪」の朝鮮語訳の全文掲載や表紙にハングルが大きく描かれた目を引くデザインに注目させられる。

②植民地の児童文化・文学研究として

　次に、朝鮮に渡った日本人による児童文化活動を知らなくてはならない。例えば、巌谷小波や沖野岩三郎による朝鮮満州巡回口演童話会があったし、朝鮮総督府によって編纂された『朝鮮童話集』や朝鮮教育会による課外図書の「普通学校児童文庫」など、朝鮮で編集、印刷、刊行された日本語書籍もある。さらに詳しく言うと、「普通学校児童文庫」は日本人が朝鮮人子弟に向けて編纂した日本語と朝鮮語が混在した読み物で

あり、日本の児童文化史においても、韓国の児童文化史においても、これまで言及されることのなかった独特の文庫である。まさに植民地児童文化の代表と言えよう。

そのほか、植民地児童文化の中でもさらに際立った存在で、＜皇国臣民化児童文化＞と呼べる一群がある。それは、紙芝居・皇国軍人養成児童図書・綴方集・その他童話集、雑誌などである。紙芝居は、日本においては民間事業者による大衆文化であった紙芝居が、朝鮮においては、総督府によって組織的に社会教育メディアとして利用されていた。ラジオや公会堂などがなく、文盲率の高い農村漁村山間部まで自転車で入り込み、安価な紙芝居で銃後の備えについて宣伝した。そのため、紙芝居は日本国内においては路地裏で子どもたちが群がったまぎれもない大衆児童文化であったが、植民地においては、マスメディアなどのインフラがなく、文盲の人々が多かったことから、幅広い年齢層のための社会教育装置として組織的に活用されていたことが特徴である。その他出版統制が厳しかった時代の刊行物は、創始改名した朝鮮人著者による日本語書籍があり、雑誌には「皇国臣民の宣詞」がかならず掲載されているなどの特徴があった。

③朝鮮の児童文化・文学研究として

最後に、植民地時代を生きた朝鮮人の児童文化活動は、どのようなものだったのだろうか。これも、次のように分類して考える必要がある。

１）朝鮮人による朝鮮人のための児童文化・文学

これは、現在の韓国児童文化・文学史研究で明らかにされている。韓国児童文化・文学史研究の端緒を開いたのは李在徹で、李在徹の一連の研究[4]があるほか、現在、韓国で活発に研究されている。

２）日本に渡った朝鮮人の日本児童文化の受容

まず、崔南善は、朝鮮初の近代的な雑誌『少年』を刊行したが、これは、巖谷小波主筆の『少年世界』と比較することができる。啓蒙主義的な『少年』誌と、崔南善を知る必要がある。また、崔南善には、『京釜鉄道歌』という朝鮮初の唱歌があり、これは、日本の鉄道唱歌をモデルに作られ

たものである。

　次に、方定煥と雑誌『オリニ』のほか、口演童話など一連のオリニ運動を知らなくてはならない。『オリニ』は、同時代の日本の雑誌『赤い鳥』『金の船』などと比較できる。

　最後に、金素雲の存在も重要である。『木馬』等、日本語と朝鮮語を併記した児童雑誌を朝鮮の子どもたちのために創刊したほか、朝鮮の歴史や文化を日本人に伝えるための日本語書籍も多い。

3．朝鮮総督府朝鮮教育会『普通学校　児童文庫』(1928～1930年)

　上述の通り、植民地と児童文化を考える際には広い角度から考察すべきである。

　ここでは、朝鮮に渡った日本人が、朝鮮の子どもに向けて行った児童文化活動について詳しく紹介したい。この領域は、これまで日本の児童文化史のなかでも韓国の児童文化史の中でも言及されず、取り残されてきた特殊な存在である。典型的な植民地文化と言ってよいだろう。朝鮮教育会による課外図書の「普通学校児童文庫」について、『植民地朝鮮と児童文化』（社会評論社）から抜粋するかたちで紹介する。

＜図１＞朝鮮教育会『普通学校　児童文庫』第一学年、表紙（1930年11月、大韓民国国立中央図書館所蔵）

① 1928 年——植民地朝鮮における童話教育への関心の集中

　1928 年 5 月～ 1930 年 11 月にかけて、朝鮮総督府傘下の教職員組織である朝鮮教育会が『普通学校　児童文庫』を発行した。春と秋の年 2 回、学年別の編集で、3 年間で計 35 巻の出版である。

　朝鮮で、『普通学校　児童文庫』が発刊された 1928 年といえば、日本児童文学史上忘れることのできない時期でもある。前年の 1927 年から始まったアルスの『日本児童文庫』(全 76 巻)や菊池寛編集の『小学生全集』(全 88 巻)の販売合戦と全国への普及のまっただなかであったからだ[5]。これは、1920 年代の日本の児童文学を集大成するような現象だったと評価されている。

　こうした流れが、朝鮮の教育界にも影響を与えたのだろう。1928 年は、童話教育に関する関心や論議が集中した。それは朝鮮教育会が発行していた朝鮮の教員のための教育関連雑誌『文教の朝鮮』を見るとわかる。1928 年 1 月号は「童話号」と副題が付けられ、童話と教育に関する特集が組まれた。高田邦彦(総督府編集官)の「童話の本質に就いての小考察」、佐田至弘(朝鮮児童協会)の「童話の価値及童話口演者としての条件」、三ヶ尻浩(竜山中学校教諭)の「童話と教育」などの論考のほか、童話が 10 篇、児童劇が 5 篇紹介されている[6]。つづく 2 月号は「普通学校国語教育研究」と副題が付けられ、国語教育が特集された[7]。また、4 月号、6 月号でも高見清太郎「童謡に就いての考察」(一)(二)が連載された[8]。

　このような朝鮮教育界における童話教育への関心の高まりの中で、1928 年 5 月、『普通学校　児童文庫　春の巻一』が発行されるのである。その全容は『文教の朝鮮』に掲載された＜公告＞で告知された。

　　▲体裁——菊判・百頁内外・表紙プロセス七度刷・口絵六度刷・凸版挿画数拾個二段枠付総振り仮名
　　▲実費——一部金拾銭
　　▲冊数——各学年一冊
　　▲予約——各支会に於て各学校の需要冊数を府郡島分会毎に各学年別に取りまとめ来る三月十日迄に本会へ申し込まれたきこと
　　▲配本——朝鮮教育会は各道支会申し込みの需要冊数調に依り各府郡島分会宛に一括送達すること送料実費は需要者に於て負担のこと

▲送金——各府郡島支会は前項の配本を受けたる上直にこれを予約申し込みの各学校に配達し其の実費(送料とも)を取りまとめて朝鮮教育会に送金せられたきこと[9]

　このような予約配本送金システムを見ると、朝鮮全土の教員を統制する組織である、朝鮮総督府傘下の朝鮮教育会のネットワークを活用した普及体制を取っていたことがわかる。この組織力によって、普段、教科書以外には子どものための読み物に接することが少ない田舎の小さな郡や島にある普通学校の子どもたちにも、文芸作品や興味深い読み物が集められた課外図書に触れる機会を作ったのである。
　さらに、価格は一冊拾銭。これは、当時の韓国においても宣伝され売られていた講談社の『幼年倶楽部』『少年倶楽部』のような雑誌や、小学館が出していた『一年生』から『六年生』までの学年別雑誌などが当時一冊50銭[10]だったのに比べると格段に安いものだった。価格を安く設定した理由としては、日本の『児童文庫』などが低廉さを強調し全国の家庭に普及された点を追従したことがあげられるほかに、もうひとつ、朝鮮における切実な現実があったからである。
　「普通学校」は主に朝鮮人児童が通った小学校であり、1928年当時、約46万人の朝鮮の児童たちが通っていた。約46万人という学生数は、当時、推定学齢人口の約16％に過ぎず[11]、大多数の朝鮮の子どもたちは経済が許さず学校にすら通えなかった。また、たとえ学校に通えたとしても、「雨の降る日に傘をさして登校する子は十人に一人あるかないか」で、「雨にずぶ濡れになりながら素足で学校に行く」[12]のだった。このような朝鮮の経済状況を現実的にふまえ、価格を低く抑え、商業出版ではない課外図書の普及を計画したのであろう。
　さらに＜公告＞には、『児童文庫』発刊にあたった挨拶が掲載されている。朝鮮教育会の課外図書に対する考え方を知る資料となるので以下に全文引用する。また、冒頭の段落は1925年に発行された菊池寛の『小学童話読本』(興文社)の序文によく似ていることを指摘しておきたい。

　　『児童文庫』発刊にあたって
　　つねに教室の窓を通して青草の野を慕っている伸て行く子供達の

心を充たすために愉悦と興味と想像と品位のある読み物を与ふることの如何に教育上価値多きことか。わけて少年時代の読み物からうけた感激が其の人の生涯を通じて感情生活の基調となり道念の芽となるとも言われている。私達の世を次ぐべきネキスト・ゼネレーションのために、私達が折角築きあげた文化を伝承し創造する唯一の世嗣である子供達に、どうかして、物と人とを見る眼、美はしく感じる心、正しく動く道念を与へたい。

而るにわが朝鮮の都に田舎にいる普通学校の子ども達の上を顧み給へ。彼等ははたして読むに値する読物を恵まれているであらうか。子ども達の持ち得べき読物が出版せられていないと言うのではない。然しそれらは朝鮮の子供達のためには余りに値高い。読み得べき読み物が少ないと言ふのではない。然しそれらは直ちに朝鮮の子供達に与ふるにふさわしくない。

茲にわが朝鮮教育会は朝鮮に永く住み朝鮮の子供達の心を知悉している監脩者を選んで大量生産に依る発行方法により普通学校児童文庫の名のもとに実費領布によりて朝鮮の子供の読むにふさはしい読物を待ちに待っている朝鮮の子ども達にこよなきプレゼントとして呈せんとする。是れもとより朝鮮の子供たちへの限りなき愛のほかならないと信ずるものである。[13]

発行所は、朝鮮総督府学務局内 朝鮮教育会となっており、『児童文庫』の発行総計画は、総冊数35冊で、一年間に春秋2回の発行で3年で完成。各学年6冊づつ発行され、第一学年のみ5冊の発行予定であった。

また、1930年の『文教の朝鮮』五月号及び十月号にも、『児童文庫』の＜公告＞が掲載された。3年計画で発行されてきた『児童文庫』がいよいよ最終発行の年を迎えることを記念した最後の公告ということだろう。ここで注意を引かれるのは、「思想善導に注意を払い」というくだりで、これは3年前に『児童文庫』が創刊されたときには出てこなかった文言である。1929年10月には世界経済恐慌が始まり、1931年9月には満州事変が起きているので、この三年間の時代的な変化や要請が現れているといえよう。

そして、やはり特徴は、価格を低廉にして学校と家庭に普及させるこ

とで、つまり、朝鮮人家庭やその子どもたちに、教科教育に使われる教科書を補う形で、日本語あるいは日本の文芸作品や物語を普及させ、教科書だけでは徹底できない日本式の＜思想善導＞に力を入れることを目的としていることである。以下、全文掲載する。

> 児童文庫は三ヶ年継続事業で本年が最終の刊行年度であり其の内容は充分精選しまして趣味的に且つ思想善導に注意を払い教育的に編纂し児童生活を純情に育み読書力を養ひて自然に語彙を多くするをむねとしまして併せて其の価格を低廉にして学校に於ける副読本として家庭に於ける読み物として広く普及せしめ以て普通教育の円満なる発達に資し度い次第でありますから多数児童の講読方御高配を願ひます。[14]

②読者

『普通学校　児童文庫』は、植民地朝鮮に特別に設置された「普通学校」における課外図書である。ここで『普通学校　児童文庫』が発行された1928年度における普通学校と学生数について簡単に概観し、『普通学校　児童文庫』の読者を確認しておきたい。

『児童文庫』が始めて発行された1928年における普通学校の数は、吉川宣子の論文[15]によると、官立普通学校が2校で学生数は765名。公立普通学校数は1428校で学生数は43万9840名。私立普通学校数は80校で学生数は21917名であった[16]。合計すると、46万2522名の朝鮮人が1928年度に普通学校に通っていた計算になる。さらにこの朝鮮人学生数は、朝鮮人推定学齢人口に対する就学率でみると15.9%となる[17]。1928年当時の普通学校への就学率は、約16％ということである。よって『普通学校　児童文庫』の読者は、1928年当時、推定学齢人口の約16％、約46万人の朝鮮人児童であったということができる。

③内容

3年にわたって計35冊刊行された朝鮮教育会『普通学校　児童文庫』の内容は、一言でいうと、日本において1920年代末頃に流行した多種の『副読本』『課外読本』類、特に菊池寛の『小学童話読本』[18]や、

1927年のアルス『日本児童文庫』[19]、菊池寛『小学生全集』[20]の内容を受継いでいるといえる。

1）日本語作品と朝鮮語作品の比率

3年にわたって計35冊刊行された朝鮮教育会『普通学校　児童文庫』には、日本語による童話、童謡、昔話などのほかに、朝鮮語の作品も掲載されていた。全掲載作品は〈表1〉の通りである。

しかしながら、朝鮮語の作品が掲載されたのは1～3学年までの低学年に限られ、各巻2～3作品、多くて5作品までだった。学年別になっていた『児童文庫』は、1巻に20～30の作品(高学年ほどひとつの作品が長くなり、相対的に作品数が減る。)が収録されていたから、ひとつの巻に多くても5つ、しかも1～3学年のみという朝鮮語作品の掲載状況は、やはり日本の植民地教育の実態を示している。

3年間にわたり、全部で37の朝鮮語作品を目次から確認することができるのであるが、実際に作品を

題目	年・月	学年
간난이와 토끼	1928年10月	1
기름칠한강아지	1928年10月	1
미얌이와 두겁이	1928年10月	1
여호와닭	1928年10月	1
살구나무와잣나무	1928年10月	2
거짓말한중	1928年10月	2
개와범	1928年10月	2
욕심 만은 늙은이	1928年10月	3
새삿기의 孝道	1928年10月	3
요술	1929年11月	1*
우테통 속에 든 참새	1929年11月	1*
오리알	1929年11月	1*
겨울준비	1929年11月	1*
먼저가거라 어서 오너라	1929年11月	1*
도야지의 재판	1929年11月	2*
코끼리의 보은	1929年11月	2*
거누구요	1929年11月	2*
이상한주머니	1929年11月	3*
누가선생이될가	1929年11月	3*
염소삿기와 피리	1929年11月	3*
아름다운 마음	1930年6月	1
영악한 염소삿기	1930年6月	1
참새	1930年6月	1
달님과 북남이	1930年6月	2
占쟁이의꾀	1930年6月	2
三年고개	1930年6月	3
富者되는法	1930年6月	3
모험	1930年11月	1*
二층전차	1930年11月	1*
파랑새	1930年11月	1*
숯장수와세탁장수	1930年11月	1*
던등	1930年11月	2*
비행선	1930年11月	2*
가을의션물	1930年11月	2*
눈뜨고잠자는붕어	1930年11月	2*
금척원	1930年11月	3
매나리노래	1930年11月	3

<表1>『児童文庫』朝鮮語 作品 一覧
*印以外は頁欠落。目次から作品を確認した。

読もうとすると、本シリーズを所蔵している韓国国立中央図書館の資料（旧朝鮮総督府付属図書館資料）では、約半分の18作品の頁が欠落していた。不思議なことに、冊子によっては朝鮮語の頁だけがすべて欠落していた。他の日本語頁はほぼ欠落部分がないのに、朝鮮語の頁だけが選ばれて失われているのである。果たして誰がどんな思いで破いて持っていったのだろうか。植民地支配と言語の葛藤、民族感情など、いろいろな空想がかきたてられる現象であった。朝鮮語の作品を見ることができるのは、1929年11月号の1・2・3学年及び、1930年11月の1・2学年だけである。

②日本語作品の出典

大部分を占める日本語作品は、日本において1920年代末頃に流行した多種の「副読本」「課外読本」類、特に菊池寛の『小学童話読本』や、1927年のアルス『日本児童文庫』、菊池寛『小学生全集』などから多くの原典を取っていた。

a．作家別分析

作家別に分析してみると、掲載作品が一番多い作家は浜田廣介で、「椋鳥の夢」や「みそさざい」をはじめ『ひろすけ童話読本』[21]などから24作品が収録されている。次に多いのは小川未明で「神は弱い者を助けた」など『未明童話集』[22]などから14編が収録。島崎藤村は『幼きものに』[23]、『をさなものがたり』[24]などから12編が採用されている。鈴木三重吉も『古事記物語』[25]などから8編が載せられている。

浜田廣介	24
小川未明	14
島崎藤村	12
鈴木三重吉	8

＜表2＞『児童文庫』掲載多数作家と掲載作品数

童謡で一番多いのは北原白秋で17篇。西条八十のものでは『鸚鵡と時計』から「かなりや」など10篇。野口雨情も多く掲載されていたが、目次に題名が出ているものだけで8篇であった。そのほか島木赤彦6篇

などがある。

北原白秋	17
西條八十	10
野口雨情	8
島木赤彦	6

<表3>『児童文庫』掲載多数童謡詩人と掲載作品数

b．出典別分析

　出典が雑誌であるものを調べると、『赤い鳥』から20編、『コドモノクニ』から8編、『金の星』から2編、『幼年の友』から3編、『幼年倶楽部』から3編、『少年倶楽部』から3編、『少女倶楽部』から2編が掲載されていた。『少年倶楽部』などからも採用されているのは学校を通して配布された準教科書的な副読本教材としては異例のものだったのではないだろうか。

『赤い鳥』	20
『コドモノクニ』	8
『金の星』	2
『幼年の友』	3
『幼年倶楽部』	3
『少年倶楽部』	3
『少女倶楽部』	2

<表4>『児童文庫』出典雑誌と掲載作品数

　その他やはり出典として多くを占めていたのが日本で流行していた「副読本」類で、菊池寛の『小学童話読本』からの12編を筆頭に、『〇年生の国語』16編、『新興読本』10編篇、『国語小読本』8編、『東西幼年童話新選』6編、『文学副読本』5編、『国語副読本』5編、『国語練習読本』4編などが目につくものとしてあげられる。

菊池寛『小学童話読本』	12
『〇年生の国語』	16
『新興読本』	10
『国語小読本』	8
『東西幼年童話新選』	6
『文学副読本』	5
『国語副読本』	5
『国語練習読本』	4

<表5>『児童文庫』出典「副読本」(上位8種類)と掲載作品数

　最後に、外国童話の紹介は、支那が11編、インドが9編、台湾3編、アイヌ4編、ドイツ2編、ロシア3編、アラビア2編、ギリシャ2編、エジプト2編、ローマ1編、ユダヤ1編、トルコ1編、ペルシャ1編、シベリア1編、エスキモー1編、イソップ3編、グリム1編、アンデルセン1編、三浦修吾訳のアミーチス「愛の学校」などの外国翻案童話集2編、『イギリス小学生読本』5編、『フランス小学生読本』7編、『アメリカ小学生読本』4編などと広範囲にわたっており、外国の物語が積極的に紹介されていたことが分かる。

イソップ	3
グリム	1
アンデルセン	1
フランス小学生読本	7
イギリス小学生読本	5
アメリカ小学生読本	4
アミーチス『愛の学校』	2
支那	11
インド	9
アイヌ	4
台湾	3
ロシア	3
ドイツ	2
アラビア	2
エジプト	2
ギリシャ	2
ローマ	1
ユダヤ	1
トルコ	1
ペルシャ	1
シベリヤ	1
エスキモー	1

<表6>国別『児童文庫』／掲載作品数

③性格
ａ．植民地教育

　本書は朝鮮における植民地教育を推し進める立場の「朝鮮教育会」が編集した課外図書である。そのため、異文化の子どもたちに日本の文化や精神を教えるのに役に立たなくてはならないという使命があったはずだ。そのため、「モモタロウ」「花咲爺サン」「舌きり雀」「かちかち山」「浦島太郎」「一寸法師」「文福茶釜」など代表的な日本の昔話が収録されていた。また、各巻巻頭に「明治節唱歌」と「大礼奉祝唱歌」が必ず掲載された。

<図２>明治節唱歌　　　　　　<図３>大礼奉祝唱歌

ｂ．近代的生活の教育

　近代的な生活や社会制度も挿絵をふんだんに使い、積極的に教えている。<図３>では、朝鮮服を着た朝鮮の子どもと洋服を着た子どもが西洋式のテーブルに腰掛け、ランプの明かりで読書をしている姿が描かれ、

その背景には大きな時計があって時間の概念と規則正しい生活や学習の習慣などを教えている。そのほか、郵便制度を教え、手紙の出し方とその配達のされ方を学ばせるページなどが目を引いた。

＜図4＞「ベンキョウ」（同第一学年、1929年5月、24〜25頁）

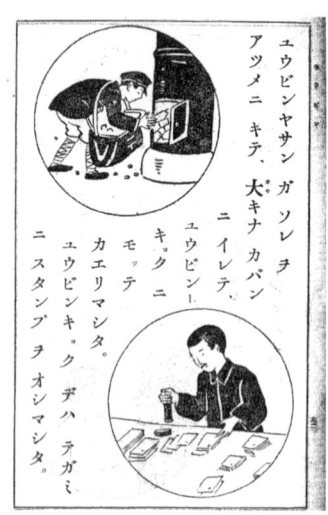

＜図5＞「ユウビン」（同第一学年、1930年6月、60〜62頁）

c．朝鮮の郷土文庫として

　表紙や挿絵に朝鮮の伝統衣装を着た子どもたちの姿が多数登場している点や、朝鮮の風土風景、朝鮮式の名前をもった主人公が頻繁に登場している点も、この『児童文庫』の大きな特徴である。

　「モモタロウ」や「明治節唱歌」、「近代的生活」を教える読み物の存在などを、植民地教育的性格として指摘したが、これらは近代日本児童文化の国民教育的性格として植民地にだけ見られた現象ではなく、実は当時の日本児童文化一般においても、西洋近代文化の導入と同時に見られた帝国主義的側面として十分に考察することのできる部分でもあった。

　それに比べて、発表者がこの朝鮮版『児童文庫』について特に注目している部分は、それら日本の近代児童文化の帝国主義的で均質的な国民教育の部分ではなく、国際協調的で郷土文化を大切にしようとする姿勢である。この『児童文庫』では、なによりも郷土文庫としての性格が強いという点を強調しておきたい。もういちど編集方針が見て取れる＜公告＞の言葉を確認したい。

　　　　わが朝鮮教育会は朝鮮に永く住み朝鮮の子供達の心を知悉している監脩者を選んで大量生産に依る発行方法により普通学校児童文庫の名のもとに実費領布により朝鮮の子供の読むにふさはしい読物を待ちに待っている朝鮮の子ども達にこよなきプレゼントとして呈せんとする。是れもとより朝鮮の子供たちへの限りなき愛のほかならないと信ずるものである。[26]

　日本の子どもたち以上に経済的に厳しい状況にあった朝鮮の子どもたちに、アルスの『日本児童文庫』や菊池寛の『小学生全集』のような＜大量生産に依る発行方法＞を用い、廉価さをもって多くの子どもたちの手に渡るようにしながら、朝鮮の子どもたちが生活している風土や情緒になじむよう配慮された。これは、日本児童文学史においても、韓国児童文学史においても、他に見る事のできない独特なものである。

　本書によって、挿絵として朝鮮の伝統衣装を着た子どもたちや朝鮮の風景が背景に描かれた、北原白秋や野口雨情、西条八十の童謡に触れ、

浜田廣介や小川未明、島崎藤村の童話に触れた朝鮮の子どもたちがたくさんいたに違いない。もしかしたら、その描かれた朝鮮風の挿絵から、これらが朝鮮のものなのか日本のものなのかよく区別ができないまま違和感なく読んだ子どもたちもいたかもしれないのである。

　現在でも韓国の長老童謡詩人の話を聞くと、その頃の童謡・童話作家に日本の影響を受けていない人はいないという。当時日本に留学し、日本の児童文化に直接触れて影響を受けた崔南善や方定煥ばかりでなく、日本の植民地教育・植民地児童文化によって、朝鮮にいながら無意識のうちに日本の影響を強く受けた数多くの朝鮮の少年少女がいたのである。

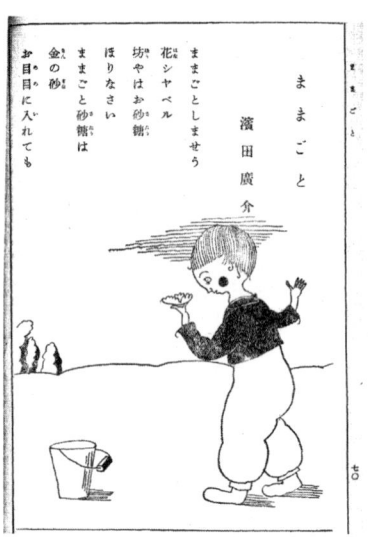

＜図6＞浜田広助「ままごと」（同第四学年、1929年5月、70～79頁）

d．朝鮮の昔話

　もうひとつ指摘しておかなくてはならないことは、朝鮮の昔話が日本の昔話よりも多く収録されていた点である。昔話には、祖先から伝わるその土地の民衆の価値観や風習が含まれている。朝鮮在住の日本人である『児童文庫』の編集者たちは、朝鮮の民族精神を無視したり抑圧したりすることはできないということを現地での生活を通してよくわかって

いたのではないだろうか。『児童文庫』に掲載された朝鮮の昔話は、<表7>に整理した通りである。

作者	題目	掲載 年月	学年	出典
中村亮平	「鯉の口から出た玉」	1928年10月	5	『模範家庭文庫』「朝鮮童話集」
松村武雄	「足折燕」	1928年10月	6	『世界童話体系』「日本童話集」
中村亮平	「鶏林の起こり」	1929年5月	4	『模範家庭文庫』「朝鮮童話集」
松村武雄	「物真似騒ぎ」	1929年5月	6	『世界童話体系』「日本童話集」
田中梅吉	「酒のわきでる石」	1929年11月	5	『日本昔話集 下』
中村亮平	「三つの宝」	1929年11月	4	『模範家庭文庫』「朝鮮童話集」
松村武雄	「胡桃の音」	1930年6月	3	『世界童話体系』「日本童話集」
田中梅吉	「柱の入道と瘤男」	1930年6月	4	『日本昔話集 下』
渋沢青花	「目算がはずれた占い者」	1930年6月	5	『小学4年生』
朝鮮総督府	「蟾の報恩」	1930年11月	1	『朝鮮童話集』
朝鮮総督府	「黒い玉と黄い玉」	1930年11月	4	『朝鮮童話集』

<表7>『児童文庫』掲載 朝鮮昔話 資料: 朝鮮教育会『普通学校 児童文庫』全35冊(1928～1930年、京城)から作成

　この表からわかることは、日本語で収録された朝鮮の昔話は、すでに1920年代に『模範家庭文庫』や『世界童話体系』、アルスの児童文庫のなかの一冊として日本で刊行されたものを原典としていることである。
　なかでも、『模範家庭文庫』の「朝鮮童話集」は、朝鮮の地方都市として知られる大邱在住の中村亮平によって1926年に編集された。児童向け童話集のかたちで一冊に美しくまとめられたのは、日本ではこれが初めてのことであった。また強調しておかなくてはならないことは、この時代における唯一の<朝鮮>の名を冠した独立編集の『朝鮮童話集』でもあったことだ。同年代に日本で紹介されたほかのまとまった「朝鮮童話集」は、1924年の『世界童話体系』第16巻、日本編、「日本童話集（日本・朝鮮・アイヌ）」松村武雄訳と、1929年のアルスの日本児童文庫『日本昔話集・下』の二冊があるのだが、二冊とも「日本童話集（昔話集）」の中に<朝鮮童話>を包括してしまっていたのである。当時の帝国主義的な世界観がうかがえる部分である。また、朝鮮総督府の民俗資料として『朝鮮童話集』が1924年に出されていたが、これは京城での出版

であった。奇しくも、＜朝鮮＞の名を冠する「童話集」は、当時、朝鮮在住の日本人の手によってのみなされた。日本内地にいた人々には、朝鮮の昔話を「日本童話集（昔話集）」のなかに含めてしまう限界があった。それに対して、朝鮮という外地に生活し、その土地を知りその土地の人々と交流のあった編者たちは、「朝鮮童話」という固有性を尊重し、少なくとも、タイトルに＜日本＞を冠するようなことはしなかった。この事実には注目しておきたい。

＜図7＞「柱の入道と瘤男」（同第四学年、1930年6月）

1　仲村修編訳『韓国・朝鮮児童文学評論集』明石書店、1997年
　　仲村修「方定煥研究序論―東京時代を中心に」、韓国文化研究振興財団『青丘学術論集』第14号、1999年
2　李在徹（滞在期間：1989年12月～90年3月）、李相琴（滞在期間：1996年4月～96年8月）
3　『小波・方定煥の生涯――愛の贈り物』（韓国：ハンリム出版社）
4　李在徹『韓国現代児童文学史』一志社、1978年
　　李在徹『児童文学의理解』형설출판사、1983年
　　李在徹『世界児童文学事典』啓蒙社、1989年

李在徹『韓国児童文学研究』啓蒙社、1995 年
5　桑原三郎『少年倶楽部の頃』慶応通信、1987 年 1 月 21 〜 46 頁
6　『文教の朝鮮』1928 年 1 月号（童話号）、通巻 29 号
7　前出、二月号 (普通学校国語教育研究)、通巻第 30 号
8　前出、四月号、六月号
9　前出、三、四、五、六月号、＜公告＞
10　金素雲『天の涯に生くるとも』新潮社、1983 年 5 月、196 頁
11　古川宣子「植民地朝鮮における初等教育―修学状況の分析を中心に」、日本史研究会『日本史研究』1993 年 6 月号、38 頁
12　金素雲『天の涯に生くるとも』新潮社、1983 年 5 月、195 頁
13　『文教の朝鮮』1928 年三、四、五、六月号、＜公告＞
14　『文教の朝鮮』1930 年五月号、十月号、＜公告＞
15　古川宣子「植民地朝鮮における初等教育―修学状況の分析を中心に」、日本史研究会『日本史研究』1993 年 6 月号
16　同上
17　同上
18　全 12 巻、菊池寛編、興文社、1925 年 9 〜 10 月
19　全 76 巻、アルス、1927 年 5 月〜 30 年 11 月 (復刻版・名著普及会、1981 年 6 月)
20　全 88 巻、興文社・文芸春秋社共同出版、1927 年 5 月〜 29 年 10 月
21　全 6 巻、文教書院、1924 年 11 月〜 1929 年 8 月
22　全 5 巻、丸善、1927 年
23　実業之日本社、1917 年
24　研究社、1924 年
25　赤い鳥社、1920 年 11 月
26　『文教の朝鮮』1928 年三、四、五、六月号、＜公告＞

子どもたちに届けられた"読み物"を考える

北川知子＊

　私が主に研究対象としてきたのは植民地朝鮮の『普通学校国語読本』である。よく「教科書を教えるのではなく、教科書で教えるのだ」というが、当時の教科書は「で教える」ための学習素材としてではなく、「読本を教える」ことを念頭に編纂されたと考えたほうがよい。朝鮮第２期読本編修官芦田惠之助は、東京高師附属小学校の訓導時代、晩年の教壇行脚時代を通して、「読本」をおしいただいて敬礼し、端座精読して着語[1]を行うことから授業実践をスタートさせていた。そこでの「読本」は、編修官の熟慮熟考を経て現場に届けられた、ありがたい権威あるものと位置づけられる。現在のように児童・生徒向けの多様な出版物があるわけでなく、大多数の子どもにとって「読本」が唯一の読み物といえた時代の「国語読本」の存在感の大きさも看過できない。

　第１３回研究大会シンポジウム「植民地と児童文化」でのコメンテーターを依頼され、まず考えたのが上記のようなことであった。「教科書を、だれが、何のために、どのようにつくるかによって、教科書の質が大きく異なってくる。別の言い方をすれば教育権の問題である[2]」、つまり国定読本には、日本の子どもたちに与えたい知識・育てたい情操が文部省編修官によって盛り込まれ、朝鮮読本には、朝鮮の子どもたちに与えたい知識・育てたい情操が朝鮮総督府編修官によって盛り込まれたのであり、それが読本の読み手である子どもたちの知的欲求に合致したのかどうか、そこにどのような子ども観があり、そこで子どもたちは一個の人格として尊重されていたのかどうか……等々については、できあがった教科書本体の分析とは、また別の側面からの検討も必要であろ

＊大阪教育大学非常勤講師

う。そこで、読み手である朝鮮の子どもたちに着目し、改めて朝鮮読本を考えるためには、読本以外の読み物（活字媒体）が彼らの周りにどのような形で存在し、共同体や家庭の大人たちによる口承の物語世界はそこにどう関わったのか――。本シンポジウムから受けた刺激は貴重なものであった。当日参加されたみなさまに、ここであらためて謝意を表したい。

本稿は、当日報告させていただいた内容に若干の補足を加えたものである。

1. 植民地朝鮮の児童文化

児童文化を、ここでは"子どもに届けられた読み物（物語）"に絞って考えることにするが、それでも多種多様な側面が浮かび上がる。前述したように「読本」も"子どもに届けられた読み物"の一つと考えるなら、それは官（朝鮮の場合は総督府）を作り手とする官製文化である。では官製文化に対抗する民間・大衆文化のありようはどうだったのか。朝鮮の場合、日本人教員や日本人文学者が持ち込んだもの、朝鮮人青年による児童文化運動が生み出したもの、伝承遊びや口承文芸も含んだ朝鮮独自の物語世界という、少なくとも三つの層で考える必要があるだろう。セクトン会を主催し、児童向け雑誌『オリニ』の刊行など、朝鮮での児童文化活動に尽力した方定煥(パン・ジョンファン)が、以下のように述べている。

> 朝鮮の少年運動が真にうまく運ぶのに、その支障となるものが二つあります。一つは少年たちの父兄が、自分たちの古い目に好ましく映らず、以前のように無条件服従をしないという理由で反対することであります。いま一つは、普通教育十一年間で準日本人をつくるという総督府の教育方針が少年運動によって妨害されると思いなして、間接的に干渉し妨害することです。昨夏いくつかの所を除いた全朝鮮の多くの公立学校の校長たちが「少年会に行けば退学させる」「『オリニ』を読めば罰を与える」と幼い子どもたちを脅しました。

われわれが抗議すると、そんなことはしなかったと偽る者もいました。／まず父兄に少年運動に関する理解をもってもらい、父兄の方から彼らに抗議し、闘うようにしなければなりません。[3]

『オリニ』(1923 -) は、東京留学中に『赤い鳥』(1918 -) を知った方定煥が、朝鮮の子どもたちにも優れた児童文学と文化活動の場が必要だと考えて創刊したものである。しかしその活動が総督府・普通学校側からだけでなく、封建主義的な子ども観を脱せずにいる朝鮮の大人たちからも批判的に受け止められていたことが、この文面からは読み取れる。

日本でも『赤い鳥』等の児童雑誌を家庭で購入することは都市部のインテリ富裕層に限られ、地方では教師が購入して教室で回覧する、学習活動の一環として『赤い鳥』に綴り方作品投稿を行う、という形で広がったといわれる。朝鮮の場合、1920年代の普通学校就学率は20％台であり、学校に通えるのはさらに限られた富裕層の子どもだった。そこから推測して、『オリニ』を実際に読むことができた子どもはきわめて少数だったと考えられるが、彼らは総督府官製の読み物『普通学校国語読本』と、朝鮮人青年がハングルで世界の児童文学作品を紹介した読み物『オリニ』の、両方の読者だった可能性が高い。両者が子どもたちにどのように受容されていたのか、興味深いところである。

2.『普通学校 児童文庫』と朝鮮読本 [4]

『オリニ』が刊行されていた時期の朝鮮読本は、芦田惠之助が編纂した第2期読本(1923年巻一～六、1924年巻七・八刊行)と第3期読本(1930年より順次刊行)である。そして第3期読本編纂作業が行われた1928年から1930年にかけて、『普通学校　児童文庫』が朝鮮教育会から刊行された。当時、内地でも副読本ブームがあり、教科書を補完し子どもたちによい読み物を提供するという主旨でさまざまな副読本が企画・出版されている。芦田惠之助が朝鮮から帰国して最初に着手した事業も『尋常小学国語小読本』の編・発行（1924～）であった。このような内地の動向に影響され、教科書改編を期に、教職員組織である朝鮮教育会が

副読本・課外図書を企画したのは自然な流れだと考えられる。
　そこで、『普通学校 児童文庫』と朝鮮読本との関係を考えるために、以下のような表を作成してみた。

学年	普通学校児童文庫	出典	朝鮮1期	朝鮮2期	朝鮮3期	備考
3	「白うさぎ」	尋常小学国語読本巻四				
5	「我等の村（童謡）」	尋常小学読本巻十一				
1	「モモタロウ」	尋常小学国語読本巻一	巻二			朝鮮第4期・5期で巻一
3	「水のたび」	尋常小学読本巻五			巻六	
2	「一本榎」	尋常小学国語読本巻四				※国定教材は「一本杉」
4	「磁石」	国語小読本				芦田書店刊
5	「野菊」	国語小読本（久保田俊彦）		巻八	巻八	〃
6	「こほろぎ物語」	国語小読本				〃
6	「錠と鍵」	国語小読本				〃
2	「小トリ　トコドモ」	国語小読本				〃
4	「無言問答」	国語小読本				〃
4	「田植がすんで」	国語小読本				〃
6	「瑞竹の林」	国語小読本				〃

※『植民地朝鮮と児童文化』大竹聖美　220-227pp表から作成

　上段5つは国定読本を出典としているが、興味深いのは「モモタロウ」である。国定読本では一貫して巻一（1年生前半用）巻末の定番教材として不動の地位を保ってきた昔話教材だが、朝鮮読本では第1期読本（1912-1922）巻二に掲載されたものの、以後は不掲載となっていた。国定読本との同一性が高まる第4期以降（1938-）に復活するが、およそ15年間、朝鮮読本は「モモタロウ」不在だったのである。それが実は、1928年に『普通学校 児童文庫』1年生用によって朝鮮の子どもたちのところに届けられていたということになる。
　朝鮮第2期読本から「モモタロウ」を外したのは芦田惠之助だが、外した理由は不明である。朝鮮第1期読本の「モモタロウ」には、鬼から奪い返した宝物を「天子サマ」に献上するという叙述――昔話を逸脱して天皇を敬う叙述が強引に挿入されていたため、その反動で外したとも

考えられるし、単に第2期読本編纂方針に基づいて、朝鮮人児童に親しみやすい材料の掲載を優先したために外れたとも考えられる。しかし国定読本によって、日本人なら誰でも知っている代表的昔話の地位を得た「モモタロウ」を、朝鮮人児童に知識として教えなくてもよいのか——基本的には同化教育をすすめたい総督府の方針から考えると、「モモタロウ」不在は不自然だ。私も長年疑問に思いつつ、低学年教材の性質上、日本語習得というスキル学習に重きが置かれ、知識として「モモタロウ」を習得することが後回しにされたのだろうかと漠然と考えていて、課外図書として提供するという不在解消の方法があるとは、思いもよらなかった。教科書教材として昔話特有の語彙・表現を正確に理解させるとなるとハードルが高いが、読み聞かせて紹介するだけならストーリーを楽しむだけでかまわない。課外図書として学校に配置しておけば、読み聞かせ材料になる可能性が高まる。「モモタロウ」を知らない朝鮮人教員でも、『普通学校 児童文庫』があれば、読み聞かせることができる。

　ところで、先の表の下部は出典を芦田の『尋常小学国語小読本』とするものである。この『尋常小学国語小読本』には朝鮮読本から転載された教材や、芦田が朝鮮滞在中に取材したものが多数含まれている。『普通学校 児童文庫』に朝鮮読本と重なるものを載せる必要はないので、当然それ以外の作品が選択されているが、次項で少し検討してみたい。

3．『普通学校 児童文庫』と芦田恵之助『尋常小学国語小読本』[5]

　『尋常小学国語小読本』と朝鮮読本、『普通学校 児童文庫』の掲載作の重なりをチェックした。朝鮮第2期読本(1923)『尋常小学国語小読本』(1925)は両者とも芦田恵之助編纂であり、そこから『普通学校 児童文庫』（1928)、朝鮮第3期読本（1930）に何が転載・改訂掲載されたかの一覧である。

朝鮮の風俗や伝承・内地と朝鮮の関連に触れる教材に網掛け

国語小読本（巻）	朝鮮2期	児童文庫	朝鮮3期	朝鮮2期との比較
タイサウ（二）	タイソウゴッコ		タイソウゴッコ	類似
ハ（二）	ハ			ほぼ同じ
ゼイタク（二）	米グラノネズミ			改訂（増補）
タマゴノ王サマ（二）	昔脱解（八）		昔脱解（八）	改訂（低学年向け）
私ノツクエニ（三）	ツクエノソウジ（二）			類似
朝鮮にゐる子のうた（三）				日本人児童作品
たんぽぽのみ（三）	タンポポノミ			ほぼ同じ
あかいつめ（三）	ホウセンカ			類似
日と月のひかり（三）	日の神と月の神（八）			改訂（低学年向け）
水中の玉（三）	なかのよい兄と弟		水の中の玉	改訂（増補）
小トリトコドモ（三）		小トリトコドモ		
雪舟（四）	雪舟			改訂（増補）
おちば（四）	落ち葉		おち葉	ほぼ同じ
まるいぼうしの人（四）	マルイボウシノ人			ほぼ同じ
小ざる（五）	皇太子殿下の海外御巡遊（八）		小猿（八）	改訂（縮減）
七夕（五）	かささぎの橋			類似
ゆび（五）	指			ほぼ同じ
奈良（五）	奈良			ほぼ同じ
田植がすんで（五）		田植がすんで		
石工（六）	石工		石屋さん	同じ（久保田俊彦）
済州島（六）	三姓穴（五）		三姓穴（五）	改訂（増補）
鶴（六）	八代村の鶴			ほぼ同じ
虎狩（六）	虎狩			ほぼ同じ
磁石（六）		磁石		
無言問答（六）		無言問答		
七里和尚（七）	七里和尚（七）			改訂（増補）
空にまよふ（七）	空に迷う（八）			ほぼ同じ ※2
野菊（八）	野菊	野菊	野菊	同じ（久保田俊彦）
晋殿下（八）				李方子妃の子息
をぢさんの手紙（九）				間島地方
なつかしい慶州（九）	金の冠（七）石窟庵（八）			改訂（統合）
瑞竹の林（九）		瑞竹の林		台湾 ※1
市（十）	市			ほぼ同じ
こほろぎ物語（十）		こほろぎ物語		
錠と鍵（十）		錠と鍵		

※1 「瑞竹の林」（皇太子時代の昭和天皇台湾行啓）
　　→『中学国文教科書』巻一（吉田弥平編・光風館1938）に採録
※2 「空に迷ふ」→『改訂中等国文』（藤井乙男編・金港堂1934）に採録

芦田は内地児童向けの副読本材料について、以下のような見解を持っていた。

> 私は自分で朝鮮読本、南洋読本を編纂してみて、大和民族があまりにも新領土に関する知識のないことを遺憾に思いました。これでは民族の融和といっても、南洋の開発といっても、それは机上の空論になりやすいでしょう。民族の融和統合には、地理的の知識ももとより大切ですが、心と心との相通ずる共鳴感応の事実が、さらに大切だと思います。幸いにそうした教材をかの地で集めて来ましたから、国の大読本をいよいよ大ならしむるために、小読本の編纂に専心あたりました。[6]

このことばどおり、朝鮮第2期読本教材から『尋常小学国語小読本』への転用はかなりの数に上っている。「昔脱解」「三姓穴」「日の神と月の神」のような神話や、「水中の玉」「七夕」といった伝承説話、朝鮮の女児が爪を花びらで赤く染めて遊ぶ「ホウセンカ」のエピソードなどを選び、内地人児童向けに対象学年の変更や、説明や描写の補完を行っている。また、網掛けのないものは芦田が初等学校児童向けの材料として、内地・外地を問わず有効だと考えた教材だといえよう。欄外※に記したように、中学校用教科書に採用された教材もあり、『尋常小学国語小読本』は教師・教育関係者からは一定の評価を受けていた。問題は、読み手である内地人児童にどう読まれたかである。果たして芦田が望んだ「心と心との相通ずる共鳴感応」はもたらされたのであろうか。

『尋常小学国語小読本』から『普通学校 児童文庫』に転載されたものは、韻文「小トリトコドモ」「野菊」、文学的な「無言問答」「こほろぎ物語」、実用的説明文ともいえる「田植がすんで」「磁石」「錠と鍵」、皇太子（昭和天皇）の台湾行啓記録を児童向けに書き直した「瑞竹の林」であり、「野菊」を除いて朝鮮読本には載っていないものが選ばれている。日本語を母語としない朝鮮人児童向けの朝鮮読本に具体的で簡潔な表現が多いことに比べて、抽象語彙や複文構造をもつ表現が入るといった、やや難易度の高い文学的材料を選んでいる印象がある。『普通学校 児童文庫』全体の日本語表現を検討しなければ正確な分析はできないが、読本よりも

やや高度な表現・内容の読み物を提供することで、日本語識字能力が高い児童のステップアップとともに、教師の読み聞かせによる日本語の物語世界の拡充をはかったのではないだろうか。セクトン会でも朝鮮語による「口演童話」活動を積極的に行っており、普通学校の教員が実際に読み聞かせのような活動を行ったのかどうかも調査する必要がある。『普通学校 児童文庫』が普通学校を拠点にした日本語普及のさまざまな手段の一つとして、実際にはどのように使用され、活用されたのか。また、『普通学校 児童文庫』にはハングルの読み物も掲載されている。ハングルの読み物と、日本語の読み物との内容を比較して、何か特徴的な違いがあるのかどうか。出典や国語読本・朝鮮語読本との関連性なども気になるところである。

4．まとめにかえて

　20年以上前のことだが、たまたま読んでいたインタビュー記録にあった、植民地時代に日本の教育を受けた韓国人女性の「お話をもっと読みたかったから、一生懸命日本語を勉強した」という述懐を印象深く記憶している。その女性は国民学校期(1941年～)に学んでおり、「お話の本はみんな日本語」だったのだ。私自身が、物語の世界に入り込んで想像の世界に遊ぶことが好きな子どもだったので、「お話をもっと読みたい」という欲求は他人事でなく、共感できた。しかしその欲求を満たすために、彼女は母語でない日本語の識字能力を伸ばさねばならなかったのである。朝鮮での植民地支配を語るとき、よく「名を奪い、言語を奪い……」という表現が使用されるが、失われ、損なわれたものを具体的に考えなければいけないと思う。子ども向けのお話の本を朝鮮語で読めなかった。好奇心を満たし想像の翼を広げることのできる物語世界への扉を開くのに、母語は役に立たなかった――朝鮮の子どもたちの経験から、私たちが汲み取らねばならないことは何だろう。その問いは、これからも続いていく。

　また、大人が子どものためにと用意したおもちゃや読み物が必ずしも子どもに浸透するとは限らず、むしろ大人のコントロールをかいくぐっ

た「秘密」の児童文化――なかま同士で基地を作ったり、お話を作って
まわし読みしたりといった世界――のほうが強い影響力を持つ場合もあ
る。シンポジウムの場でも、そういった多層的な児童文化をどうとらえ
ていけばいいのか、さまざまな指摘がなされていた。私自身はずっと教
科書を中心に考えてきたが、読み手であった朝鮮の子どもたちの姿が、
そうした多層的な研究と相互の学びあいによって、より立体的に浮かび
上がってくるように精進したいと考えている。

1 芦田の造語で、教材本文中に自らの気づきを書き込む作業のこと。着語を
 もとに授業での着眼点、学習の焦点を考えていく、いわゆる「教材研究」
 である。ここで述べた芦田の「読本」への向き合い方は、『読み方教授』『恵
 雨自伝』等に度々登場する。
2 「児童文化としての教科書」徳武敏夫『近代日本の児童文化』所収 226-
 257pp 1972（新評論）
3 「朝鮮『少年』運動」『東亜日報』1925 年掲載 『韓国・朝鮮児童文学評論集』
 仲村修訳・編 1997（明石書店）所収
4 『普通学校 児童文庫』に関しては『植民地朝鮮と児童文化』大竹聖美 2008（社
 会評論社）参照
5 『尋常小学国語小読本』は、『芦田恵之助国語教育全集』明治図書 1988 所収
 のものを参照
6 『恵雨自伝 下』1948 『芦田恵之助国語教育全集』1988（明治図書）所収

植民地と児童文化　〜「満洲」研究から
―― 石森延男の満洲児童文学活動を中心に ――

河野孝之＊

はじめに

　児童文化という用語の概念については諸説あるが、私個人は子どもに対する大人のかかわり具合から児童教育／児童文化／子どもの文化（子ども文化）という線で捉えている。つまり児童文化は、大人からの直接的な教育性はないが、間接的なかかわりから与えられる児童文化（財）＝遊び（おもちゃ）、児童文学（口演・印刷物＝本・雑誌）、歌、放送（ラジオ）、紙芝居、児童映画、漫画（本・雑誌）を示すものだと考えている。近年は、子ども自身が発する文化活動については、「子どもの文化」あるいは「子ども文化」という捉え方をしているようである。

　ただ、私は児童文学の評論、研究を専門としているため児童文学という一分野に関する動向についてしか述べられないことを最初にお断りしておきたい。また私個人としては、これまで石森延男についてしか調べてきていないので、石森延男を中心にして報告することにしたい。

石森延男と満洲児童文学

　石森延男（1897〜1987年）は、明治30年北海道札幌市に生まれた。札幌師範を卒業後、東京高等師範を経て教員になり香川師範時代の1926年（大正15年）に恩師の諸橋轍次の勧めで大連の南満洲教科書編纂局に赴き国語教科書「満洲補充読本」の編纂に携わる。なお磯田一雄

＊日中児童文学芸術交流センター事務局長

によれば、石森が赴任する前から「満洲補充読本」の編纂は始まっており、石森がかかわったのは四の巻以降であるという[1]。編纂局退任後も石森は、大連民生局地方課視学を経て、大連弥生高等女学校教員となり1939年（昭和14年）に文部省図書局に図書監修者として日本に帰国するまでの13年ほどを満洲、厳密に言えば関東州・大連で過ごした。石森は「満洲補充読本」を満洲児童文学の源泉と指摘している[2]。なお個人的なことだが、私の母は旧満洲で女学校まで過ごしたが、「満洲補充読本」を自宅で読み物として愛読したという。だが、石森は恒常的に子どもたちに向けて作品を提供していくべきだと考え、『満洲野』『帆』『日本少女』『童心行』『童話作品』『新童話』『装』など次々と雑誌を発刊し、書籍（『まんちゅうりあ』や「満洲文庫」など）の発行などを通して満洲の児童文化、児童文学の発展に大きな役割をはたしたのであった。

石森延男の「満洲」における児童文学活動

　では、資料を通してもう少し詳しく児童文学活動について動きを追ってみよう。石森は「満洲児童文学回想」の中で「満洲補充読本」など教科書の限界を感じ〈教科書以外の児童読物というものをこの土地から育てなければならないと痛感〉するが、なかなか現れず〈人頼みを当てにすることやめ…ともかく作品を発表することを決意し…気ながに仲間たちの作品制作を待つことにした。その第一弾として刊行された読物が「満洲野」である。〉と最初の雑誌の発刊に至る経緯について述べている。これは後年の発言であるが、当時の発言も引用しておこう。最初に刊行した刊行物『帆』の廃刊にあたって『南満教育』誌に寄稿した文章である。

〈課外よみものが、いかに大事であるか、いかに必要であるかといふことは、今さらいふまでもない。教育が郷土化されてゐないこの満洲で、芸術団体のたゞ一つも組織されてゐないこの満洲で、やゝもすれば、文化運動が踏みつぶされさうになるこの満洲で―「よみもの」が、どれほど、渇望されてゐるかは、教育者は誰一人として感じないことはない。それだのに今までに、かうした「若ものゝため」のよみものが、なかつたといふことは、一体どうしたのだらう。そこへ「帆」が生れてせめて、処女林に、さゝやかな小路をつくつたやうなかたちだ。誰かこの小路を

もつときり拓いて呉れないか。〉(「『帆』をおろして」『南満教育』昭和4年2月号)

　このような意図で昭和2年から昭和3年にかけて全部で6冊刊行された『帆』は、角書に「満洲中等学生」とあり、中学生を対象にして編まれたものであった。内容も各種文学作品の採録や中学生たちの作文を収録したりしていて児童向けというものではなかった。小学児童に向けては、昭和4年から昭和5年にかけて『ます野』を刊行している。『帆』が200ページ近くある冊子形式だったのに対して16ページほどのリーフレット形式だったが。初級用、中級用、上級用の3分冊を月刊で刊行していたようであるが、なにぶん個人誌だったために10ヶ月で息切れしたようである。石森はこのあたりの事情をこう書いている。

〈小学校下級用と上級用の二種のリーフレッ(各十六頁もの)を月刊誌で発行することにした。原稿はすべて私が書いた。編集も、校正も発送までしなければならなかった。ボーナスもなにもこれに注いだ。妻からの苦情をなんとか慰撫しつつ、さいわいに在満の子どもたち、父兄、教師たちからは意外なほど喜ばれた。「おかげで、満洲っ子が育つだろう」とさえいわれたのを気をよくしてさらに新鮮にして満洲の匂いのぷんぷんする読物を書きつづけた。だが、これは、かなりの労働になり出費が重なるので、十ヶ月め、つまり十号で終刊せざるを得なかった。続けてほしいとしきりに要望されたが、こちらが力つきた形かたちになったので涙をのんでやめてしまった。〉(「満洲児童文学回想」日本児童文学学会編『児童文学研究』第2号、1972年秋季号)

　ここでは「下級用と上級用」の二種類を出したように書いているが、これは『帆』の増刊として単行本として刊行した『満洲野　小学生よみもの』全10冊(昭和3年7月〜昭和4年3月)と混同しているようである。実際は初級、中級、上級の三種類を出している。なお『満洲野　小学生よみもの』(私が確認した「秋の刊」昭和3年11月、での表紙表記ではこうなっている)に関しては、発刊予告を兼ねてのエッセイを『南満教育』昭和3年5月号に「『満洲小学生よみもの』を編む心」として寄稿

している。なお月刊誌の『ます野』はのちに再編集して『まんちゅりあ』、『第二まんちゅりあ』という単行本として刊行されている。

同人誌『新童話』

　個人誌で力尽きた石森であったが、すぐに同人誌を立ち上げる。それが『童心行』（昭和5年1月創刊）であり『新童話』（昭和5年5月創刊、新童話社刊、編集人：石森延男、発行人：政本勇）であった。『童心行』については残念ながら未見であるが、石森が編んだ「満洲児童文学資料（その2）」（「児童文学研究」4号、1975年春季）に掲載されている目次などを見ると大人向けの文芸同人誌だったようである。これに対して児童向け同人誌として刊行したのが「新童話」だった。創刊に至る経緯として石森は「満洲児童文学回想」でこう書いている。

　〈「児童読物」というものを手をつけたいと思うようになり、ぽつぽつ書き出すものがでてくる。いまでいうノンフィクション、またはフィクション、あるいはその中間みたいなものが生れてきた。しばらくは多種多様な読物を書いていたが、そのうちにこの境地、興味から一歩踏み込んで、児童文学の世界に近いものをみんなで書いて、それを雑誌として刊行しようではないかという話が、だれというともなくわき起こった。〉

　『新童話』は、柴村紀代の調査（2008年10月、第47回日本児童文学学会研究大会口頭発表）によれば、現在確認できるものは第1号（1930年5月）から第35号（1932年7月）までの27冊とのことである。13号から数号にかけて「新童話」お友達として購読者の名前が総勢428名掲載されているという。児童文学雑誌としては、まさしく満洲で最初のものである。第14号の写真キャプションと第21号に掲載されている同人名簿などから以下の名前が挙げられている。

　石森延男、政本勇、小池歩、八木橋ゆじろ（雄次郎）、杉野一湧、峰ふぶき、茅山つゆ、境一之、高山さき、弓削まさあき

　『新童話』も創刊からしばらくの間は、1冊の月刊誌であったが、終

刊間際には初級、中級、上級の三種類で刊行している。石森の子どもたちのグレードにあった読み物を提供していこうという意気込みが感じられるが、いかんせん無理があったようである。『新童話』は『郷土満洲』に改題して継続発行しようとするが結局廃刊となる。さらに昭和10年には『童話作品』という同人雑誌を創刊しているが、こちらも16号までを出して昭和11年には終刊となっているようである。『日本少女』は、石森が昭和11年（1936年）に大連弥生女学校に赴任し、同僚の教師と少女雑誌として刊行したものだが、3号で廃刊になったという。

　このように個人誌、同人誌の創刊、廃刊を何度も繰り返しながら石森延男は精力的に活動をし続けているのである。大連の地で満洲児童文学の勃興に尽くしていた石森だが、昭和5年11月には日本内地の童話作家・水谷まさるが主宰する同人誌『童話文学』の同人にもなっている。同人には、千葉省三、酒井朝彦、伊藤貴麿、澁澤青花らの錚々たる面々がいた。[3]

「満洲文庫」、東亜「新満洲文庫」について

　石森延男の満洲における集大成的な仕事といえるものが、昭和9年（1934年）から昭和10年（1935年）にかけて刊行された叢書「満洲文庫」である。この叢書は尋常1・2・3年用の紅版と尋常4・5・6年用の緑版の二種類で「風俗篇」「歴史篇」「写真篇」「理科篇」「文学篇」「終身篇」と隔月2冊ずつ合計14冊が刊行された。基本的には予約購読による通販であったが、要望があり書店でも売られた。これに関しては、私は「発禁処分の行方―石森延男編「満洲文庫」と東亜「新満洲文庫」」（『児童文学研究』35号、2002年）という論文に書いているのでそちらを見ていただきたいが、簡単に要点をまとめておこう。

　私の論文は、「満洲文庫」がそのリベラリズムをとがめられ関東軍によって発禁処分にされたという通説について疑問を持ち、それを検証したものである。たとえば、日本児童文学学会編『児童文学事典』（東京書籍、1988.4.8）の栗原一登執筆の「石森延男」の項ではこう書かれていた。

〈一九三三年、「満州文庫」一二冊を編集刊行したが、関東軍はそのリベラリズムをとがめ発禁処分とする〉

この記述の出所を探っていくとその元凶が石森の還暦を祝って編纂された『石森先生の思い出』(石森延男先生教育文学碑建設賛助会、1967.9) 掲載の「年譜」にあることが判明した。年譜の昭和7年の項にはこのように書かれている。

　〈大連民政署地方課学務係に転勤、「満洲文庫」12巻を編集したが、のちに憲兵隊の忌むところになり、情報局を通じ、官報にて発行停止を公布される〉

　ちなみに同書の中で平方久直 (1937年に帰国) が自作の「軍人の子」が石森に褒められ、「満洲文庫」の文学篇である『満州新童話集』に収録されたが、石森の帰国後に憲兵隊にこの作品のことで呼び出されたと語っている。それに対し石森は (あの『満洲文庫』一二冊は、ことごとく裁断するように官報で布告された。在庫品はもちろん、図書館、書店にあるものすべてだ。) とコメントしている。年譜はこの石森のコメントを参照して記載されていたのである。
　これには、誤解と誤りが散在している。まず昭和7年に出版されたとあるが先に書いたように昭和9年から10年にかけて隔月2冊ずつ計14冊が刊行されている。では、石森が何故、12冊だと記載したかといえば、石森が日本に帰国した昭和14年 (1939年) に修文館より「東亜「新満洲文庫」」12冊が一挙に刊行されているが、これは版型をそのまま使って「満洲文庫」を再刊したものだった。これは好評で文部省の選定図書となり、のちに写真集『カメラの満洲』2冊が別巻として刊行されているが、叢書としては12冊である。石森はこの日本国内で刊行した修文館版「東亜「新満洲文庫」」を「満洲文庫」と述べたのだったが、年譜作成者が先に大連で刊行していたものと混同し、結局誤った記述となり、それが定説となって流布していたのである。なお、「満洲文庫」は大阪国際児童文学館が3冊所蔵 (文学篇の緑版『満洲新童話集』、紅版『童詩と童話』と風俗篇紅版の『まんしふの子ども』)。東亜「新満洲文庫」」は、全巻14冊が国立国際子ども図書館に所蔵、大阪国際児童文学館には別巻を除く12冊を所蔵。東京都立多摩中央図書館・児童書資

料室は『満洲新童話集』を所蔵。また国際日本文化研究センターは8冊を所蔵している。また、石森延男が日本に持ち帰った蔵書の行方が長らく不明だったが、北海道文学館に所蔵されていることが先ごろ判明した。石森が『児童文学研究』に書いた文章や資料は、北海道文学館に寄贈された書籍やスクラップブックを参照して書いたと思われる。

評価

　さて、石森延男を中心とした児童文学活動の当時の評価はどのようなものだっただろうか。最後にそのことについて触れておきたい。
　年鑑類を紐解いてみると昭和七年版『満蒙年鑑』（昭和6年12月20日）より「児童文学」の項目が出てきている。昭和十年・康徳二年『満日年鑑』（昭和9年12月5日）のように項目がない年度もあるが、「満州郷土文芸」の項において純文学が全体的に不振沈滞にあるが、児童文学は別だと次のように指摘している。

　〈こゝに一つ特殊な存在を示してゐるのは童話と童謡である。純文学の範囲から離れてゐるが、この童話童謡の活躍だけは実に目ざましいものがあった。石森延男、山田健二、八木橋ゆじろ、小池歩、中溝新一氏等を中心とした童話童謡作家は何れも完成された作家的な存在となつて来てゐる。〉

　このように隆盛だった満洲児童文学だったが、昭和十五年・康徳七年『満洲年鑑』（昭和14年11月25日）の「児童文学」の項目で〈石森延男氏は十四年春、力作「もんくふおん」を満日紙上に連載、新しいスタイルによつて大きな反響を呼んだが間もなく多年の功績を満洲文化史に残して離満東京へ去つた。〉と記し、翌年には〈鹿島鳴秋篇『満洲童話作品集』…これが唯一の収穫であつた外とりたてゝ云うほどのことなく至極凡々たる年であつた。内地に去つた石森延男氏によつて「満洲児童文庫」の姉妹篇ともいふべき「大陸こども文庫」の刊行の噂があつたがこれはどうなつたか、何れにして内地出版であり、「全満洲児童文集」の刊行もあつたが、これは児童の作文その他であり児童文学の範囲に入れるべきであるまい。〉と述べている。また昭和16年回顧で＜活発だっ

た芸文諸分野に在つて独り児童文学界のみは平凡な一年を見送り〉と昭和9年の状況とは正反対の状況となっている。

これからわかるように石森延男によって「満洲児童文学」は成立し、石森延男が離れることによって「満洲児童文学」は終焉したと見ることができる。昭和14年3月14日から5月3日に『満洲日日新聞』夕刊に「もんくーふぉん」が40回連載されたが、石森延男はその間に文部省図課に転勤することになる（3月29日辞令）。この新聞連載を大幅に改稿して8月には新潮社から『咲きだす少年群』と改題し刊行し、第3回新潮社文学賞を受賞している。続けて『日本へ来て』、『スンガリーの朝』を書いて満洲三部作となる。ちなみに「もんくーふぉん」の新聞連載年も年譜では間違っており昭和13年としていた。これについても日本児童文学学会例会で指摘しておいたが、文章化していなかったので、今回記させていただいた。

ちなみに石森延男についてだけ述べたが、「満洲文庫」の文学篇に掲載されている作家たちとしては次のような名前が見える。

八木橋綾子、入来淳、中溝新一、倉橋惣三、矢澤邦彦、島木赤彦、瀧口武士、山田健二、久富次郎、平方久直、鹿野鳴秋、喜田瀧治郎。

石森延男は、大きなキーパソンだったことには間違いないが、こういった人々の活動を詳細に検討していくことが、これからの満洲児童文学研究に必要なことだと思われる。

研究、資料状況

最後に管見だが、満洲児童文学に関連する研究、資料状況を列記してこの報告を終えたい。

* ＊石森延男「満洲児童文学回想」「満洲児童文学資料－その一」（日本児童文学学会編「児童文学研究」二・1972年秋季号、「満洲児童文学資料－その二」「児童文学研究」三・1973年春季号）「満洲児童文学資料－その三」「児童文学研究」四・1975年春季号）→北海道文学館。

* 新村徹（1936～1984年）「「満州児童文学」について」（『近代文学における中国と日本』汲古書院、1986年）。
* 森かをる「石森延男と『満洲文庫』―国定教科書における満洲教材―」（「名古屋近代文学研究」14、1996.12.20）、「『咲きだす少年群』と『コタンの口笛』における〈日本語〉―石森延男の戦中と戦後の作品から―」（「名古屋近代文学研究」15、1997.12.20）。
* 磯田一雄『「皇国の姿」を追って』（皓星社、1999.3.10）収録の弟1部第5章の「戦時下の石森の児童文学作品と「満洲」」。
* 高野光男「石森延男と『南満教育』―石森延男における「文学」の発見―」（「東京都立工業高等専門学校研究報告」39、2004.2.27）。
* 河野孝之「発禁処分の行方―石森延男編「満洲文庫」と東亜「新満洲文庫」」『児童文学研究』35号（2002年）。
* 函館中央図書館の児童雑誌コレクション（屋根裏コレクション）の整理による研究→柴村紀代（満洲）、横田由紀子（台湾）、霜鳥かおり（中文書）、谷暎子ら。満洲関係では、柴村紀代「満洲児童雑誌「新童話」について」（『藤女子大学紀要』44号、2007年）、「児童雑誌「コドモ満洲」の概要と特徴」（『児童文学研究』40号、2007年）。
* 季頴『日中児童文学交流史の研究』（風間書房、2010年）の第Ⅱ部日本児童文学における中国（中国を素材とした書籍）の中での「石森延男」や「満洲についての作品」の項。
* 寺前君子「満洲児童文学へのアプローチ 「満洲文庫」文学篇『童話と童詩』について」（『日本児童文学・文化研究誌』3号、梅花女子大学大学院畠山研究室、2010年9月）ほか。寺前君子氏は北海道文学館の石森延男資料を参照しつつ、継続発表している。

1　磯田一雄『「皇国の姿」を追って』1999年、皓星社
2　石森延男「満洲児童文学回想」（日本児童文学学会編「児童文学研究」2・1972年秋季号）
3　今度、石森延男君が新たに同人に加わった。諸君にはおなじみ深い作家である。われわれは君を得て意を強うし、一層棋界のために精進しよう。（『童話文学』昭和5年11月号「編集後記」）
＊なお、引用文中の漢字は現代漢字に置き換えています。

「在満日本人」という共同体の創出

山本一生*

0 はじめに

　河野孝之氏は石森延男と彼の児童文学を中心に報告した。本稿では河野氏のご報告に対して教育制度面で補足説明をおこない、さらにいくつかの問題提起をすることを目的とする。第一章では「満洲」について見取り図を示し、第二章では在満時代の石森の主な活躍の舞台であった南満洲教育会教科書編輯部について概観する。そして第三章ではいくつかの問題提起をして今後の研究課題を示し、第四章では「在満日本人」という共同体の創出について若干の考察を加える。

1 「満洲」とは

　まず、南満洲教育会教科書編輯部を概説する前提として、そもそも「満洲」とはどのような地域概念なのか、その範囲について確認する。槻木瑞生が「あるときはシベリア、モンゴル、中国の東三省、華北、山東半島、朝鮮半島を含むなど広い地域を意味することばとして使われ、またあるときは関東州と満鉄附属地という、より狭い範囲を示すものとして使われてきた」と指摘しているように[1]、「満洲」という言葉が指し示す地域範囲は多様である。そのため「満洲＝満洲国」という固定概念があるわけではない。そして周知の通り 1905 年 9 月 5 日に日露戦争は日露講和条約によって終結し、その後日清間で結ばれた「満洲ニ於ケル日清条約」

＊東京大学大学院教育研究科博士課程

によってロシアの東清鉄道鉄道及び関東州の租借権が日本に移された。これが日本の満洲支配の嚆矢である。こうして、関東州・満鉄附属地という狭義の「満洲」概念が創出される。なお「南満洲」という語が特定の地域を指すようになったのは1907年7月の第一次日露協約以来のことである[2]。この協約によって日本の勢力圏を「南満洲（南満）」とし、ロシアの勢力圏を「北満洲（北満）」とした。こうして「南満」という言葉は政治的な用語としてつくられた。その2年後の1909年8月5日に関東州及び鉄道沿線の居留民会立学校、満鉄が設立した学校など、満洲の教員を繋ぐ組織として南満洲教育会が結成される[3]。このように、満洲国建国以前において日本側が用いた「満洲」という語は、関東州・満鉄附属地という狭義の「満洲」と、「南満洲」という政治的に作られた地理概念とが重なった地域を指している。この「満洲」に展開した日本側の学校を対象にさまざまな教材を作成した機関だったのが、石森延男が勤務した南満洲教育会教科書編輯部である。

2 南満洲教育会教科書編輯部の成り立ち

以上「満洲」の範囲について論じてきた。つづいて以下では教科書編輯部の制度史について、同編輯部が南満洲教育会に置かれる経緯を中心に概観する。満鉄側では1917年に教育研究所内に教科書編輯係が設置され、一方関東庁側では1914年に教科書編輯に着手し、1920年に教科書編輯委員会が設置されるという形で、満鉄と関東庁のそれぞれの管轄ごとに在満日本人用教科書と公学堂用教科書が作成されていた[4]。しかし狭小な地域内で別々に教科書を編纂するのは不経済であり、かつ児童が転校する際に支障が出るとして満鉄と関東庁の双方から合同で教科書を編輯する案が出され、1922年に南満洲教育会の一事業として編輯部が設置さる。さらに1924年に南満洲教育会の規則が改正され、南満洲教育会教科書編輯部と改称したのである[5]。なお初代編輯長は津久井徳次郎、初代主事は大出正篤であった[6]。大出は『満洲補充読本』編纂担当者の一人であり[7]、また山口喜一郎とならぶ日本語教育界の重鎮であった。このように南満洲教育会教科書編輯部は南満洲教育会の一事業とし

て位置付き、満鉄と関東庁の双方の管理下にあった。しかし秋山真造によると「南満洲教育会の一事業ではあるが事実上独立した編輯部だ、又両学務課の統制下にはあつたが、編輯其ものについては殆ど独自の経営振りであつた」という[8]。秋山の回想からは、独自に教科書編纂を行う雰囲気が強かったことがうかがえる。

つづいて南満洲教育会教科書編輯部の業務について概観する。同編輯部が発行した教科書は①小学校教科書②「支那人」学校用教科書③教授用書の三種であった[9]。編纂の目的は、西内精四郎によると「在満邦人に対する内地教育延長主義を打破して之を満洲化し、且つ我治下にある中国人に正しい教育を授け、州内外の日支人教育を画時的に改造振興すること」であったという[10]。こうした中、石森延男が着任する。では、石森が教科書編輯部に在籍していた当時はどのような職員がいたのだろうか。次の表にまとめた。この表によると石森の着任は 1926 年 4 月 26 日で、関東庁の所属として「国語・日本語・歌詞」を担当した。「国語」と「日本語」の双方を担当したことから、石森は①の小学校教科書と②の「支那人」教科書を担当することとなる。

石森は『満洲補充読本』の編纂に従事したが、それとは別に副読本や児童読み物の創作を行った。例えば『帆』『満洲野郷土読本』『少年少女よみもの―まんちゅりあ』(1930 年)『満洲文庫』(1932 年)『第二まんちゅりあ』(1933 年)『満洲新史』(1934 年、南満洲教育会)『新撰満洲事情』(1936 年、南満洲中等教育会)などを刊行している[11]。

以上は石森作品と『満洲補充読本』とを同一視することを前提としている。ただし、磯田が指摘しているように、『満洲補充読本』という教科書編纂に石森の努力が多く注がれていたのは確かだとしても、全巻を石森一人が構想し、作り上げたわけではない[12]。すなわち、石森作品と『満洲補充読本』との間の差異を丁寧に峻別する作業が求められよう。

こうした石森作品の特徴は、児童読み物のように多読主義を取ることから、いわゆる新教育運動と言える。磯田一雄は満洲の教育の特徴として、以下のように指摘している。

大正新教育運動は、樋口勘次郎や谷本富に見られるように、その初期には海外に雄飛して日本の国家の発展に役立つような人物を育てる帝国

主義的な教育を目ざしていたが、やがて児童中心主義の影響を受けて、子どもの興味や個性的な発達によりふさわしい教育を求める運動へと路線を転換していく、というように見られている。だが右の二つの側面は必ずしも切り離されるものではない、ということが特に植民地「満洲」においてはいえるのではないだろうか[13]。

　このように磯田は「帝国主義的な教育」と「児童中心主義」とが矛盾しないことを指摘している。この点で参考となるのが、今井康雄の新教育についての解釈である。今井は「新教育は、子どもの自発性を抑圧する硬直した学校教育のあり方に対する批判の運動であるとともに、国家を自発的に支える主体的国民の形成、という時代の要請に応える教育でもあった」と指摘している[14]。こうした指摘を踏まえると、植民地と新教育がどのようなかかわりを持っていたのか、という課題が浮かび上がる。例えば『満洲補充読本』の編纂をはじめ、「満洲新教育」がいわゆる「現地適応主義」の流れのなかでどのように展開したのか、個別の学校や教員にまで照準を合わせて分析することが求められよう。さらには教科書編輯部があった大連と、満鉄教育研究所が置かれた奉天(当初は大連だったが)との「満洲新教育」の差異がどのようなものであったのか、などという課題もあろう。

3　問題提起

　以下では「在満日本人」という共同体がどのように創出されたのか、という課題4点にわたって問題提起を行う。まず第一に、石森作品が対象とした「児童」とはどのような人々か、という問題である。磯田一雄は満洲国建国後の満蒙開拓団による開拓地教育と比較した上で、「従来の在満日本人教育が、満鉄附属地を中心とした沿線都市部の中間層の子どもたちを対象にした、「赤い鳥」的な教育であった」と指摘している[15]。すなわち、在満日本人子弟のうち大連などといった都市中間層の子弟を対象にしていたと考えられる。さらに、石森は学校教育を前提としていた。というのも「課外読物」と石森自身が述べていたように、読者は幅

広く「子ども」一般と捉えられていたのではなく、学校教育を受ける「生徒」を対象としていたのである。この「児童」とはおそらく満鉄沿線都市部の中間層の子どもたちであろう。この「児童」のイメージは、ちょうど「児童中心主義」がさかんであった私立小学校の支持層と重なるのではないか。つまり、石森が対象とした「児童」とは、「内地」においては新教育運動の系譜を引く私立小学校の生徒と相似形をなしていたと考えられる[16]。

第二に、「郷土」とは一体どこか、という問題である。ここでいう「郷土」とは、現地の風物を抽象化し、象徴を通じて共同体を創出する装置としての言説である。『満洲補充読本』「一の巻」のかの有名なフレーズ、「ソラ ノ ウツクシイ マンシウ」。こうした象徴によって「郷土」が「望郷の満洲」という具体的な風景として現れ、実際には多様な人々であっても、その風景を共有する集団が形成される。一方で、石森作品における象徴としての「郷土」にはどのような人々が含まれていたのか。そこに、異民族はどのように表象されたのか。磯田は「白系ロシア人とは母子ともども親しく交流しあう教材があるのに、中国人との親しい交流の場面を描いた教材が見当たらない」とし、それは在満日本人の生活状況の反映であると指摘している。一方、川村湊によると石森の「異言語に取り囲まれた言語状況の中での「国語」の危機感、不安感」が石森の国語教育の中にあると指摘している[17]。両者の指摘を踏まえると、石森は異言語を話す他者としての異民族を意図的に隠蔽して「日本人社会」に包摂し、日本語のみによって成り立つ「在満日本人」という共同体を創出しようとしたのではないかと考えられる[18]。

第三に、石森の作品を子どもたちがどう読んだのか、という問題である。この点がなぜ重要かというと、「在満日本人」という共同体へ、具体的にどのようにして参加していったのか、その手段を知ることに連なるからである。つまり誰が石森作品を読み、どう読まれたのか、という課題を追究することで、石森作品を媒介とする「在満日本人」共同体の創出過程を探ることになろう。さらには兄弟姉妹や近所付き合いといった異年齢間交流を視野に入れることで、どのようにして「在満日本人」共同体を具体化したか検証できよう。

第四に、石森作品や『満洲補充読本』がどこで売っていて、誰が買っ

たのかという流通と購入者の問題である。前者の流通の点は「在満日本人」共同体が創出されるための具体的なシステムがどのように構築されたのか、ということが課題となる。後者の購入者の点は、石森作品の家庭内での位置づけである。子どもが買うものなのか、それとも親が買い与えるものなのか、という差異は、児童文学一般に敷衍して捉えることもできよう。河野氏によると児童文学は親（ないし大人）が与えるもので、子ども自身が買い求めるものではなかった。『満洲文庫』など石森関係の本は主に学校を通して、石森を支持する教員たちが買った。一方で子どもたち自身が買い求めた『少年倶楽部』などに対し、石森は「下劣」として敵視していた。こうした点を踏まえると、石森自身が購買層をどこに想定し、子ども自身が購入する雑誌とどう区別していたのか見えてこよう。さらには聞き取り調査によって、大人と子どもとの交渉過程が明らかにできよう。

4「在満日本人児童」が創出される過程

　　満洲における日本人は多様であった。満洲国建国以前から関東州や満鉄沿線には満鉄社員や関連企業の都市新中間層が居住した。そして満洲国建国後には開拓民という、それまでの満洲にはほとんどいなかった日本人農民が流入する。そして、こうした日本側の権力に近いところに居住した日本人とは異なり、北満や内蒙古など、比較的に日本側の権力が及ばない地域に居住した日本人がいた。『満洲補充読本』を含めた一連の石森作品は、そうした多様な満洲の日本人を「在満日本人」共同体という一枚岩的なイメージとして創出することに一役買ったのではなかろうか。さらには、「内地」の都市新中間層と満鉄沿線都市部の中間層は重なる部分があったと思われる。しかし両者はどの点で重なり、またどの点で異なっていたのか。こうした重なりと差異とを検証する必要があろう。さらに、この差異は在満日本人児童が「内地」に引き揚げた後、どのように顕在化したのか。「望郷の満洲」という風景を共有する人々と、そうでない「内地人」との確執（場合によっては夫婦間でもあっただろう）がどのように引き起こされたのか。一方で、この風景を共有す

るであろう引揚者同士であっても、実際には引き揚げ前の居住地や引き揚げ時期によって様々な確執があったのではなかろうか。

　最後に指摘しておきたいことが一点ある。こうした引揚者同士の確執を隠蔽し、さらにこの風景によって引揚者に「内地人」とは異なる自己意識を創出させたのが「望郷の満洲」という風景であり、この風景を共有する「在満日本人」という共同体だったのではないか。この仮説を検証するためにも、石森作品の内容面だけでなく、その作品が持つ効果までも視野に入れることが望まれる。

1　槻木瑞生「満洲の教科書」(『植民地教育史年報』第11号、皓星社、2009年) p.39。
2　明治40年7月23日に閣議決定された「日露協商ノ件」の追加約款では、以下のように北満洲と南満洲の境界線を定めていた。
　（前略）北満洲及南満洲ノ分界線ハ左ノ如ク定ム／同分界線ハ露韓国境ノ北西端ニ始マリ琿春及心尓騰湖北端ヲ経テ秀水站ニ至ルマテ逐次直線ヲ画シ秀水站ヨリハ松花江ニ沿ヒ嫩江ノ河口ニ至リ之ヨリ嫩江ノ水路ヲ溯リテ托羅河ニ達シ此地点ヨリ托羅河ノ水路ニ沿ヒ間河ト「グリニッチ」東経百二十二度トノ交叉点ニ至ル」外務省記録『閣議決定書輯録 松本記録』第4巻、JACAR(アジア歴史資料センター)Ref.B04120029600。
3　南満洲教育会の設立について、新聞報道では以下のように報じられている。
　従来満洲には関東州に於ける官立小学校の他居留民会立並びに満鉄会社の小学校其他多数の私立学校ありて何れも其の目的とするところは同一なるも相互の間未だ不幸にして連絡を欠き居りしが今回教育会の成立に依つて此遺憾なきに至れり(『満洲日日新聞』1909年8月6日号第2面。)
4　南満洲教育会教科書編輯部『榕の木かげ』p.97。
5　同上、pp.97-98 および『教科書編輯部要覧 昭和十八年度』p.1。
6　同上『教科書編輯部要覧 昭和十八年度』p.5。
7　磯田一雄『「皇国の姿」を追って』(皓星社、1999年) p.44。
8　『榕の木かげ』pp.24-25。
9　『榕の木かげ』pp.99-100。
10　『榕の木かげ』p.65。
11　磯田前掲書、pp.47-51。
12　磯田前掲書、p.53。
13　磯田前掲書、p.34。
14　今井康雄「言語－記号からメディアへ」(田中智志・今井康雄編『キーワード 現代の教育学』東京大諾出版会、2009年) p.15。
15　磯田前掲書、p.79。
16　小針誠は「私立小学校における大正新教育（自由）運動の実践が教育・社会で注目されるほど高いレベルの成果・実践を収めることはできたのはな

ぜか」という問いを提示し、「クリーム・スキミング(cream-skimming)」機能という概念を用いて私立小学校が入学選抜考査において能力の高い子どもだけを予め選抜し、そうした子どもたちを対象にユニークな教育実践を志向したからだと指摘する（小針誠『＜お受験＞の社会史　都市新中間層と私立小学校』（世織書房、2009年、p.5;p.268)。この指摘を踏まえると、おそらく満鉄社員の子弟が中心と思われる石森作品の読者は、「クリーム・スキミング」された人々だったのではなかろうか。

17　川村湊『海を渡った日本語－植民地の「国語」の時間』（青土社、1994年）p.170。
18　ただし、それは石森に該当することであり、必ずしも在満日本人一般にまで広げられることではないことに注意する必要がある。

台湾の児童文学と児童文化

河原　功*

　「台湾の児童文学と児童文化」とはいかなるものか。台湾文学研究をしてきた私の関心事でもあったが、その輪郭を理解することは容易なことではなく、今回のシンポジウムで考えさせられるところが多々あった。児童相手の小説やおとぎ話、神話や伝説、また児童向けの雑誌といったものは児童文学として間違いなく検討対象となる。だが、台湾在住の子供を対象にするものもあれば、日本内地の子供たちに向けてのものもある。台湾在住の子供を対象にするにしても、主として台湾人子弟に限定されるものもある。台湾が日本の植民地だったという特殊事情を考慮に入れて見ていかなくてはならない。また、表現は平易で内容も子供世界でありながら、童心に寄り添って書かれた大人向けの作品もある。初等教育での児童教化のために作られた作品もある。活字メディアに限らず、視覚や聴覚を刺激する紙芝居や演劇に仕立てられたものもあるし、童謡や唱歌もある。「台湾の児童文学と児童文化」といっても、実に広範多岐にわたっていて、理解するにはなかなか難しい。

　本稿は日本植民地教育史研究会第13回研究大会でのシンポジウム「植民地と児童文化」で発表した報告をベースにして、それを要約したものである。上記の理由から、報告は、「日本統治期台湾の児童文学と児童文化」を研究するための情報提供を主としたものであった。

1　台湾児童文学に関する研究書

　日本統治期における台湾児童文学に関する研究は、一般的な台湾文学

---
*東京大学・日本大学文理学部非常勤講師

研究に比べるとかなり遅れていた。台湾を訪れた内地作家は少なくないにも関わらず、日本文学研究者の間でも、台湾を視野に入れて作家の文学業績が論じられることはほとんどなかった。その意味でも、游珮芸『植民地台湾の児童文化』(明石書店、1999年2月)が出版されたことは意味のあることで、ようやく台湾児童文学にも目が向けられるようになったといえよう。

　游珮芸のこの著書はお茶の水女子大学で取得した博士論文に加筆したものである。原資料が見当たらず調査の行き届かない箇所も若干あるが、内容は深く多岐にわたっている。三つの章―①台湾を訪れた内地作家(巌谷小波、北原白秋、野口雨情ら)、②台湾在住の内地人(石田道雄など)、③台湾文学少女(黄氏鳳姿)－でバランスよく構成されていて、理解しやすく、日本統治期における台湾児童文学を知る最良の著作である。内容は次のとおり。

　　第Ⅰ部　〈内地〉児童文化関係者の台湾訪問
　　　第1章　巌谷小波の台湾行脚
　　　第2章　久留島武彦と台湾
　　　第3章　一般口演童話家の台湾行脚
　　　　　　　(永井楽音・上遠野寵児・岡崎久喜)
　　　第4章　北原白秋の台湾紀行
　　　第5章　野口雨情の台湾行脚
　　第Ⅱ部　台湾在住〈内地人〉による児童文化運動
　　　第1章　雑誌『児童研究』からみる台湾の児童文化界
　　　第2章　台湾における童話普及運動の中心人物・西岡英夫
　　　第3章　吉川精馬と児童雑誌『学友』
　　　第4章　児童文化研究誌『児童街』
　　　第5章　童謡詩人まど・みちおの台湾時代
　　第Ⅲ部　〈内地〉への発信―台湾文学少女の誕生
　　　第1章　台湾文学少女の誕生
　　　第2章　黄氏鳳姿の作品群の内実と特徴
　　　第3章　黄氏鳳姿の作品群の史的な位置づけ
　　　付録1　『台湾教育』に掲載されている西岡英夫の論文及び作品のリスト

付録2　日本統治下の台湾の児童文化年表

いっぽう、中国語の研究文献として次のものがある。
邱各容『台湾児童文学史』（台北・五南図書出版、2005年6月）
邱各容『台湾児童文学年表　1895-2004』（台北・五南図書出版、2007年1月）

邱各容の二著は日本統治期部分の記述は少ないが，游珮芸『植民地台湾の児童文化』を補足する資料として使用することで、戦前期の台湾児童文学を理解するに役立つ。

2　児童文学作品―日本国内での関心

日本国内で発表された台湾に触れた児童文学作品としては、次のものが目につく。

久留島武彦『戦塵』（博文館、1900年12月）
　→久留島武彦『戦塵　復刻版』『偲ぶ草』（久留島秀三郎、1960年11月）
宇野浩二「揺籃の唄の思ひ出」（『少女の友』1915年5月）
佐藤春夫「蝗の大旅行」（『童話』1921年9月）
佐藤春夫「魔鳥」（『中央公論』1923年10月）
『世界童話体系第15巻　支那・台湾篇』（世界童話体系刊行会、1926年3月）
　　西岡英夫(塘翠)編『台湾童話集』（台湾童話集26篇　生蕃童話集7篇）
澁澤寿三郎(青花)編『東洋童話叢書第3編　台湾童話五十篇』（第一出版協会、1926年9月）　（蕃人の童話40篇　台湾人の童話10篇）
　＊「蕃人の童話」に関しては、大西吉寿氏の『生蕃伝説集』から材料を取りました、とある。『生蕃伝説集』（台北・杉田重蔵書店、1923年11月）は大西吉寿・佐山融吉との編著。しかし、実際に中心となって執筆したのは自分であったと、後に佐山融吉は語っている。
『日本児童文庫　日本昔話集下　アイヌ・朝鮮・琉球・台湾』（アル

ス、1929年4月)
　　　佐山融吉『台湾編』16篇
『世界童話全集　朝鮮・台湾・アイヌ童話集』(近代社、1929年10月)
　　　西岡英雄(塘翠)編『台湾童話集』
　　　　　　ママ
　　＊世界童話体系刊行会『世界童話体系第15巻　支那・台湾篇』の
　　　『台湾童話集』にほぼ同じ。『台湾童話集』から「もともと支那
　　　の話」2篇を除いて24篇としたもの。
『朝鮮・台湾・支那　神話と伝説』(太平洋出版部、1934年1月)
　　　中村亮平編『台湾神話伝説集』(台湾中部の神話伝説22篇　台湾
　　　北部の神話伝説16篇)
　　＊大西吉寿氏の研究に負ふ所が多かつた、とある。
『世界神話伝説体系第2巻　支那・朝鮮・台湾集』(誠文堂、1934年4月)
　　　中村亮平編『台湾神話伝説集』
　　＊『朝鮮・台湾・支那　神話と伝説』(太平洋出版部)に同じ。
三田村連(田村武敦)『高砂少年義勇隊』(香蘭社、1943年4月)
朝日新聞社編『大東亜民話集』(朝日新聞社〈朝日文庫〉、1945年3月)
北原白秋『華麗島風物誌』(弥生書房、1960年12月)
　　　紀行篇、詩篇(台湾青年の歌、台湾少年行進歌、林投節など)

　児童文学作品としては、原住民世界に伝わる神話や伝説がほとんど
で、児童向けよりも大人向けのものが多かった。昭和に入っての10年
間ほどは、改造社の『現代日本文学全集』が火付け役となった円本ブー
ムに乗って、童話や神話の作品集が多く発行された。『世界童話体系』『日
本児童文庫』『世界神話伝説体系』での西岡英夫・中村亮平・佐山融吉ら、
それに『東洋童話叢書第3編　台湾童話五十篇』での澁澤寿三郎(青花)
らの貢献度が高かった。日本人の関心の方向としては、荒っぽく言えば
原住民に向けられていたと言える。
　だが、台湾には童話や神話そのものが多くないために、ひとわたり全
集に収められて普及すると、後に続く材料に乏しく、円本ブームの急激
な収縮とあいまって、日本国内では台湾児童文学への新たなブームを起
こすものはなかった。台湾人世界を描く童話等への内地での関心は薄い
ままだった。

3　児童文学作家の台湾訪問

　内地の大物児童文学作家の台湾訪問も少なくなかった。総督府や関連機関や団体が招聘するケースもあった。台湾を訪れた著名な児童文学者としては、近衛師団一員として 1895 年に台湾上陸し、その後何度も訪台した久留島武彦をはじめ、1916 年以来 3 度にわたる巌谷小波、さらに野口雨情や北原白秋がいる。台湾で歓迎された様子が当時の新聞『台湾日日新報』などに載っている。彼らは一様に「台湾は暑いところだ」と印象を述べているが、さらに進めて彼らの台湾理解には興味を引くところがある。それと、大物児童文学者の台湾訪問が台湾児童文学界にどれほどの影響を及ぼしたのかにも興味を覚える。関連する資料が少なく、今後の研究に大いに期待するところだ。今のところ、游珮芸の研究を越えるものは見当たらない。

　また、1920 年に友人東(ひがし)熙(き)一(いち)に誘われて台湾訪問した佐藤春夫の場合は、童話作家ではないが、台北に着いて台湾博物館に森丑之助（丙牛）を訪ねたことがきっかけで下村宏（海南）民政長官の特別の庇護を受けることとなり、結果的に台湾に取材した作品を 10 篇ほど残すこととなった。そのなかに、童話「蝗の大旅行」、童話に近い小説「魔鳥」がある。

4　台湾島内での児童文芸誌

『台湾子供世界』（台湾子供世界社）
　　創刊号〈1916 年？月〉～ 11-2〈1926 年 2 月〉まで確認
『学友』（台湾子供世界社）　創刊号〈1919 年 1 月〉～ 1-11〈1919 年 11 月〉
『台湾少年界』（台湾健児社）
　　創刊号〈1931 年 12 月〉～ 4〈1937 年 3 月〉まで確認
『児童街』（台北児童芸術協会）　創刊号〈1939 年 6 月〉～ 2-3〈1940 年 6 月〉
『台日コドモ新聞』（台湾日日新報社）
　　創刊号〈1925 年 3 月 1 日〉～ 145〈1927 年 11 月 27 日〉まで確認
台湾でも児童文芸誌が創刊されるようになるが、日本国内に比べると

比較にならないほど少なかった。不振の原因としては、経済的理由や執筆者不足といったことはもちろんのこと、読書市場の未成熟、日本内地に比べて日本人児童の少なさ、内地の雑誌に及ばない内容の浅薄さ、台湾人児童の日本語理解力の低さが多分に影響していたといえよう。

　なお、これら台湾発行の児童向けの紙誌はそのほとんどを目にすることはできなかった。『児童街』は中央図書館台湾分館に、『台日コドモ新聞』は一部分が呉三連台湾史料研究中心にあるが、『台湾子供世界』『台湾少年界』の台湾での存在は確認されていない。ところが、『台湾子供世界』2冊、『台湾少年界』4冊、『台日コドモ新聞』129号分（145号のうち）は函館中央図書館にあることが、横田由紀子の調査で明らかにされた。（「函館中央図書館所蔵・台湾発行の児童雑誌について」『児童文学研究』第39号、2006年12月。「『台日コドモ新聞』細目1」『ヘカッチ』2、2007年5月。「『台日コドモ新聞』概要」『ヘカッチ』3、2008年5月。）

5　台湾島内での児童文学作品

　西岡英夫『科外読本　台湾れきし噺』（台湾日日新報社、1917年3月）
　小穴武次『課外読本1　地理物語台湾旅行』（台湾子供世界社、1920年3月）
　内田隆訳『マヤ子』（台湾日日新報社、1925年10月）
　　＊塩月桃甫の装丁　「蜜蜂マーヤの冒険」の最初の邦訳
　柿沼文明『二二が四郎と二三が六郎』（東門こども会、1927年6月）
　　＊塩月桃甫の装丁
　瀬野尾寧・鈴木質『蕃人童話伝説選集』（－、1930年9月）　未見
　山口透『北白川能久親王』（台湾通俗歴史全集刊行会、1930年8月）
　稲垣其外『鄭成功』（台湾通俗歴史全集刊行会、1930年10月）
　大岡春濤『義人呉鳳』（台湾通俗歴史全集刊行会、1930年12月）
　田澤震五『明石大将』（台湾通俗歴史全集刊行会、1931年2月）
　竹内貞義『濱田弥兵衛』（台湾通俗歴史全集刊行会、1931年7月）
　西川満『猫寺』（媽祖書房、1936年11月）
　西川満『絵本桃太郎』（日孝山房、1938年5月）
　黄氏鳳姿『七娘媽生』（東都書籍株式会社、1940年2月）

黄氏鳳姿『七爺八爺』（東都書籍株式会社、1940 年 11 月）
黄氏鳳姿『台湾の少女』（東都書籍株式会社、1943 年 8 月）4,300 部
黄得時『水滸伝』（清水書店、1941 年 9 月～1943 年 6 月）　全 3 冊
西川満『西遊記』（台湾芸術社、1942 年 2 月～1943 年 11 月）　全 5 冊
西川満・池田敏雄『華麗島民話集』（日孝山房、1942 年 5 月）—24 篇
西川満編『台湾絵本』（東亜旅行社台北支店、1943 年 1 月）—60 篇
王萬得『木蘭従軍』（盛興書店出版部、1943 年 2 月～？月）　上下 2 冊
楊逵『三国志物語』（台湾芸術社、1943 年 3 月～1944 年 11 月）　全 4 冊
竹内治編『台湾むかし話　一』（台湾芸術社、1942 年 12 月）—23 篇
稲田尹編『台湾むかし話　二』（台湾芸術社、1943 年 5 月）—25 篇
鶴田郁『たいわん・むかし・ばなし 三』（台湾芸術社、1943 年 7 月）—25 篇
鶴田郁『南方むかし話』（台湾芸術社、1943 年 8 月）—18 篇
劉春木『水滸伝』（台湾芸術社、1943 年？月～1943 年 11 月）　上下 2 冊
江肖梅『包公案』（台湾芸術社、1943 年 11 月）
台湾芸術社編輯部編『台湾地方伝説集』（台湾芸術社、1943 年 12 月）—37 篇
中島孤島訳編『改訂西遊記』（清水書店、1943 年 12 月）
大原正敏『阿片戦争』（盛興出版部、1944 年 2 月）
柳洋三郎『絵話三国志』（盛興出版部、？年？月～1944 年 6 月）　全 3 冊 ??

　台湾で出版された児童文学作品としても数量は多くないようだ。子供向きには教化的色彩が強く、大人向きには娯楽的あるいは趣味的な要素が強い。

　台湾の児童文学は、1930 年代半ばに転換期を迎える。台湾人子弟の日本語識字率の高まりと連動するものである。台湾の歴史や地理、「偉人」が扱われるようになり、中国の古典や台湾昔話、生活記録が目につくようになる。

　日本語による文学運動の隆盛、台北児童芸術協会が結成される。やがて 1939 年に台湾詩人協会結成（40 年に台湾文芸家協会に発展）を迎える。西川満中心の台湾文芸家協会機関誌『文芸台湾』が創刊されたことで、内地文壇への接近と、台湾的なものを求める傾向が強くなった。また、池田敏雄編集の『民俗台湾』の創刊は、台湾的なものの採集と保存に貢献した。これらは子供対象ではないが、台湾の児童文学発展にそれなりの寄与を果たしたので、今後の研究が求められる。

そうしたなかで、菊池寛に文才を認められた黄氏鳳姿の登場は、台湾児童文学に新たな意味を持たせることになった。

1940年代に入っての台湾人経営の出版活動（台湾芸術社や盛興出版部）も、大衆化路線を敷いたことで、多くの読者層を作り上げることになった。娯楽雑誌『台湾芸術』は、女性や子供たちにまで読者層を広げるにいたった。同社からは児童向けの書籍も多く出版された。

童詩や童謡としては、台北市教育会綴方研究部編『童詩集』（台北市教育会、1933年？月）や　宮尾進編『童謡傑作選集』（台湾芸術協会、1930年？月）があるようだが、未見のためなんとも言えない。

しかし、まど・みちおは台湾時代に本名「石田道雄」で詩を発表しており、その数は200篇以上あるという。そのなかには『まど・みちお全詩集』（理論社、1994年10月）に未収録の作品はまだ少なからずある。石田道雄の詠んだ詩は、そのほとんどが台湾人の子供についてのものであって、原住民に触れたものは少ない。その点、台湾総督府に招かれた北原白秋が原住民の子供のみを詠んだのと対照的である。石田道雄の台湾時代の活動に関しては、中島利郎「忘れられた『戦争協力詩』－まど・みちおと台湾」『ポスト／コロニアルの諸相』（彩流社、2010年3月）が参考になる。

童謡に関しては、吉鹿則行『童謡研究』（赤い処女地社、1928年8月）が参考になる。

6　視聴による日本語普及、日本精神の定着

〔紙芝居〕

台湾の紙芝居は、1935年ごろに台南の末広公学校が国語教育の上で始めたものと言われる。1937年には台湾子供世界社から8種の紙芝居が刊行され、台南州でも「北白川宮殿下」「乃木将軍」などを刊行、1941年には皇民奉公会内に台湾紙芝居協会が設立された。同会からは「島の志願兵」「サヨンの鐘」などを制作し、各地に配給された。末広公学校紙芝居研究部編『社会教化と紙芝居』（台南・三榕会、1939年2月）、台湾紙芝居協会編『紙芝居の手引』（皇民奉公会中央本部、1942年5月）

が参考になる。しかし、台湾総督府ならびに各州庁、さらに関連団体で制作された紙芝居の現存については確認できていない。

〔放送童話劇　演劇 – 教化劇、皇民化劇〕

　台北放送局放送『夜明の歌』（国語普及の栞刊行会、1930年12月）
　台湾童話劇協会（編）『童話劇選集』（鵬南時報社、1940年10月）―18篇
　台湾教育会社会教育部編『青年劇　大地は育む』（『薫風』付録、1934年10月）
　台湾教育会社会教育部編『青年劇　微笑む青空』（『黎明』『薫風』付録、1936年3月）
　国民精神総動員台中州支部編『皇民化劇脚本集　軍夫の妻』（同支部、1939年12月）
　江間常吉『皇民化劇の手引　第一輯』（台湾子供世界社、1940年2月）
　台湾総督府文教局社会課編『簡単な青年劇の演出法』（台湾総督府文教局、1940年7月）
　台湾総督府情報部編『手軽に出来る青少年劇脚本集　第一輯』（同情報部、1941年4月）
　皇民奉公会台北州支部健全娯楽指導班編『青年演劇脚本集　第一輯』（台湾子供世界社、1942年6月）
　皇民奉公会台北州支部芸能指導部編『青年演劇脚本集　第二輯』（清水書店、1944年3月）
　吉村敏『護郷兵』（盛興書店出版部、1943年11月）
　吉村敏『一つの矢弾』（台湾芸術社、1944年12月）

　放送童話劇や戯曲脚本に関しては、河原功・中島利郎編『日本統治期台湾文学集成　第 10 ～ 14 巻　台湾戯曲・脚本集』（緑蔭書房、2003 年 2 月）にこれらの作品を収録した。その解題並びに河原功「日本統治期台湾の演劇運動概観」（『翻弄された台湾文学』研文出版、2009 年 6 月）を参照されたい。国語（日本語）普及をはかりつつ、視聴を媒体として皇民化運動を推進させるという、政治利用の実態が見えてくるはずである。

7　作られた台湾神話－児童教育の現場での狙いは？

〔呉鳳〕

　私は、作られた台湾神話として三つあると考えている。その代表例は「呉鳳」の故事である。

　首狩り風習をやめさせるために自ら犠牲になった「呉鳳」の故事は、原住民の教化を象徴する代表的な話であった。小説、戯曲、伝記、映画『義人呉鳳』（1932年）、教科書（文部省・台湾総督府・朝鮮総督府）など、さまざまなものに見ることができる。

　台湾では台湾人児童の教育項目に『公学校用国語読本』に1914年からずっと取り上げられてきたし、日本国内でも1928年以降『尋常小学国語読本』に取り上げられて全国の小学校で教え込まれるようになった。

　　公学校用国民読本第2期の巻11（1914年〜）
　　国語読本第3期の巻8（1924年〜）
　　公学校用国語読本第4期の巻8（1940年〜）
　　公学校用修身書第1種児童用の巻4（1929年〜）
　　尋常小学国語読本第3期の巻8（1928年〜）

　多くは『日本統治期台湾文学集成　第26・27巻「呉鳳」関係資料集』（緑蔭書房、2007年6月）で読むことができる。駒込武「植民地教育と異文化認識―『呉鳳伝説』の変容過程」（『思想』1991年4月）にも教えられるところが大きい。「陋習」を改善し、原住民の文明化をはかることで、台湾統治の基礎を築くその土台としての役割を呉鳳神話は担っていた。

〔詹徳坤〕

　「君が代少年」でよく知られた詹徳坤の「震災美談」は、公学校用国語読本第5期の『初等科国語3』（1943年〜）に載っている。皇室崇敬、皇民化教育の成果といえる皮肉な「お話」という印象である。それに、「震災美談」として公学校用国語読本第3期の巻11(1924年〜)にある酒井宗雄のリメイク版を思わせる。

　「震災美談君が代少年」刊行会編『震災美談君が代少年』（同刊行会、

1936年9月)、近いところでは村上政彦『「君が代少年」を探して』(平凡社〈平凡社新書〉、2002年10月) が参考になる。

〔サヨン〕

　日本人警察官の荷物運搬中(別の説もある)に濁流に呑まれて犠牲となったサヨンの死に関する話は、「呉鳳」以上に多く取り上げられた。小説、劇本、長唄、映画、歌、教科書など、さまざまなメディアを通して「サヨンの鐘」として広まり浸透していった。

　小説では、次のものがある。

　呉漫沙『莎秧的鐘－愛国小説』(南方雑誌社、1943年3月再版)

　呉漫沙／春光淵訳『サヨンの鐘』(東亜出版社、1943年7月)

　長尾和男『サヨンの鐘』(皇道精神研究普及部、1943年7月)

　教科書では、「サヨンの鐘」として、公学校用国語読本第5期の初等科国語5(1944年～)に載っている。

　映画では、李香蘭主演(清水宏監督)『サヨンの鐘』(松竹・台湾総督府・満洲映画協会提携、1943年) として、多くの観客を動員した。台湾での上映については否定的な説もあるようだ。サヨンの事故死には長谷川台湾総督による顕彰があり、皇民化運動の推進と完成を象徴する出来事として利用され、高砂義勇隊、「台湾軍の歌」等までも織り込まれ、さらに冒頭には台湾宣伝が延々と続くという、まさに国策映画となってしまっている。

　多くの研究がされているが、たとえば『日本統治期台湾文学集成　第28巻「サヨンの鐘」関係資料集』(緑蔭書房、2007年6月)、藤井省三・黄英哲・垂水千恵編『台湾の「大東亞戦争」』(東大出版会、2002年12月) は目を通しておくべき文献である。

　「台湾児童文学と児童文化」はまだ体系的に研究されているわけではない。游珮芸『植民地台湾の児童文化』が最も詳しいが、視聴覚(演劇や放送劇等)、学校教育には触れていない。まだ未開拓な研究分野であるといえよう。それに、これまでの台湾文学研究と同様に、資料がかなり欠けていて、研究の進展を妨げてもいる。

河原功氏の発表についてのコメント

弘谷多喜夫*

　これは当日の発言を録音したものから復元したのではなく、メモを見ながら文章化したものである。その際少し内容を整理しながら行った。
　ご発表の内容は、別掲してあるが、私がコメントしたかったことに即して受け取った内容を最初にまとめておく。
　「台湾児童文学と児童文化」というタイトルで話をされた。①先ず、こうした分野での研究書は台湾人研究者のものが2つあるのみと指摘され、游珮芸『植民地台湾の児童文化』と邱各容『台湾児童文学史』をあげ、前者は日本で出され，後者は台湾でのものであることから游氏のものについて目次をあげられた。それによると、台湾の日本人で童話の普及運動をした西岡英雄という人物がいたこと、児童文化研究誌があったことがわかる。
　②次に、日本で台湾を題材にした児童文学作品が、宇野浩二に1編、佐藤春夫に2編あり、いずれも鈴木三重吉「赤い鳥」運動に連なるものであった。あとは、日本の子どもに「台湾人」や原住民の間で話されてきたものを『台湾童話』として、あるいは原住民のものを『神話・伝説』として紹介したものなどである。
　③台湾で児童雑誌は出されていないこと、児童文学作品と呼べるものもなかった。
　④読み物の大部分は、『国語読本』の副読本のようなもの（人物、歴史、地理、昔話）であった。
　⑤皇民化運動下では日本語、日本精神の普及の手段として視聴を媒介とする児童向けの童謡、劇、紙芝居がつくられた。
　⑥『国語読本』のために「作られた台湾神話」として「呉鳳」「君が

＊浜松学院大学短期大学部教員

代少年」「サヨンの鐘」がある。

　私は、氏の発表の先立って黄氏鳳姿著『台湾の少女』を読んだ。これは①の游氏の著書でも「台湾文学少女の誕生」としてとりあげられているが、教師池田敏雄氏によって見出された台湾少女の作文を編集したものである。第3作として東京で出版されたものが文部省推薦図書となったのを機に島内普及版として昭和19年に出されたものである。

　この本を読んでみると子どもの生活は、家族がとり行う台湾の伝統的な諸行事に参加して行われていることがわかる。非文字文化の世界である。

　子ども向けの本や雑誌については1箇所出てくる。「妹は子猫を奥の房間へ抱いて行きました。(中略)それから妹と二人で雑誌や童話の本を出して、何か好い名はないかとさがしました。そして"マリ"という名が可愛らしいと思ひ、またこの子猫によく似合うと思って、(以下略)」という箇所であるが、残念ながら雑誌や本の名前はわからない。

　さて、発表を聞いてのコメントであるが、①の西岡英雄の童話普及運動は台湾で語り伝えられてきた漢人や原住民の物語で子ども向けのものを活字メディア化した読書運動ではないかと思うが、そうだとすれば、公学校教育を促進し、その成果を定着させることとパラレルな側面も有ったのではないかと思う。

　②では、日本において大正期児童文学運動に台湾を訪れた文学者たちの影響が反映したものであろうが、都市の小市民階級の児童を中心とする読者層という限られた範囲での、しかも文学作品は少なく、他は課外読み物的なものといえるのであまり大きな評価は出来ない。

　③は私が予め考えていた問題の中心にあったものである。子どものための雑誌や文学作品が子どもの世界に登場するのは無論近代社会の成立以後である。それは、子ども達が文字を読めるようになることと、文字によって得られる知識が生きていくうえで必須になることを背景にしているし、国民教育制度といわれるものとパラレルである。又、それらを子どもに買って与える教育的な家庭の存在も前提である。日本ではこれらの条件はおおよそ大正期以後に成立する。従って、台湾ではこれらの条件を欠いていたといえよう。

　④は、国民の思想的統一を図るための国定教科書による教育の重視と

いう事態が、子ども文化のあり方を規定したことの反映である。

⑤で、国家目的のためにという政治的な影響下に子ども文化という領域も組み込まれていたことが示されている。

⑥は④の前半で述べたことが意味したものの一端である。

以上、発表の内容に沿ってコメントを行ったが、近代まで子ども文化の中心をなしていた地域の伝統的行事への参加とそこから派生した遊びは、近代以後学校教育によって大きく変容する。子どものための児童文化や児童文学も登場する。しかし、植民地台湾ではそうしたことに大きな変化を認めることは難しいように思えた。

発表者からご意見を伺う充分な時間はなかったが、台湾における文学運動の研究者である氏の出版物リストにもとづいた発表は貴重なものであった。

II. 研究論文

日本領有時代台湾における
初等義務教育制度に関する考察*

林 琪禎**

一 はじめに

　本稿は、植民地台湾（1895 - 1945）における初等教育の「義務化」について考察するものである。1895年に日本の初の植民地になった台湾で、早々に開始された施政の一つは、教育制度の整備である。初等教育については、伊沢修二[1]による芝山巌学堂をはじめとして、国語伝習所の設立、そして小学校と公学校の二元的な教育システムの成立に至った。台湾統治に臨む際に直面しなければならない抗日運動を鎮めることと共に、台湾における初等教育もほぼ同時に展開していったといえるのである。しかし、台湾における教育の状況は、時期によって意味合いの違う政策をも見せていた。

　そこで、本稿で特に焦点を当てたいのは、台湾における初等教育の義務化をめぐる議論とその実際の推移についてである。台湾では、1943年（昭和18年）の4月1日より初等義務教育制度が正式に実施された。その4年前の1939年（昭和14年）に実施の決議がなされ、4年間の準備猶予期間を設け、実現したのである。この初等教育義務化の実施をめぐる問題は、ただ制度上の転換に止まるものではなく、日本が台湾で行ってきた初等教育の到達点の一つとも言える。

　一方、義務教育とは、いうまでもなく近代に入ってから生み出された近代的な教育制度であり、その前提としては国民国家という国家概念の

＊本稿は、2010年3月27-28日にこども教育宝仙大学で開催された「日本植民地教育史研究会第13回研究大会」・「自由研究発表」の部で報告した内容を加筆修正したものである。
＊＊ 一橋大学大学院言語社会研究科博士後期課程

カテゴリーにおいて成立しなければならない。台湾における義務教育の実現は、建前と実際のギャップという葛藤が生じる状況は考えうるにも関わらず、帝国日本の台湾統治に、教育政策面においては、確実に台湾がその時点で「日本」という国家的な枠組みに編入されたという意味合いが含まれると考えられる。しかしながら、この意味合いを考える時にも、日本の台湾統治の特異性と日本の植民地統治の性格、さらに 1931 年以後に帝国日本が次々と乗り出した戦争行動とその後の戦争体制なども一緒に考えるべきである。植民地台湾の初等教育義務化は、帝国日本の植民地統治に由来した複雑性に富む一側面であると考えられるが、しかしながら、その実態については先行研究が不足しており、議論の余地があると思われる[2]。

以下、日本領台初期の義務教育をめぐる議論から総力戦体制下での実際の実施までを視野に入れ、台湾における初等義務教育制度の考察を試みる。

二　台湾における義務教育制度実施要求の出現

1940 年（昭和 15 年）台湾教育会[3]の機関誌『台湾教育』に、当時の台湾総督府文教局[4]長森田俊介[5]が、「台湾に於ける義務教育制度の将来[6]」を寄せた。これによれば、台湾における教育関係者の義務教育実施の要求は少なくとも 1903 年（明治 36 年）に遡ることが分かる。

つまり、1903 年 11 月の「第一回学事諮問会」において、「後藤（新平）民政長官全島小公学校校長及各庁学事主任属五十七名を淡水に招集し、教育に関する諮問を発せられた[7]」という。この諮問会の趣旨は、「本島住民ニ対シ国語ヲ普及徹底セシムルト共ニ国民性ノ涵養ヲ図ルハ本島統治ノ基根ヲ培フ所以ナリ故ニ速ニ初等教育ヲ義務制トシ其ノ就学ヲ強制シ同化ノ根本策ヲ確立スルハ最モ緊要」であり、「強硬に義務教育制の施行が主張せられた」という[8]。

1902 年（明治 35 年）の台湾における就学状況が、同じ文章に記されている。1902 年の小学校数は 14 校であり、「内地人」学齢児童数は 2,799 人、就学児童数は 2,021 人で、就学歩合は 72.20％に対して、「本島人（台

湾人）[9]」学齢児童数は 587,308 人、就学児童数は 18,845、就学歩合は 3.21%である[10]。この数値を見れば、当時の台湾人児童の就学率の低さが一目で分かる。このような状況から考えると、前述した「第一回学事諮問会」に参会した教育関係者たちの、「強硬に義務教育制の施行」の主張には、台湾人の教育に対する不熱心の態度への苛立ちも含まれるのであろう。森田俊介も文中で、このように述べている。

　（前略）教育の開拓に従事し最も辛酸を嘗めたのは、直接教育の任に当たつた教育事務担当者であつた。彼らが心血を注ぎて開設した新しき学校教育も一般に理解せらるるに至らず、「学校にやつても役に立たず」との口実の下に就学を拒否するの情況であつた。更に困難を感じめられたのは就学児童の缺席であつた。教師及び事務担当者は児童就学の勧誘と出席督促に全精力を奪われ、実績遅々として挙らず、国語普及の要求絶大なる当時に在りて前途を思ふ衷情は凝つて義務教育を絶叫せしめたのである[11]。

　森田の解釈から当時の就学情況が伺えよう。この時期に「義務教育」の実施要求が台湾で提出された最も主要な理由は、教育事務担当者が当時の台湾人の教育への不熱心な態度と台湾人児童の就学率の低さに不満を持っていたからと推測できる。そこで義務教育の実施を通して、自分の携わる仕事が捗れるようにしたがった気持ちのほうが強かった。本当の意味での義務教育とは少しズレがあると言わざるをえない。また、民政長官の後藤新平とは、言うまでもなく「生物学の原則」で台湾植民地施政に臨んでいた辣腕政治家で、「ヒラメの目をタイの目にすることはできない」という見方を持っていたので、義務教育実施に賛成していたとは考えにくい。それにもかかわらず、彼が諮問会の筆頭に立って共に「強硬に義務教育制の施行」を主張したのは、教育現場に力を注ぐ第一線の関係者の士気を砕きたくなかったからだろうと思われる[12]。
　以上により、この時期に「義務教育の施行」という考え方や呼びかけが、すでに教育現場に出現していたことが確認できる。そして、翌年には、「義務教育」をめぐる議論が更に繰り広げられた。

三　義務教育をめぐる議論：
木村匡の義務教育提唱論と持地六三郎の反論

（一）木村匡の義務教育提唱論

　1904年（明治37年）に、『台湾教育』の前身『台湾教育会雑誌[13]』で、義務教育をめぐる議論がなされた。前台湾総督府学務課長の木村匡[14]は、台湾教育会の6月常集会で「台湾の普通教育」という講演を行い、それが7月の『台湾教育会雑誌』第28号に掲載された。木村は文章の冒頭で普通教育を「国民としての必要なる最小限の教育[15]」と明確に定義をつけ、「普通教育即国民教育[16]」と明言した。なお、普通教育には三つの条件が必要であると述べた。その三つの条件は「国家が教科を定むること」「就学の義務」「設置維持の義務」であり[17]、それぞれの説明を引用する。

　　第一、国家が教科を定むること、即ち、国民として必須なる教育を授くるが国民教育の本旨である（略）。
　　第二は就学の義務、即ち一定の学齢児童に必ず就学の義務を持たすることであります（略）。
　　第三は設置維持の義務、即ち自治団体たる市町村に向つて、国民学校の設置維持の責任を負わすることであります（略）[18]。

　この説明で、「普通教育＝義務教育」という木村の姿勢が明らかである。特に注目したいのは、第二の「就学の義務」では、木村は続いてこう述べている。「元来、家に不学の人なく、邑に不学の徒なく、普天の下、率土の浜、皆教育の光を被るといふことは、此国民教育の趣旨であるから、就学の義務を持たせるといふことは至当なことである[19]。」木村の、国民教育実施への強い意欲が感じ取れる。とりわけ、基礎となる初等教育も義務化にすべきだと主張していた。
　さて、植民地台湾の教育に対して、木村はどのような見地を示したのだろうか。木村は、まず世界列強諸国の植民地政策を、「征服主義」「自治主義」「統一主義」に分けており、日本の台湾植民地政策については、「憲

法によりて司法権の独立が保証され、鉄道、郵便、電信、殖産、租税、是等一切の施設は年を逐うて母国に近よらしむるやうで、其有様は、植民史が教える所謂統一主義と看做して差支なからうと思ふ」と述べ、日本の台湾統治が「統一主義」であると言い立てた。植民地台湾が「既に統一主義を現はして居る以上は、我が教育の方針は、いふまでもなく、統一的教育策たる国民教育の方針でなければならぬ[20]」とした。

このように、木村は、台湾の教育は「国民教育である」としており、「国民教育は、（略）国民の義務教育である」と言明した[21]。そして、台湾の公学校に「寧ろ明かに国民学校といふ名称をつけたいと思ふ」のである。

また、木村は四つの理由で当局の教育への尽力を呼びかけていた。それぞれは教育が「積極的施設中最も有効なもの」、「精神的事業中最有効なるもの」、感化撫育の面では「宗教に代え（られ）る」もの、そして台湾統治の「記念事業」たるもの、となっているのである[22]。

木村匡は、かの明六社[23]を発起し創設した「明治六大教育家[24]」の一人である森有礼[25]の衣鉢を継ぐ者であり、森有礼の伝記である『森先生伝[26]』も木村が執筆している。森有礼は啓蒙的な国家主義教育[27]者だと言われながらも、西洋の影響をも受け開放的な自由主義思想的な教育家であり、明治初期の日本教育に尽力していた人物である。周知の通り、国家主義教育論とは、従来の封建制度を否定し、国家全体を重視し、その立場から国家の発展を願い、国家統一を追求する教育理念である。植民地台湾初代の学務部長伊沢修二も、国家主義教育論の流れを汲む人物とされており、森有礼が初代文部大臣[28]になった時に教科書編纂の職についたことがある。この意味では、木村匡の教育理念は伊沢修二にも近似し、そして森有礼に遡ることができよう。台湾がすでに日本の版図に入った以上、「国家主義教育」論理の前提では、均質かつ統一な（帝国）国民を作り上げることが当然な発想となった。木村の義務教育提唱論も、こういった系譜の中から、唱えられたものであったと思われる。

(二) 持地六三郎の義務教育反対論

木村匡が台湾教育会常集会及び『台湾教育会雑誌』で義務教育を唱えた2ヵ月後、同年（1904年）の8月に、台南庁内務部長職についてい

る持地六三郎[29]が反対意見を述べた。この反論は後に同年10月に発行された第31号の『台湾教育雑誌』に「台湾に於ける現行教育制度」という題名で掲載された。

　持地はまずこの文章の冒頭で、これまで発布された諸法令と訓令に基づき台湾人の教育方針を、(1) 初等教育を普及せしめ、(2) 更に進んで中等教育を施し、(3) 又一方には実業教育、専門教育を施す、という三つの「旨趣」としてまとめている[30]。そして、台湾人の初等教育について、恒例の「同化主義」の大方針を掲げた後、義務教育について意見を述べた。台湾の教育は、「義務の制とせずに任意の制にして居る」ものであり、「就学の義務を父兄に強制する規定はありませぬ」と弁明し、「之れも明治三十年公学校令発布以来、今日まで変らぬ主義」であると言い切る[31]。また、木村匡の「初等教育即ち国民教育であるから義務教育でなければならぬ」という見解に、「今日の制度の主義」ではないと、相違した見解を示した[32]。ここでまず注目に値するのは、持地は初等教育は国民として必要なる最小限の教育であるとし、台湾に施した初等教育も、「国民教育」であることを、否定しない点である[33]。しかし、彼は台湾の初等教育を国民教育と認める一方で、国民教育すなわち義務教育という見方に反対の立場を取っている。その理由について、欧米を例に説明した。「英国も米国も、初等教育は等しく国民教育であるが、決して全然義務教育でなければならぬと、狭く解釈しないのである。これは、時と所とによって宜しきに従つて適用せねばならぬことである[34]」というのだ。植民地の教育については、更に「何処の植民地に義務教育を施して居る所があるか。私は未だ義務教育を施して居る植民地を看出しませぬ[35]」とはっきり言い切り、故に「我台湾に於いても、国民的性格を養ふを目的とするからと云って、必ず義務教育にせねばならぬとの理屈は立たぬ」としている。

　持地は、植民地台湾と日本内地と同等視すべきではないという見解の持ち主であり[36]、「台湾の諸制度は、内地と余程異つて居る」ため、「本島の初等教育は、同化主義を取るのが根本の目的であるが、国民たる性格を養ふ為めの教育即国民教育といふことは、其意義を、広く解釈して置かねばのである[37]」。そこで、「国民的教育の主義を取るとしても、本島人に対して、一足飛びに、二千五百年来同一に統治せられた国民と、

同主義の教育を望むは、実際当らぬことで共に極端に走つたものと云はねばならぬ[38]」わけである。持地は、「同化」のスローガンを自分の説の盾として、台湾と内地との統治上と制度上の違いを強調しつつ、台湾での義務教育実施に反対意見を唱えていた。

　理念上の反対だけでなく、持地は、台湾では教育義務の実施準備が整えられていないと指摘している。とりわけ、実施の基本となるべき「戸籍法」の未整備とそれに伴う地方行政に関係する経済的な負担の問題が最大のものとしている。つまり、

> 若し義務教育を布くとすれば、学齢児童を定めねばならぬ。又、其義務者も定めねばならぬ。然るに、未だ法律上正確なる戸籍法も定まつて居ないのみか、義務教育制度を立つる上に最も大切なる、街庄の区画が、今は唯地理的名称であつて、内地の市町村の如く、行政上経済の主体になつて居ない。之を要するに、他の行政に伴はずして、独り教育が後れて居るのではなくて、之れ以上の制度を立てることは、他の行政との関係からして、今日は出来ないのであります[39]。

　1904年は、日本の台湾領有10年目になる年である。台湾の地方制度は、矢内原忠雄の『帝国主義下の台湾[40]』によると、「大正九年（1920年）に大改正を施されて内地の制度と須類似するに至つた」のであり、「大正九年の州制市制街庄制の制定公布による地方公共団体の成立は、台湾統治制度上の一時期を画せるものである[41]」とされている。また、若林正丈の研究によれば、1902年までは「前期抗日闘争期」にあたり、この時期の台湾抗日運動は「日本当局を奔命に疲れさせ、本国に売却論を生んだ」ものである[42]。そして1907年から1915年までは、「支配確立後に強行された植民地開発の『基礎工事』（矢内原忠雄）[43]」時期である。許世楷も、1895年から1902年までの時期を「統治確立過程における抗日運動」期と呼んでいる[44]。それ故、1904年の台湾は、地方制度の整備は未完成の状態にあるだけでなく、日本の台湾支配も完全に成立していたわけではなかった。この時期の義務教育の実施は、確かに持地の分析した通り、「今日は出来ない」という現状にあるのであろう。

その分析に続いて、持地は台湾人子弟の通う初等教育機関である「公学校」と伝統的な書房の人数をも視野に入れた。

> 明治三十六年末の現在数を見るに、公学校生徒は二万二千二百四十六人、書房生徒は二万五千六百九十六人である、之によつて見ると公学校及国語伝習所設立以来、その発達はまだ書房に及ばないといふ有様であるゆゑ、なかなか義務教育を施す段には、まだ至らないのであります[45]。

この時期の台湾において、公学校の人数はまだ書房に及ばない現実を、持地はよく知っていた。彼は、この人数を裏づけとして、前の議論（初等教育と義務教育の相違；台湾と内地の法制度の差異など）を踏まえ、台湾の義務教育実施はまだ時機に至らないと結論付けている。

陳培豊によれば、持地は「冷徹、かつ現実的」な植民地官僚である[46]。持地が台湾を後にしてから刊行した『台湾植民政策』でも、彼のこういった性格が伺える[47]。なお、持地の「県治管見[48]」の内容にも、「『同化主義』ニ依リ初等教育ノ義務的強制ナルコトヲ唱道シテ本島経済財政ノ現況ヲ顧ミス」ことは、「時務ヲ知ラサル空論」であるという一文が見られる[49]。持地の義務教育への姿勢は、ここに明らかである。

この義務教育の論争は、持地の勝利で終えた。木村は、この論争後は職を自ら退いて実業界に身を投じたが、引き続き義務教育の実施を主張し続けていった[50]。1922年台湾教育令改正にあたって刊行された『台湾教育』記念号（第283号）において、「商工銀行頭取」になった木村匡は「教育令の公布に就いて」という一文を寄せた。そこでは台湾の教育について以下のような見解を述べている。

　　第一　原則として義務教育を認むることである
　　第二　義務教育の実施は漸進的で宜しいと思ふ
　　　　（A）当初は三年若は四年とする
　　　　（B）当初は都会の地に施行し漸次設備の進歩に伴れて総督より実施を命せられゝこと、する[51]

木村匡は、台湾総督府の実際の教育政策とは異なる方向と理念を持つ教育情熱家とでも言えるほどの人物であった。上述の文から、彼は理念だけでなく、簡単な実施策まで考えていたことも分かる。彼の存在も、植民地台湾には微かな義務教育への可能性を示唆している。しかし、こうした念願とその実現も、「皇民化運動」が漸次激烈に推し進められた昭和期にまで待たねばならなかった。無論、その「義務教育」の内実もまた、木村の理想とは違うものに変容してしまったと言わなければならない。

四　義務教育実施の前奏：
「台湾総督府評議会[52]」と「臨時教育調査委員会」

　1921年（大正10年）6月11-15日に、「第一回台湾総督府評議会」が開かれ、台湾の義務教育実施について諮問及び答申が行われた[53]。この評議会の答申に備え、台湾総督府が「義務教育ニ関スル調査」を行い、台湾で義務教育実施の可能性を探ったが[54]、結局討議段階に止まり、実施する具体的な結論には辿りつかなかったのであった[55]。
　そして改正台湾教育令（1922年、大正11年）が施行した年、第三回の評議会では義務教育に関する「答申書」が出されたが、義務教育の実施までは至らなかった。その「答申書」の内容から、当時の台湾は義務教育を施せなかった原因は、主に「財政」上の問題があったことが分かる。ここでは以下に引用する。

> 台湾教育令新に施行せられたる今日に於ては義務教育制度の実施一日も速かならむことを望むと雖も地方団体財政の状況を顧るに差当たり一定の時期を画し、一般に之を実施するの頗る困難なるを認む依て地方団体の負担能力の実況に順応する漸次之を実施するを適当なりと信ず[56]

　また、同「答申書」では、将来に実施することを視野に入れられた義務教育の年限は「四年」とされており、「時機を見て之を六年に延長す

ること」とされている[57]。また、「学齢就学義務の猶予及免除就学強制の方法及授業料に関しては小学校令の規定によること[58]」とされる一文も、興味深い。当時台湾で改正施行した新「台湾教育令」には、「義務教育」に関する規定がないため、将来に一旦義務教育が台湾で実施されることとなれば、関係する事項は内地の「小学校令」によるしかなくなるという考え方であろう。こういったような記載は、日本内地と台湾総督府の間に存在する統治上のグレーゾーンに迫る一例になるものだと言えよう。

　第三回の台湾総督府評議会で棚上げされた義務教育実施であるが、1937年（昭和12）に、日中戦争勃発などの時代背景が原因で光が再び見えてきた。この年、台湾総督府内部において「教育調査に関する臨時職員を設け鋭意義務教育施行に付研究調査を進めつつあつた[59]」という姿勢が示され、そして、第一回台湾総督府評議会から18年の月日も過ぎた1939年に、改めて本格的な動きに入ろうとしていた。1939年8月23日に、総督府内に「臨時教育調査委員会」が設置され、10月18日に正式に開かれた。「臨時教育調査委員会」が設けられた理由は、「台湾総督府では現下の時勢の推移と内外情勢とに鑑み、今後本島の教育制度に対して全面的な調査研究をなし、時代に適した教育制度を確立することの緊要を認め[60]」たところにある。『台湾教育』第448号の記事でもその様子が伺える[61]。「臨時教育調査委員会」では「義務教育実施要綱」が決められたが、地方への通達と連絡が必要とされたため、「臨時教育調査委員会」に次いで、「地方長官打合会」が開かれた。地方関係者への「義務教育実施要綱」の趣旨説明と意見聴取が目的であった[62]。「地方長官打合会」では、義務教育実施に対して地方から以下のような疑問が持たれたのである。

　　（前略）島田文教局長より義務教育に関する実施要綱の説明をなし、各地方長官に於いては実施の根本問題に就いては異議なく、授業料の徴集の可否、行政区域外の児童に対して義務教育を課することの適否、義務教育制度実施上地方財政を円滑に運ばす上の事務上の問題、その他各州庁の実情に応じ種々希望事項につき意見を陳開して慎重討議をなし、午後四時五十分閉会した[63]。

この「地方長官打合会」では、実に義務教育実施に関して教育現場に実際に出てくる数多くの問題点が提起された。これらの疑問に対し、当時の総務長官森岡二朗[64]は、以下のように回答した。

> （前略）時期は原案通り昭和十八年度より、制度は六年制、年齢超過児童は強制収容せず、行政区域外児童には課せず等に決定したのであるが、年齢超過児童の問題は現在に於ける各種の社会教育制度に依つて補修せられるわけで、又義務教育の内容即ち現在の教育内容で可なりや更に台湾の特殊事情を加味して変更する必要なきや等の問題もあるが、之は逐次教育審議会等に於て研究する事となつた[65]。

森岡総務長官の回答から、義務教育実施には基本的な事項はすでに決まっていたことが分かる。台湾における義務教育は、6年制であり、1943年からの実施となっており、初期義務教育制度実施に不備なところは、社会教育制度で支援するという仕組みになっている。また、この時期の日本内地は、「教育審議会[66]」という組織が成立され、戦時教育政策改革の要綱を討議している時期に当たっていたので、引用文に言及された「教育審議会」は内地のそれであると推測できよう。台湾に即した義務教育内容については、今後は内地の「教育審議会の研究」を待つこととする点から、台湾における義務教育制度成立への動きは、内地への視線や配慮もあったことが伺えよう。

義務教育実施の財政についても、森岡総務長官は「財政問題であるが之は総督府に於ては地方に対し考慮し地方負担を重からしめず地方も亦善処することになつた[67]」というような見解を示したが、具体的な財源については明示しなかった。「地方も亦善処すること」になった点から、地方が主な財政を負担する方向は既定方針のようである。

「臨時教育調査委員会」と「地方長官打合会」の後、「義務教育実施要綱」は第九回「台湾総督府評議会」の諮問を経て、1943年（昭和18）に正式に実施する方針が決められた。なお、1940年（昭和15）7月に「臨時教育調査委員会」が廃止され、「初等教育制度審議委員会[68]」が設け

られた[69]。従来の「臨時教育調査委員会」にかえて台湾の義務教育制度実施の審議と推進の責務機関となった。

「初等教育制度審議委員会」は、1940年7月12日に第一回の委員会が開催され、「義務制度施行に伴ひ初等教育の制度及内容の刷新改善に関する具体案」と「義務教育制度実施に伴ふ国及地方団体の財政調整の方策に付具体的意見」が諮問された[70]。義務教育実施に臨んで最も問題になる「財政」問題への議論は、再びこの委員会に持ち込まれた。しかしこの時期でも「先づ地方財政の現況、経費負担の状況等に鑑み、団体財政の将来に対する見透しを為すに必要なる資料を得るため、地方団体の財政各般に亙る事項ヲ可成詳細に調査し、且つ地方団体の昭和十六年度以降各年度の財政の推算書を一定の基準に基きて調整すること、及び初等教育費に関する詳細なる調査を必要と認め、之を網羅したる調査要綱を定め依つて得たる資料に基き、的確なる調整方策を考究せんとして準備中[71]」という状態であった。そのため、「昭和十五年度より昭和十七年度に至る三箇年を準備期間」とし、「義務教育制度実施に伴ふ地方公共団体の所要経費」、「地方公共団体に於ける現在財政状態に将来並に将来の初等教育費負担能力」、「国及地方公共団体の財政」という調査方向に向かっていく[72]。

さて、1939年に決められた「義務教育実施要綱」は如何なるものか。その内容は、以下のようになっている。

義務教育実施要綱[73]

一　目標

初等教育は皇運扶翼の負荷に任ずる国民の基礎的資質を錬成するものとし之を義務制とす

二　実施時期

昭和十八年度より義務教育を施行し同年度以降に於て就学の始期に達する児童の就学に付て義務制を適用す

三　義務教育制度適用範囲

普通行政区内に居住する内地人本島人高砂族の学齢児童に付凡て義務教育を行ふ

四　学齢

児童満六歳に達したる翌日より満十四歳に至る八年を以て学齢とす
五　就学義務
　学齢児童の学齢に達したる日以後に於ける最初の学年の始を以て就学の始期とし尋常小学校又は公学校の教科を終了したるときを以て就学の終期とす学齢児童の保護者は就学の始期より終期に至る迄学齢児童を就学せしむるの義務を負ふものとす
六　修業年限
　尋常小学校及公学校の修業年限は之を六年とす
七　初等教育の刷新改善
　義務教育の施行に伴ふ初等教育の刷新改善に関しては別に調査機関を設けて之を審議す
　　　（後略）

　「義務教育実施要綱」から、台湾における義務教育制度をいくつかの要点をまとめることができる。まずは、この「義務教育」の性格である。寺崎昌男の研究によれば、戦時期に突入した後、日本内地の教育は、「錬成」を中心に展開されるようになったという[74]。台湾の「義務教育実施要綱」の「目標」でも、こういった「錬成」的な性格を明確に掲げている。この「目標」から、初等教育義務化の目的は、「皇運扶翼の負荷に任ずる」国民を「錬成」することにあるのが分かる。ここで、台湾総督府と日本内地教育との連携を視野に入れていたこと、そして帝国日本の「国策」に目線を合わせる意思があることが伺えよう。台湾に実施しようとする「義務教育」は、この時期においてもすでに「国策」の一環に組み込まれていることを、ここでは垣間見ることができるだろう。もう一つ注目に値する点は、「三」の「義務教育適用範囲」である。「普通行政区内に居住する内地人本島人高砂族[75]の学齢児童に付凡て義務教育を行ふ」（傍点筆者）となっているが、「普通行政区」の範囲がまず問題になる。台湾総督府の『台湾統治概要』によると、「普通行政地域」は「平地」にあたり、それ以外に「特別行政地域」が設けられている。「特別行政地域」即ち「本島ノ総面積ノ四割四分強ヲ占ムル中央山脈地帯ノ特別行政地域ナル蕃地」である[76]。そこで、「義務教育要綱」の適用範囲は、「蕃地」に住む台湾先住民子弟には及ばないこととなる。その原因は、独立

した系統を続けてきた「高砂族」教育システムを、「公学校」と「小学校」系統を基礎にした「義務教育」に統合するには困難があった点にあるであろう。植民地台湾の教育制度に存在した特殊な一面がこの一文から伺える。

五　台湾における義務教育制度実施の理由

さて、台湾で「義務教育」を施行する理由はどこにあろうか。まずは、その実施に必要な条件から考えたい。最も基本となる条件は、やはり学事の整備と児童就学率にあると考える。義務教育の実施にあたって、その学校数や母体となる就学人数は、ある程度まで達していないと捗れない[77]が、当時の実態はどうなっているのだろうか。「義務教育実施要綱」が決定された1939年（昭和14）の『台湾学事一覧[78]』のデータによると、当年の小学校校数は147校、公学校数は812校であり、合計で999校になっていた[79]。この数字は、日本の台湾統治初期と比べれば、大幅に伸びた[80]と言っても過言ではないが、義務教育の実施可否に、学校数より具体的に見えてくるのは、就学率である。1939年の内地人の就学率は99.48％で、台湾人（平地＝普通行政区に住む先住民を含む）の就学率は49.82％であった[81]。台湾人の就学率は、男子は64.49％になっていたが、女子は僅か34.12％であった[82]。台湾人の就学率の低さには、ジェンダー問題という壁が横たわっていたことが明らかであるが、その議論についてはここでは措いておく。

では、このような台湾人の就学率が決して高いとは言えない状態の中で、なぜ「義務教育」は決行されていったのか。その理由は、植民地台湾が帝国日本の総力戦に臨んだ「戦争国策」の一環に取り込まれていた時代背景にある、と言わざるをえない。

1930年代に入ってから終戦まで、日本の教育は戦争の影響で、戦時教育体制に突入した[83]。それに対応して、植民地の状況は、どのような変化を見せたのだろうか。宮田節子の研究を見てみると、朝鮮は1930年代初頭、「満州事変」の時点ですでに帝国日本の戦争体制に編入された。特に「朝鮮軍」（朝鮮に駐留する日本軍）は、戦争に有用な兵員を

培うために、教育の面に強い関心を示している[84]。また、近藤正己の研究は、台湾における戦争と教育の関係を中心として論じてはいないが、1937年（昭和12）の「盧溝橋事件」以後、「皇民化運動」などを通して、台湾が帝国日本総力戦の一部に統合されていったことを明らかにしている[85]。これらの角度（戦争の影響や総力戦体制）から考えると、教育制度の面においては、帝国日本の一部であった植民地台湾も、総力戦における「戦争国策」に合わせた措置と準備をしなければならなくなったのである。

前述した義務教育実施のために開かれた「地方長官打合会」では、森岡二朗総務長官の「訓示」も、台湾の「義務教育」の臨戦性格を明白に語っている。

> 申す迄もなく国防の充実と言ひ軍需資源の涵養と言ひ、結局に於て其の基礎となもる(ママ)のは国民であり国民精神の錬成こそ真に国防の核心を為すものである。就中初等教育に依る日本精神の涵養と国語常用の訓練とは皇民化徹底の為必須の要件を為すものであつて、従つて国民教育の徹底的普及の根本策を樹立するは今日に処する要諦なりと固く信じて疑はないところである[86]。

台湾と総力戦動員との関係や、人的資源供出にある位置も、同「訓示」にも伺える。

> 惟ふに国家有事の際ほど国民は愛国心に燃え国民たるの自覚を高め国民たるの責務の遂行せんとする崇高なる精神を発露するものである。（中略）今や聖戦の目的遂行の為国家の総力を動員するの必要に当面し皇国の使命達成上帝国の一環として台湾の使命は愈々重大性を加へて来た。即ち広義国防の見地から本島の農業資源は益々開拓を要するばかりでなく、豊富なる水力並に燃料資源を利用し本島の工業化を図ることは事変下喫緊の要務となり、更に帝国南方政策の前進基地たる本島の使命に鑑みるときは人的資源涵養の必要が益々痛感せらるゝに至つたのである[87]。

このように、「人的資源」が必要とされてきた時期に、「尚年々一万数千名の入学拒否児童を出すの止むなき実情に立至つて[88]」おり、「此の際何等かの方策に依り初等教育問題の根本的解決を図らねばならない実情となつたのである[89]」わけなので、そこで「解決策」として辿り着いたのは「義務教育」の実施である。

　義務教育が正式に実施された1943年に、台湾総督府文教局学務課が『台湾時報』（昭和18年4月号）に寄せた「義務教育制度」の一文も、「台湾に義務教育制度を施行する理由[90]」について説明している。その理由は四つの側面に分けている。それぞれは、「台湾統治の本義と義務教育制度」、「向学心及民力の向上と義務教育制度」、「国防国家体制と義務教育制度」、「大東亜戦下台湾の地位と義務教育」である。「台湾統治の本義と義務教育制度」という面においては、日本の台湾統治の「本義」は「本島住民を忠良なる日本国民に錬成する」ことにあり、「初等教育を義務制とすることは、本島統治の本義にも合するもの」だとされる。そして、この義務教育制度の実施を、「世界植民地統治史上類例を見ない」事業であるという[91]。「向学心及民力の向上と義務教育制度」では、まず提起されたのは、やはり「積極的向学心」を欠く台湾人児童の入学勧誘の困難さである。それに「本島の民度竝に経済力は義務制施行の域に達せずして今日に至つて」いるわけで、時局の激変に伴い、義務教育の実施は、「教育の効果確保に努むるのは最も時宜に適した有効なる方策である」という[92]。「国防国家体制と義務教育制度」では、「国防国家体制の内面的基礎確立は結局教育の問題に帰結のである」とされ、「国民の基礎的錬成を完からしめんとして今回実施せられた初等教育の義務制の使命まことに大なるものがある」とまとめられている[93]。最後は、「大東亜戦下台湾の地位と義務教育」である。1943年は日本が太平洋戦争に突入して2年が経過した年であり、であり、激烈な戦局が繰り広げられた最中であった。そういった背景に行われた義務教育実施は、決して単なる教育普及のためではなかった。すでに総力戦体制に編入された台湾は、「帝国の一環として南方に存在する本島特殊の地位と使命とは益々重きを加へた」立場におかれていったわけで、「南方圏建設の一大拠点として内に長期戦即応の諸施設を整備して国防国家体制」を築かなければならなかった。よって、「特別志願兵制度」の実施と「青年の錬成機

関たる青年学校教育」の振興などの動きに次いでくるのは、「基礎たる初等教育を義務制」にすることであった[94]。

以上の考察から言えることは、この時期に台湾で行おうとしていた所謂「義務教育」の実体は、「国民の教育」として教育普及を望んでいた木村匡の「義務教育の理想像」とはかけ離れた、戦争に備えた「人的資源」の「基礎的な錬成」を成し遂げようとする帝国日本総力戦の教育政策の一環にすぎなかったということである。

六 おわりに

台湾における義務教育の実施当初に、「昭和十八年度は全島を通じ入学適齢児童の八十％程度の就学を予想し、完成年度昭和二十三年九十％を目標とし、島民の本制度に対する理解と自覚啓発とを並行せしめ、百％就学を最後の目標とし漸進的に本制度の完璧を期すること[95]」という目途が立てられた。だが、この目標も、1945年（昭和20）日本の敗戦に伴い達成できずに終わった。しかも、「義務教育実施要綱」により1943年時点で始まった台湾義務教育実施の実態も、考究する必要があると思う。少なくとも義務教育が発足した1943年のデータを見ると、台湾人（普通行政区先住民を含む）の就学率は65.82で、前年の61.61％より4％しか上らなかった。日本人就学率と加算しても67.29％となり70％も満たなかった[96]。そして1945年台湾総督府の『台湾統治概要』を見れば、1944年の台湾人就学率は（普通行政区先住民を含む）71.31％であった[97]。最初の理想である80％とはまだ程遠かった。これらの資料から台湾義務教育の実施は決して実際の成果を出したとは言えなかった。だが、この「義務教育」の実際の成果より、その意味合いのほうが余程重要視すべきではないかと思われる。そこで、植民地におけるこの「義務教育」への動きには、どのような意味合いが含まれていたのか、を考えてみたい。

19世紀後半以降国民国家形成を目指す各国が、義務教育制度（国民教育制度）の導入に力を注ぐのは一般的であった。その目的は政治的には国民意識を育成し、個々人を国民として国家へ統合することにある。

日本内地では初等教育において、1886年（明治19）に「小学校令」（勅令第14号）により、4年制の義務教育が法令化され、すべての日本人児童が4年の尋常小学校教育を受けることが義務化された[98]。1907年（明治40年）三月の「小学校令中改正ノ件」（勅令第53号）により、初等義務教育が6年に延長される予定が立てられ、翌年から義務教育6年制の実施が確定した。6年制の義務教育はこのまま30年近く続き、1941年の「国民学校令」ではさらに8年に延長される予定が立てられた。

　だが、植民地の場合はどうだろうか。日本は、対内的には近代国民国家体制を目指していくと同時に、対外的には欧米に倣って帝国主義国の道程を歩んでいった。その中、台湾は帝国日本の初めての植民地として、中華帝国体制から外部化され、日本帝国の内部に編入させられようとしていった。木村匡の「義務教育論」、即ち台湾を「日本」の枠組みに取り入れようとする「国民国家」的な教育の理想図は、その流れを汲むものであった。しかし、所詮植民地である台湾は、本土内部が目指した均質的な国民国家建設に参入することが許されず、帝国内部にありながら外部視された現実に立たされていた。帝国日本は、迷走しながらも「同化」政策という建前を立て、「特別統治主義」と「内地延長主義」を使い分け、台湾の植民統治を行っていった。初等教育の面においても、「公学校」と「小学校」という二元的なシステムを保っていた。本稿で言及した持地六三郎は、この差別的なシステムを堅持しようとした人物の一人である。しかしながら、こういったシステムも、戦争期に入って全体主義が強調されるようになった時期に問われざるをえなくなった。ただ、この時期に行われた「義務教育」そのものは、台湾を「国民国家日本」に取り込むための教育ではなく、植民地台湾を「帝国日本」に尽くさせようとする戦争政策の一環にすぎなかったといえよう。つまり、この時期に台湾で実施された「義務教育」は、普遍的な「国民国家的」な「義務教育」の中身や意味とはかけ離れており、あるべき姿と実態が「矛盾」しているようにしか思えなかったのである。

　とはいえ、このような変革も植民地台湾の教育政策を日本に接近させ内部化させていった側面も含まれる。「義務教育」実施に必要な雰囲気を醸し出すための諸植民地官僚の「訓示」からまず見て取れたのは、台湾は日本の「永久なる領土」というような一体感を煽る言説である。こ

の一体感が強調され、しかも本格的な制度施行まで移ることが意味するのは、植民地統治者からすれば、来る日にその真の「内地延長主義」が実現され、台湾の「国民国家日本」への内部化という「可能性」の一端が示唆されていたともいえるのである。

1 伊沢修二（1851 - 1917 年）。「明治三年朝廷諸藩より貢進生を召す、氏高遠藩の抜擢する所なり貢進生として大学南校に入り、（略）八年長駆米国に遊び学校管理法教授法及音楽体操等を攻究し、帰朝後愛知師範、東京師範、音楽学校等に長となり並に文部省書記官参事官、文部省編纂局長に歴任し、（略）廿八年大本営附台湾総督府随員となり、尋で台湾学務部長并に民政局事務官に任し台湾の政治制度に企画する所多し（後略）」（『教育人名辞典Ⅰ』、日本図書センター復刻、1989 年）；「近代日本教育の開拓者。信州高遠の人。アメリカ留学後、体育・音楽教育に貢献。文部省編輯局長。国家教育社を結成。台湾での教育政策にも携わり、晩年には知音矯正に尽力」（『広辞苑』第五版、岩波書店、1998 年）。
2 台湾の「義務教育」について言及した研究書と研究論文については、管見では、許佩賢の著書『植民地台湾的近代学校』（台北、遠流出版、2005 年）の収録論文「戦争与義務教育的実施」（前掲書 172 - 195 頁）が僅少の一本である。この論文はタイトル通り「戦争」と義務教育の関係に集中しているので、義務教育をめぐる論争を特に論じていないが、台湾の義務教育制度の出現過程について詳細な検討を行っている。ほかに、駒込武『植民地帝国日本の文化統合』（岩波書店、1996 年）46 - 51 頁と、陳培豊『「同化」の同床異夢―日本統治下台湾の国語教育史再考―』（三元社、2001 年）90 - 91 頁及び 271 - 274 頁、宮崎聖子「日本植民地下の台湾における青年団―1940 - 43 年の制度面を中心に―」（教育史学会編集委員会『日本の教育史学』教育史学会紀要第 50 集、2007 年）111 頁、宮崎『植民地期台湾における青年団と地域の変容』（御茶ノ水書房、2008 年）の 311 頁、などがあるが、それぞれは「初等教育義務化」を一つの問題意識として取り上げたのではなく、各自の研究テーマの域に必要な解釈を加えただけでとどまっているように感じ取れる。陳は義務教育論争と戦時期の義務教育実施を両方提示していたが、違う章で扱ったため義務教育制度に関わる問題性を併せて論じていない。駒込は領台初期の義務教育論争を扱っているが、戦時期まで視野を広げなかった。宮崎は戦時期に行われた台湾総督府評議会による義務教育制度への動きを言及しているが、提示する程度にとどまっている。
3 台湾総督府の教育関係者と教育現場の教員を中心メンバーとして結成された半官半民の性格を持つ学術的な親睦組織。
4 台湾総督府の教育事業を主管する部門は、歴代に渡って編制と名前の変遷を見せていた。1940 年の時点では、台湾総督府の教育主事機関は文教局であり、文教局の下に学務課・社会課・編修課が置かれている。なお、植民地官僚の詳細について、岡本真希子の『植民地官僚の政治史―朝鮮・台湾総督府と帝国日本―』（三元社、2008 年）の一冊がよくまとまっている。

5　森田俊介（1899－没年不詳）。福岡出身。1944年3月－1945年2月台湾総督府文教局長。前職は台中州知事で、文教局長後は鉱工局長に就任（岡本真希子、前掲書）。
6　森田俊介「台湾に於ける義務教育制度の将来」、台湾教育会『台湾教育』1940年6月号、3－16頁。
7　森田俊介、前掲文、7頁。
8　森田俊介、前掲文、7頁。
9　「本島人」は史料用語のため、以下は資料からの引用を除いて、本論部分では「台湾人」を使うことにする。
10　森田俊介のこの文章では、台湾教育の発展についての概要が述べられている。その中には小学校と公学校の概要一覧も載せられている。
11　森田俊介、前掲文、7頁。
12　この時点の後藤の真意は分からないが、1904年6月の『台湾教育会雑誌』第27号の「後藤長官の訓示」（2－3頁）から後藤の国語教育に対するネガティブな姿勢がよく伺える。また、陳培豊の研究（陳前掲書、65－84頁）では、後藤新平の国語教育に対する態度についての議論も見られ、1903年の第一次学事諮問会において、「教育現場の関係者たちの間では、新領土の教育に対する後藤への不信や不満が噴出した（陳前掲書、75頁）」という一面を記している。資料・先行研究と森田文章に記されている後藤の態度とは正反対なので、教育現場にいる人間の不満に対する一時的な対応でしかないかと判断できよう。
13　台湾教育会の『台湾教育会雑誌』は第1号から第116号（1901/7－1911/11）まで発行され、その後の第117号（1911/12）からは『台湾教育』に改名された。
14　木村匡は明治33－34年（1900－1901）に台湾総督府学務課長。
15　木村匡「台湾の普通教育」、『台湾教育会雑誌』第28号、台湾教育会、1904年7月、1頁。
16　木村匡、前掲文、1頁。
17　木村匡、前掲文、1頁。
18　木村匡、前掲文、1頁。
19　木村匡、前掲文、1頁。ちなみに、「家に不学の人なく、邑に不学の徒なく」は1872年（明治5年）に太政官布告第214号で公布された「学制」の内容の一部を引用したものだと考えられる（原文は「邑に不学の戸なく家に不学の人なからしめん事を期す」）。文部省『学制百年史』資料編、1972年、11－32頁。
20　木村匡、前掲文、4頁。
21　木村匡、前掲文、4－5頁。
22　木村匡、前掲文、10－13頁よりまとめた。
23　明六社は、明治時代初期に設立された日本最初の近代的啓蒙学術団体。1873年（明治6年）7月にアメリカから帰国した森有礼が、福澤諭吉・加藤弘之・中村正直・西周・西村茂樹・津田真道・箕作秋坪・杉亨二・箕作麟祥らとともに同年秋に啓蒙活動を目的として結成。名称の由来は「明治六年」結成からきている。会合は毎月1日と16日に開かれた。会員には旧幕府官僚で、開成所の関係者が多かった。西田長寿著『明六雑誌解題』（『明

治文化全集雑誌編』所収、1929 ／ 1955、日本評論社)。
24 明治期に近代教育を普及するに当たって功績の大きかった 6 人を特別にまとめて称した称号。大木喬任、近藤真琴、中村正直、新島襄、福沢諭吉、森有礼の 6 人のことを指す。
25 森有礼 (1847 - 1889)、政治家。薩摩藩士。幕末欧米に留学、新政府に入る。明六社を設立。文相となり、学校令の公布など教育制度の基礎を固める。欧化主義者と信ぜられ、帝国憲法発布の当日国粋主義者により暗殺 (岩波書店、『広辞苑』第五版)。
26 木村匡『森先生伝』(金港堂書籍株式会社、1899 年)。木村匡と森有礼の出会いと交流については、書中にも書かれている。「私が始て文部省に出仕したのは斯うつ (ママ) と明治十八年の六月即ち森先生が未だ文部省の御用係で有た頃です。(略) 其後十九年の六月に先生は山口県からして山陰道を経て石川県の方に学事巡視に行かれること、為つて僕は其随行を命ぜられたです。不幸にして先生は父君の病気の為に其行を果すことが出来んで。(ママ)(略) 僕が帰て来てから其当時の巡視日記を大日本教育会雑誌に出しましたが。(ママ) 此がつまり久保田譲君木場貞君などの紹介に依り。(ママ) 先生と相識る縁故の発端と為つたです。二十年の夏になりまして第二高等高校学校の位地を選定する事がありました。先生は其選定の為に東北に出張すること、なりましたが。僕は其時に随行して宮城県に行た即ち先生と相識る第一の縁故です。」また、この時期に森有礼の演説の筆記役につとめる人も大抵木村である。「又文部直轄学校なりに於て演説された先生の意見は。(ママ) 大抵僕が筆記したですから先生の説の大体をば既に窺つて居た積りです。」(249 - 250 頁)。
27 日本が明治維新後、国家主義教育政策を成立させることによって政治の教育に対する優位をはっきりと固定したのは、初代の文部大臣である森有礼であったと言われている。森は従来の封建制度を否定し、国家全体を重視し、その立場から国家の発展を強く願い、国家統一を望んだのである。国家主義教育論と森有礼の関係については、森川輝紀「森有礼と啓蒙的国家主義教育論」『教育勅語への道―教育の政治史―』(三元社、1990 年) を参照されたい。
28 1885 年 (明治 18 年)、森有礼が第一次伊藤博文内閣の下で初代文部大臣 (1885 年 12 月 22 日 - 1888 年 4 月 30 日) に就任し、以後、日本における教育政策に携わる。
29 持地六三郎 (1867 - 1923) は、明治 33 年に台湾に渡り、台湾に 10 年間程在住し、学務課課長のほかに、地方行政、教育行政、理蕃、土木、通信など多岐にわたる職務を経験した人物である。
30 持地六三郎「台湾に於ける現行教育制度」、『台湾教育会雑誌』第 31 号、台湾教育会、1904 年 10 月、1 頁。
31 持地、前掲文、1 - 2 頁。
32 持地、前掲文、2 頁。
33 その理由を、持地は文章の中でこう述べている。「初等教育は即ち国民教育であると如何なる意味であるか、是れは解釈の如何によるもので、広く解釈すれば、初等教育とは一個人が世に立つ為に必要なる最小限の教育である、然るに一個人は国家的組織の裏に存在し得るもので、国家を離れて

一個人は存在が出来ぬ、夫故に一個人として必要なる最小限の教育である、初等教育は即ち国民教育なりといふは斯様の意味にも取れる。」（持地前掲文、2頁）
34　持地、前掲文、2頁。
35　同前、2頁。
36　持地は、台湾の教育制度と内地との同調することに反対している。その理由としては、以下である。「憲法は内地と同じく本島にも適用されて居るといふ事が反対論の一理由であるが是れは事実台湾にも憲法が適用されて居るになつて居るけれども、此事は果して適切なる政策であるか否かは今日疑問であるので、現在及将来に於て果して憲法を本島の如き植民地にも全然適用すべきものであるか否かと云ふ事は今現に研究中に属する事と思ふ。外国の植民地にも、母国の法令を、そのまま適用する例はないのである。」（持地前掲文、3頁）
37　持地、前掲文、3頁。
38　同前、2頁。
39　同前、2頁。
40　矢内原忠雄『帝国主義下の台湾』岩波書店、1934年。
41　同前、226頁。
42　若林正丈『台湾抗日運動史研究（増補版）』研文出版、2001年、7頁。
43　同前、7頁。
44　許世楷『日本統治下の台湾―抵抗と弾圧―』東京大学出版会、1972年、9－12頁。
45　持地、前掲文、4－5頁。
46　陳培豊『「同化」の同床異夢―日本統治下台湾の国語教育史再考―』三元社、2001年、85頁。
47　持地は、彼の著作である『台湾植民政策』にて、台湾の教育について以下の一文を綴っている。「爾来台湾教育の施設は主として土人の文化及生活の程度等社会の事情に適応せんことを努め、徐々に教育の進歩を図り、同化の効果を悠遠に期待するに至れり。而して台湾施政の目的が先づ主として土人に文明の恩沢を与へ、その物質的幸福を増進するに在るが故に、教育の方面に於ても亦浮薄虚飾の旧来の学弊を矯め、実学を重んじ、実利を奨むる方向を執れり。」（持地六三郎、『台湾植民政策』、富山房、1912年、293－294頁）。台湾の教育は、実学を元にし、台湾人に物質的な幸福や衣食の道を授けることを優先すべきだという見方である。
48　持地六三郎の「県治管見」は1902年に書かれたものだと推定され、現在は『後藤新平文書』に所収されている。
49　持地六三郎「県治管見」、1902年（推定）、『後藤新平文書』、R31－7－73、陳培豊前掲書、91頁より引用。
50　陳培豊前掲書、91頁。
51　木村匡「教育令の公布に就いて」、台湾教育会『台湾教育』第283号、1922年3月、35頁。
52　「台湾総督府評議会」は台湾総督の諮問機関である。その構成と運営は以下の如し。「台湾総督府評議会官制ニ依リ官民中ヨリ学識経験アル者ヲ以テ組織セラレタル総督府評議会設置セラレ総督ノ諮問ニ応ジ意見ヲ開申スルノ

外施政ノ重要事項ニ関シ総督ニ建議スルノ途ヲ付与サル」、台湾総督府『台湾統治概要』、1945 年、3 頁。
53 台湾総督府文教局学務課「義務教育制度」、台湾総督府『台湾時報』1943 年 4 月号、13 頁。
54 台湾総督府「義務教育ニ関スル調査」1921 年 6 月。阿部洋等編、『日本植民地教育政策資料集成（台湾篇）』第 21 巻、龍溪書舎、2009 年 7 月復刻。この「義務教育ニ関スル調査」という調査書の内容は膨大であり、本稿は台湾における「義務教育」制度の史的推移を中心としたので、この部分に関する詳細な考察と議論は今後にしたいが、この時期の台湾総督府の「義務教育」に対して積極的だった姿勢が伺える。
55 「第一回台湾総督府評議会」では、議長は台湾総督田健次郎で、台湾人評議員の林熊徵、顔雲年、李延禧、簡阿牛、林獻堂 黃欣、辜顯榮、許廷光が出席している。交わされた台湾における義務教育の実施に関する議論の幅はかなり広いが、次第に「財政」の問題に絞られていった傾向が見られる。台湾総督評議会、「第一回台湾総督評議会会議録」を参照されたい。(前掲、『日本植民地教育政策資料集成（台湾篇）』第 20 巻に所収)。
56 第三回台湾総督府評議会「答申書（一、義務教育に関する諮問案）」、大正 11 年 6 月 22 日、前掲「義務教育制度」、『台湾時報』1943 年 4 月号、18 頁。また、前掲した森田俊介の「台湾における義務教育制度の将来」と『日本植民地教育政策史料集成（台湾篇）』第 20 巻（龍溪書舎、2009 年）にもこの答申書を載せている。
57 同前、18 頁。
58 同前、18 頁。
59 森岡二朗「総督長官の訓示」、前掲『台湾教育』第 448 号、97 頁。なお、「鋭意義務施行に付研究調査を進め」た理由としては、本稿の注（86）の引用文を参照のこと。
60 「臨時教育調査委員会設けらる」、前掲、『台湾教育』第 446 号、1939 年 9 月、121 頁。
61 「臨時教育調査委員会開かる」『台湾教育』第 448 号、1939 年 11 月、96 頁。「本島教育制度上画期的改正ともいふべき義務教育の施行について、さきに総督府に設けられた臨時教育調査委員会では、数回にわたり幹事会を開き原案の検討を続けていたが、その成案を得たので、10 月 18 日午前 10 時より総督府正庁で臨時教育調査委員会を開催、(中略)、12 時過ぎ閉会した。」
62 「義務教育制度に関する地方長官打合会」、前掲『台湾教育』第 448 号、96 頁。
63 同前、96 頁。傍点筆者。
64 森岡二朗は、昭和 11 年（1936）9 月から昭和 15 年（1940）11 月（19）まで台湾総督府総務長官をつとめていた。
65 森岡二朗「総督長官の訓示」、前掲『台湾教育』、98 頁。傍点筆者。
66 教育審議会は、1937 から 1942 年まで存在した教育に関する内閣総理大臣の諮問会議であり、主に小学校の国民学校への改編など、戦時中の教育改革の審議と答申を行った機関である。
67 同前、98 頁。
68 「初等義務教育制度審議会」の委員は、以下のような人物の名が連なる。
　　委員：台北帝国大学総長　三田定則／台北州知事　川村直岡／文教局長

島田昌勢／内務局長　石井龍猪／台北帝国大学教授　伊藤猷典／交通局総長　泊武治／警務局長　二見直三／殖産局長　松岡一衛／財務局長　中嶋一郎／府事務官　須田一二三、臨時委員：略。(森田俊介、「国民学校令と台湾初等教育義務制」『台湾時報』1940 年 10 月号、73 頁。)
69　同前、70 頁。
70　同前、72 頁。
71　同前、73 頁。
72　森田俊介、前掲「台湾に於ける義務教育制度の将来」、『台湾教育』1940 年 6 月号、3 頁。また、地方がこの変革にどう対応していたのかについては、さらに資料を掘り下げる作業が必要なので、今後の課題としたい。
73　前掲「義務教育制度」、『台湾時報』1943 年 4 月号、19 頁。
74　以下の著作を参照されたい。寺崎昌男、戦時下教育研究会『総力戦体制と教育―皇国民「錬成」の理念と実践―』、東京大学出版会、1987 年。
75　本稿では、文献引用以外は先行研究で使われている「先住民」という用語を使う。(北村嘉恵『日本植民地下の台湾先住民教育史』、北海道大学出版会、2008 年；近藤正巳『総力戦と台湾―日本植民地崩壊の研究―』、刀水書房、1996 年、など。)
76　台湾総督府『台湾統治概要』、1945 年、86 頁。
77　明治初期の例にしてみると、1872 年（明治 5 年）に明治政府は「学制」を制定し「原則として六歳より十三歳迄八箇年の小学校課程は男女必ず之を卒るべきものとし」と決め義務教育を目指していたが、就学率は上らず、政府画一的な施策にもかかわらず、実施翌年（1873 年）の就学率は僅か 28.13％であった。文部省教育調査部「我が国に於ける義務教育制度の沿革概要」『義務教育年限に関する参考資料』、1 － 3 頁、1937 年 5 月。傍点筆者。
78　台湾総督府文教局『台湾学事一覧』昭和 14 年度版。
79　同前、1 頁。なお、データの集計は昭和 14 年 4 月末日となっている。
80　森岡二朗の「総務長官の訓示」によると、「(台湾の内地人が通う) 小学校に在りては明治二十九年創設当時学校数四、児童数百五十二人、同三十五年の就学歩合七十二. 二〇パーセントであったが、昭和十四年度は校数百四十二校、児童数四万六千八百七十五人、内地人児童就学歩合九九. 五〇パーセントに達し、実質上義務教育と差異なき程度に至つて居り、公学校に在つては明治二十九年公学校の前身たる国語伝習所開設の当時に於て校数十四、児童数九七一人、就学歩合一パーセントに満たなかつたものが、昭和十四年度に於ては校数八百十二、児童数五十六万四千七百四十六人、就学歩合五十五. 八十三パーセントに達し長足の進歩を見るに至つた。」前掲、『台湾時報』第 477 号、97 頁。なお、この数字と本文に引用した『台湾学事一覧』とは多少出入りがあるようであるが、本文の中では『台湾学事一覧』のデータを用いる。
81　同前、16 － 17 頁。なお、データの集計は昭和 14 年 3 月末日となっている。
82　同前、17 頁。
83　寺崎前掲書を参照されたい。
84　次の著書を参照されたい。宮田節子「皇民化政策の構造」『朝鮮史研究論文 (29)』、緑蔭書房、1991 年、41 － 59 頁；宮田節子『朝鮮民衆と「皇民化」政策』、未来社、1985 年。

85 近藤正己『総力戦と台湾―日本植民地崩壊の研究―』、刀水書房、1996年、を参照されたい。この研究書は、タイトル通り総力戦と台湾の関係を中心として論じている。そのため、総力戦と教育の関係についてはそれほど深く論じられていない。しかし、総力戦体制と深く関わる「皇民化運動」を言及する際、教育についての議論が見られる。また、総力戦と台湾の関係を研究する著書や学位論文には林継文『日本拠台末期（1930－1945）戦争動員体系之研究』（台北、稲郷出版、1996年）、林果顕「一九五〇年代反攻大陸宣伝体制的形成」（台北、国立政治大学歴史学研究所博士論文、2009年）、黄唯玲「日治末期台湾戦時法体制的研究―従戦時経済統制邁向「準内地」―」（台北、国立台湾大学法律学研究所修士論文、2008年）もあるが、教育政策は特に検討されてない。

86 森岡二朗「総務長官の訓示」、前掲『台湾教育』第448号、97頁。傍点筆者。

87 同前、97頁。傍点筆者。

88 同前、97頁。

89 同前、97頁。

90 前掲、『台湾時報』、1943年4月号、20頁。

91 同前、20頁。

92 同前、20－21頁。

93 同前、21－22頁。

94 同前、22頁。

95 森田俊介、「台湾に於ける義務教育制度の将来」、前掲『台湾教育』1940年6月号、14頁。

96 台湾総督府『台湾学事一覧』昭和18年版、4－6頁。日本人児童を加算した就学率は筆者が同資料により算出したものである。

97 台湾総督府『台湾統治概要』1945年、39頁。

98 戦前日本の初等教育は、「小学校令」により規定されていた。1941年の「国民学校令」が公布されるまでに、合わせて三回の改正にわたったが、廃止されたりすることはなく、50年以上の効力を有した。「小学校令」の改正と変遷は、以下の通りである。
　　第一次「小学校令」（1886年＝明治19年・勅令第14号）。
　　第二次「小学校令」（1890年＝明治23年・勅令第215号）。
　　第三次「小学校令」（1900年＝明治33年・勅令第344号）。

Ⅲ. 研究ノート

「大東亜共栄圏」下の植民地文化政策
―― 胡蝶の夢の虚構と実相 ――

田中　寛*

1．信頼と不信――愛憎交錯する時空間

　21世紀に入りグローバル化の時代と言われて久しいが、その中でいかに相互の文化を尊重し、交錯する多言語・多文化のなかで生きていくのかといった模索はなお五里霧中の感がある。文化の「発信」が「受信」以上に国益に具体的に反映されることを念頭に置くとするならば、日本文化をいかに対外的に発信していくか、これは日本がいかなる魅力を持っているかを示すものだろう。ことは近年海外で高まるアニメ・漫画といったサブカルチャーに代表されるクールジャパン[1]の発信する一元的、表層的な領域に止まらない本質的な課題である。

　先頃日本と中国の有力メディアの調査したところによれば、日本と中国は両国関係が重要としながらも、ともに約三割が両国民に信頼関係がないと感じている――との結果が明らかにされた[2]。相手国に対する印象では「どちらかといえば良くない」「良くない」の合計が56％、日本では72％。将来においてもなお和解が困難だということが判る。この背景には靖国問題をはじめ歴史認識の相違、両国民のナショナリズムと反日・反中の感情と行動が挙げられるが、戦後六五年を経てもなお、侵略された側の痛みは消え去らないという感情が根柢にあると思われる。同時に日本がいまだにアジアから真の信頼を得ていないことをも表している。戦後、自民党による五十年体制が民主党政権にとって代わり、歴史的転換と称されながらもなおアジアに対する基本姿勢は変わっていない。アジア重視外交を掲げ、「友愛友好」路線をうたいながらも、アジ

---
*大東文化大学外国語学部教員

アは日本にとって日米同盟の米国追従外交から見れば、依然として次点的、副次的存在であり続ける。

　その底流にはアジアでいち早く近代化をなしとげ、犠牲となったアジアに対する偏見、侮蔑が築いた脱亜論の残滓が色濃く流れている。このような状況を考えた場合、ここ数年来、耳にする「東アジア共同体」構想は、かつての「東亜共同体」を乗り越えることができるのだろうか、という素朴な疑念を抱かざるをえない。

　一方、アジアが世界経済を先導する中、とりわけタイは東南アジア諸国連合最大の製造業基地となって、各国企業は殺到し、日本の中小工場は生産拠点をタイに移すなど、世界最高峰の技術力を誇っていた日本企業がタイ企業に買収される現象も起きている[3]。「脱日入亜」と言われるように日本の若者もアジアで就職活動をする時代となっている。日本の優位性は崩され、グローバル化の波は均質社会への液状化を加速させている。中韓日の観光客をはじめとする人的往来は年間三千万に達する勢いであるという。将来のアジアでの共生を考えた場合、相互の往来は否応なく加速して行くが、果して彼我の意識は並走して行けるのだろうか。それにはいくつかの越えなければならない問題が立ちはだかっている。

　それにしてもメディアで言われる「韓流」「華流」「日流」の本質的な信頼の接点はどこにあるのだろうか[4]。日本の対外姿勢、とりわけアジアに向けるまなざしを根底から検証するには、いかなる作業が必要であろうか。アジアに拘わった人々の足跡、思想をたどると同時に歴史認識を論じる前に日本人のアジア観、アジア主義、アジア認識の系譜を客観的に分析することが日本の「立ち位置」を知る手掛かりとなる。それはまさに自己同一性の実態を再認識する意識改革であるに違いない。

2．多文化・多言語社会における共生は可能か

　今年（2010年）は韓国併合から百年目の節目を迎え、各地でさまざまな集会、シンポジウムが行われた[5]。NHKが日韓百年の歴史を追うドキュメントをシリーズで放送していたが、改めて植民地化の時代情況

を学ぶ重要性が認識された。その韓国で日本と韓国のイメージ調査というのがあった。韓国人にとってまず想起される日本人といえば伊藤博文であり、日本人にとって韓国人といえば韓流ブームの火付け役となったペ・ヨンジュンというのである。韓国は一番行って見たい外国であり、日本人にとって韓国はかつてない身近さにあるといえる。だが、韓国が好きという日本人が七割近くいるのに対して、日本人が嫌いという韓国人は六割もいるという。日本は日中関係とともに、日韓関係においても歴史的な課題を背負い続けているのである。

　日本人の価値観が依然として西洋に向いている以上、その対外政策にも優劣が存在する。ここで、現在のアジアを主として国際交流のありかたを検討するにあたり、ある意味でその源流ともいえる戦前戦中の対外文化事業を考えてみる必要があろう。

　一体に対外文化事業とは何か？　時代を戦時下に戻して考えて見たい。日中戦争が勃発するや、中国大陸に於いては宣撫工作という活動が民衆の末端において展開された。現地住民の懐柔同化政策である。満洲国で文化政策に深く関与した「協和会」の延長として、「新民会」の活動によって日本語教育、文化宣撫工作が実施された。これにはそれまで台湾や朝鮮、また満洲国で培われた植民地経営の経験が醸成され、増幅していく。さらに加速した情況では末端の兵士や著名作家までが報道・従軍作家としてさまざまな紀行文や小説を書き、ルポルタージュを日本に書き送った[6]。満洲国の建国理念とされた「王道楽土」「五族協和」はやがて中国大陸への進出を正当化すべく「東亜新秩序建設」に拡張し、さらに東南アジアの資源を確保するための進出の正当化とする「大東亜共栄圏」「南方共栄圏」の思想文化運動が展開される。その過程で各地では日本語教育が奨励され、あるいは強制され、皇民化教育が施行された。

　この時期は日本語、日本文化が世界史上はじめて、いわば文化の輸出と同時に外部世界（欧米世界）との対峙という構図で内外に喧伝された未曾有の時代でもあった[7]。一般に非常時下においては自国文化の高揚とそれにともなうプロパガンダとしての文化伝播は思想戦の様相を色濃く帯び、突出した形態をとる傾向がある。一方では熾烈な戦争を繰り広げ、一方では文化侵略、つまり威嚇と懐柔を繰り返す。あたかもこの前

者の非日常と後者の日常とをあざなえる縄の如く織りなして行くのが歴史の実態でもあるわけだが、その規模と程度は時空間の伸張拡張とともに増幅する。非日常は非現実的発想の下に現実化し、日常化する。かくて双者はヤヌスの面貌を帯びてゆく。しかし、よく考えて見れば文化侵略という言葉が表すように、これもまた戦争遂行の偽らざる実態でありえた。彼我の民意の掌握こそが銃後の護りとなったからである。

　戦時体制下、あるいは「準」戦時体制下における対外文化事業は常時体制下でのそれとは著しく性格を異にするのは必然的であろう。日常的な交流活動においては文化輸出は特化したものではないが、非常時下では自らの国際的な位置を正当化すべくプロパガンダ的な色彩の強い、いってみれば先導的、国粋的な傾向が随所に仕組まれることになる。国際的孤立化を深める当時の日本としてはより一層の偽装的な美辞麗句を必要としたはずであった。この場合象徴的なことは、「大東亜共栄圏建設」というように「建設」という用語が用いられた点である。これは一つの世界の創出を意味する。「工作」は材料を調達して目標とするものを組み立てていく具体的な末端の活動をあらわし、それらの有機的な運動統合体として「建設」が用いられる。意味するところは過程でもあり結果＝目標でもある。

　以下、戦時体制下における対外文化事業の実態を大東亜共栄圏内の文化運動形態のいくつかの側面において考察を試みる。

3．「宣撫工作」から「文化建設・文化事業」へ

　しばしば目にする戦時報道写真のなかに、中国大陸での宣撫工作では日本語を教える兵士と中国の子どもを紹介した光景がある。また現地での日の丸の掲揚や青少年らの宮城遥拝を写したフィルム（日本ニュースなど）があるが、そこには実際に行われた「教育」実態とはかけ離れた美化され、演出された映像も少なくなかった[8]。

　当初は現地での末端の個々の「工作」という制約的活動から、総体的組織活動としての「建設」への指向は、植民地支配の思想文化運動としての色彩を強めていき、とくに軍政下で南方建設が行われたケースで

は、上からの強制的色彩を濃くした。

　例えば『東亜文化圏』という雑誌がある。財団法人青年文化協会編集、東亜文化圏社から出された昭和十八年一月号（第二巻第一号）を見ると「宣伝戦現地報告号」が特集されており、陸軍省提供の写真が冒頭に掲げられ、「軍事」「新東亜建設譜」として

　　皇軍指導下の印度兵（マライ）、皇軍に協力する義勇軍（ビルマ）
　　皇軍報道部宗教班の活躍（比島）、皇軍の難民施療（同）、新生国民政府軍（支那）、青年団入場式（東印度）、巡回日本語教育（スマトラ）、皇軍の指導下豊かに稔った移植日本米の刈入れ（比島）、

といった写真が、また「軍政明朗風景」と題して、

　　日の丸の旗を立てて力漕する原住民（スマトラ）、猿芝居に興じる皇軍兵士とビルマ人（ラングーン）、陸軍病院に皇軍慰問の比島娘（マニラ）

といった写真が掲載されている。さらに、ジャワにおいて日本語教材として特に編纂された「ジャワ夜明け物語」が数ページに亙って紹介されている。昭和一七年に印刷発行されたもので、表紙には『ニッポンゴノホン』(BOEKOE BATJAAN BAHASA NIPPON)と書かれ、著者は浅野晃とある。ジャワ語による対訳があり、各頁四〜五行の本文がある。本文は片仮名表記のみだが、次に参考までに漢字仮名交じり文を右に併記した（括弧内は挿絵）。なお、原本日本語は縦書きである。次頁に一部を掲載（転載）した。

　　アジヤノヒカリ、ダイニッポン．　　　アジアの光　大日本
　　アジヤノチカラ、ダイニッポン．　　　アジアの力　大日本
　　アジアノサカエ、ダイニッポン．　　　アジアの栄　大日本
　　　　　　　　　　　　　　　　　　　　　　（日本の皇居）

　　ヒカリハ　ノボル、ヒガシ　カラ．　　光は昇る　東から
　　ヒカリハ　ノボル、アジヤ　カラ．　　光は昇る　アジアから
　　ヒカリハ　ノボル、ニッポン　カラ．　光は昇る　日本から
　　ダイニッポンハ、アサヒノタイヨウ．　大日本は　朝日の太陽
　　　　　　　　　　　　　　　　　　　　　　（現地の密林）

ダイニツポンハ　カミノクニ．	大日本は　神の国
フルイ　フルイ　カミノクニ．	古い古い　神の国
イマモカハラヌ　カミノクニ．	今も変わらぬ　神の国
ツネニアラタナ　カミノクニ．	常に新たな神の国

　　　　　　　　　　　　　　　　　　　　　（日本の富士山と桜）

アジヤヲ　ヒキヰテ、ニツポンハススム　　アジアを率いて
　　　　　　　　　　　　　　　　　　　　　　　　日本は進む

アジヤヲ　ヒキヰテ、ニツポンハタタカウ　アジアを率いて
　　　　　　　　　　　　　　　　　　　　　　　　日本は戦う

アジヤノタメニ　ダイアジヤノタメニ　　　アジアのために
　　　　　　　　　　　　　　　　　　　　　　大アジアのために
　　　　　　　　　　　　　　　　　　　　　　　　（軍用機編隊）

スメラミイクサ　アジヤノホコリ．　　　　すめらみ戦　アジアの誇り

ムカフトコロニ　テキハナイ．　　　　　　向かうところに　敵はない
スメラミイクサ　アジヤノホコリ．　　　　すめらみ戦　アジアの誇り
ミイヅカガヤク　ヒノミハタ．　　　　　　御稜威輝く　日の御旗
　　　　　　　　　　　　　　　　　　　　　　　（戦車の編隊）

ヒイヅルクニノ　テンノウヘイカ、　　　　日出る国の　天皇陛下
ミイヅアマネク　アジヤヲオホフ　　　　　御稜威遍く　アジアを覆う
ヒガシニオハス　テンノウヘイカ、　　　　東におわす　天皇陛下
アジヤノタミラ　ヨロコビオホク　　　　　アジアの民ら　歓び多く
　　　　　　　　　　　　　　　　　　　　　　　（鶴の飛翔）

オホミココロハ、ソラヨリヒロイ．　　　　大御心は空より広い
オホミココロハ、ウミヨリフカイ．　　　　大御心は海より深い
オホミココロハ、ヤマヨリタカイ．　　　　大御心は山より高い
　　　　　　　　　　　　　　　　　　　　　（現地の住居風景）

此の寫眞は淺野晃氏が「ジャワに於いて日本語教育の教材としてに特に編纂したし「ジャワ夜明けの物語」である。現地日本語教育のれた優指針であれたあでらうう。

昭和十七年六月五日印刷
昭和十七年六月十日發行

Tertjetak pada 5 Juni 2602.
Terbit pada 10 Juni 2602.

不許複製
Dilarang mengoetip

著者　　淺野　晃
Pengarang: Akira Asano

發行所　　アジヤラヤ出版部
Penerbit:
"Asia-Raya" bahagian penerbitan
Molenvliet Oost 8, Djakarta.

印刷者　　黑澤壽雄
Pentjetak: Tosio Koerozawa

印刷所　　アジヤラヤ印刷部
Pertjetakan:
"Asia-Raya" bahagian tjetak

定價
Harga
f 0.30

BOEKOE
BATJAAN BAHASA NIPPON

ニッポンゴノホン

1

アジヤノヒカリ、ダイニッポン、
アジヤノチカラ、ダイニッポン、
アジヤノサカエ、ダイニッポン。

2

Tjaja Asia Dai Nippon.
Tenaga Asia Dai Nippon.
Kema'moeran Asia Dai Nippon.

3

テンノウヘイカノ　オンタメニ、　　　　天皇陛下の御ために
ニツポンジンハ　ヨロコンデ　シヌ　　　日本人は　喜んで死ぬ
テンノウヘイカノ　オンタメニ、　　　　天皇陛下の御ために
アジヤノタミハ　イサマシク　タタカフ　アジアの民は
　　　　　　　　　　　　　　　　　　　　　　勇ましく戦う
　　　　　　　　　　　　　　　　　　　　　　　（前進する戦車）

アヲイソラニ、コトリガウタフ、　　　　青い空に　小鳥が歌う
ミドリノハカゲニ、ハナガニホフ、　　　緑の葉蔭に　花が匂う
ウミノウヘニ、ヒガカガヤク、　　　　　海の上に　日が輝く
ミイヅノモトニ、アジヤハアケル、　　　御稜威の下に
　　　　　　　　　　　　　　　　　　　　　　アジアは明ける
　　　　　　　　　　　　　　　　　　　　　　　（現地の住居風景）

イマ　ウナバラノ　ヨガアケル　　　　　今　海原の夜が明ける
ジヤバ　スマトラノ　ヨガアケル　　　　ジャバスマトラの
　　　　　　　　　　　　　　　　　　　　　　夜が明ける
ダイニツポンノ　タイヨウガ　ノボレバ　大日本の　太陽が昇れば
ダイアジヤノ　ヨガアケル　　　　　　　大アジアの　夜が明ける
　　　　　　　　　　　　　　　　　　　　　　　（連合艦隊の絵）

　ここには日本語教材とは言いながら、日本語を強制的に暗誦教育させることによって皇民化を徹底的に推し進める意図が明確に表されている。スメラミ（「皇」天皇に敬意をこめる意味）やミイツ（「御稜威」天皇や神などの威光）やオホミココロ（「大御心」天皇の心、叡慮）といった独特の神道用語をそのまま暗誦させることは精神教育以外の何物でもない。しかもこの各文にはあくまで「近似的意味」としてのジャワ語訳が併記されており、純粋な幼少者は母語と同時に教え込まされることになる。現地の人々にとっての苦痛、屈辱、忍従を考えるとき、想像を絶するものがある。こうした言辞、言説の押しつけが将来に亙って過酷な心的外傷となって生き続けることを、当局、また現場にいた日本人は察

することができなかったのだろうか。紹介文にある「現地日語教育の優れた指針」という根拠はどこにあったのだろうか。

さらに、この雑誌の中表紙には明治天皇御製として「おのつから仇の心なひくまで　まことの道をふめよ国民」という歌が「皇軍」兵士の行軍の絵とともに載っている。

また本号には次の三点の報告記事が掲載されている[9]。

　　ジャワにおける日本語教育（浅野晃）
　　マレー文化工作の実状と南方文化一般に就いて（伊地知進）
　　ジャワに於ける宣撫班活動（冨澤有為男）

いわゆるプロパガンダ戦において、映像（報道写真・フィルム）は臨場感を伝えるのに大きな力を発揮する。これらの解析もまた重要な作業になろう。

4．日本語の「大陸進出」から「南方進出」へ

言語文化の接触と摩擦を考えるときの主題はいうまでもなく、日本語普及の事情とそれにまつわる諸施策である。日本語の進出、とりわけ南方進出については昭和16年前後から活発化し、緒戦で勝利をおさめた太平洋戦争の開戦後においてピークを迎える。ちなみに、戦時期『日本読書新聞』に掲載された「日本語進出」関連の記事は次の通りである。

　　「大東亜文化圏に進め——ニッポン語」昭和17年1月12日号
　　「大東亜と言語」石黒修　昭和17年2月9日号
　　「南方語研究文献——馬来語、安南語、西班牙語」昭和17年2月9日号
　　「日本語と在来語」山田文雄　昭和17年4月6日号
　　「特輯南へゆく　ニッポン語」昭和17年4月6日号
　　「南へ行く本6　日本のことば、ニッポンのウタ」昭和19年3月11日号

この時期、頻用された用語に「南方建設」がある。当時の「文化建設」（南方文化工作）に関する主要な論評を瞥見してみると、次のようである。

　　「時務対談　大東亜建設と日本文化」大本兎大夫・山崎清純
　　（『文芸春秋』昭和17年5月）

これに先立って「外地の日本語問題を語る」(『文芸春秋』昭和14年12月号)には、6名の現場の日本語教育関係従事者を集めてそれぞれの教科書を持ち寄って検討し合っている。恐らく南方建設を見越しての発議であり、出席者は、庄司徳太郎(アモイ旭瀛書院長、アモイ日本小学校校長)、福井優(満洲国民生部教育教育司編審官)、宮島英男(厚和蒙古学院)、森田梧郎(朝鮮総督府編修官)、山口喜一郎(北京臨時政府新民学院教授)、渡邊正(台湾三峽公学校長)といったメンバーで、司会は石黒修(国際国語協会)であった。
　また、「南方建設現地報告」座談会が、雑誌『太平洋』(太平洋協会、昭和17年9月)に掲載されている。
　大東亜共栄圏建設をめぐる論評はさまざまな雑誌において展開され、一種の国民思想運動と化していった。その主だったものをあげてみよう。
　　「東亜共栄圏の確立」匝瑳胤次
　　「大東亜共栄圏の地政学的考察」蠟山政道
　　「大東亜共栄圏研究　大東亜圏の文化的諸問題」(座談会)
　　嘉治隆一、宮島幹之助、平野義太郎他3名
　　「日本文化の海外進出」新居格
　　「南進日本の現状」饒平名智太郎
　とくに注目されるのは、松宮一也「大東亜共栄圏と日本語——特に南方共栄圏に対して」(『興亜』第3巻第6号、昭和17年6月号、大日本興亜同盟)であろう。日本語普及の使命、共栄圏文化の拡充と日本語、即応的処置、内外一如の日本語普及機構、実施に当たって考慮すべき点、の5章にわたって日本語普及のあるべき姿について詳述している。後に『日本語の世界的進出』(1942)に収録されるが、初出では具体的な諸策が強調されている。
　当時の戦時体制下における日本論、日本語論、日本語普及・教育論に関する著述には夥しいものがある。いずれ大東亜共栄圏をめぐる当時の言説資料と共に、報告から論文、書籍にいたるまで蒐集してデータベースを作成する必要があるが、ここではその中の端緒的でもあり、代表的なものでもある数点をとりあげたい。
　昭和15年に南進政策として第二次近衛文麿内閣が打ち出した基本国策要綱の根本方針のなかで「東亜新秩序」を南方方面に拡大した「大東

亜の新秩序建設」を掲げたが、そもそもこの大東亜共栄圏構想は昭和13年当時に建議された「国防国策案」をもとにしている。その内容を要約すれば、東亜共栄圏防衛を国防目的とし、自存圏、防衛圏、経済圏から成り、この前二者の権益、安全を護るために東亜共栄圏を賄うための生産的資源供給地域としての性格を必然とする。この完成は昭和25年を予定とし、これらの地域経済を最高度に発展せしめると同時に思想および政治形態の完整に努めることとした。そして施策の完遂に当たっては平和的手段によるべきも、已むを得ざる場合には武力行使を辞さない、としてこの政策が軍事軍政的色彩を持つことを示唆している[10]。このなかの思想の完整に文化思想運動としての大東亜共栄圏がクローズアップされ、とりわけ日本語の普及が焦眉の急となっていくのであるが、そこには一定の階梯が見られる。

　日本語論はまず満洲国における施策実践から肥大、膨張していく。いまそれを簡略ながら時代順に追っていこう[11]。
　① 中島利一郎「新東亜建設に対する東方言語学的用意」
　　（『月刊日本及日本人』360号　昭和13年4月）
　② 中島利一郎「言語学上より見たる日満蒙提携」
　　（『月刊日本及日本人』361号　昭和13年5月）
　③ 中尾七郎「東亜指導民族の言語——正しき日本語の教授を如何にすべきか——」
　　（『帝国教育』727号　昭和14年5月）
　④ 石黒修「興亜教育と国語の問題」（『社会教育』昭和16年3月）
　⑤ 岩永三省「大東亜共栄圏の確立と国語の改善」
　　（『月刊日本及日本人』406号　昭和17年3月）
　⑥ 松宮一也「大東亜共栄圏と日本語——特に南方共栄圏に対して」
　　（『興亜』第三巻第六号　昭和17年6月）
　⑦ 徳沢龍潭「日本語と大東亜政策（一）」（『興亜教育』第1巻6号　昭和17年6月）
　　徳沢龍潭「日本語と大東亜政策（二）」（『興亜教育』第1巻8号　昭和17年8月）
　⑧ 高沼順三「中国に於ける日本語問題を論ず」
　　（『東亜文化圏』第2巻第7号　昭和18年7月）

⑨ 三尾砂「共栄圏における新日本語の問題」(『帝国教育』765 号
　　昭和 17 年 7 月)
　⑩ 長沼直兄「大東亜共栄圏の言語問題」(『興亜教育』第一巻第号
　　昭和 17 年 8 月)
　⑪ 徳沢龍潭「日本語大東亜文化建設論」(『興亜教育』第 2 巻 11 号
　　昭和 17 年 10 月)
　⑫ 三尾砂「日本語の海外進出と語法の改善」(『帝国教育』昭和 19
　　年 2 月　784 号)
　⑬ 大岡保三「日本語の海外発展に就いて」(『文部時報』747 号)
　　なお、まとまった単刊としての著作では次のものがある。
　⑭ 平松誉資事著『大東亜共通語としての日本語教授法の建設』
　⑮ 保科孝一『大東亜共栄圏と国語政策』
　国際文化振興会発行の機関誌、『国際交流』19 号 (昭和 17 年 5 月)
には次の二つの特集が組まれていることは文化政策を特化した意味で注
目に値する[12]。
　⑯ 特集：現代日本文化の諸問題
　　「今日の対外文化事業」箕輪三郎 (情報局情報官)
　⑰ 特集：日本語の共栄圏進出
　　「土着語に関連して」神保格 (東京文理大学教授)
　　「音声学の立場から」千葉勉 (東京外国語学校教授)
　　「文字と語彙の問題」石黒修 (法政大学講師・国語協会主事)
　ここでは方言問題を顕著として国語の醇化、生理整頓の諸策が打ち出
されている。
　大東亜共栄圏、とりわけ「南方日本語教育」の方針が決定されたのは、
昭和 17 年 9 月であった。以下は『興亜教育』(第 1 巻第 9 号昭和 17 年 9 月)
からの引用によるが、日本語教員の養成、派遣等についての基本方針が
打ち出されている。

南方諸地域日本語教育並びに普及に関する件
　皇軍の勢力下に帰した南方諸地域諸住民に対する日本語教育並びに日
本語普及は東亜共栄圏建設上極めて喫緊の事なり、故に政府はその取扱
方に関し左の決定をなす

一、日本語教育並びに日本語普及に関する諸方策は陸海軍の要求に基づき文部省においてこれを企画立案すること。なお右に関し日本語普及協議会（仮称、訓令による）を文部省に設置し右方策に関する諸般の具体的事項を審議すること

二、南方諸地域の諸学校に於いて日本語教育のため使用する教科用図書は陸海軍の要求に基づき文部省に於いて之を編纂発行すること

三、南方諸地域に派遣せられる日本語教育要員の養成は陸海軍の要求に基づき文部省に於いて之を養成すること（傍点、引用者）

一方、海外においては日本語教育の発展、国内においては国語教育の醇化というヤヌスの側面を運命づけられた言語政策は種々の矛盾を抱えながらも、国内における銃後の錬成教育との連携もまた焦眉の急とされ、主要な民間雑誌にも共栄圏思潮が多方面で企画特集され、思想運動としての役割を果たして行く。その一つ、『日本教育』（国民教育図書株式会社から発行された月刊誌）には大東亜共栄圏にまつわる主要論調として、

⑱「大東亜共栄圏文化の理念」泉三郎（昭和16年7月）

などが掲載され、思想文化運動としての役割、意義が日常的意識として強調された。また、文化精神の発揚と両輪の関係にある国語の改革では、同号に次の特集が組まれた。

⑲ 特集：国語の成長（昭和17年8月）

「大東亜建設と日本語」高須芳次郎、「国語審議会の活動」保科孝一、「国語教育の建設」松田武夫、「日本語教師の進出」長沼直兄、「新しき国語の創造」魚返善雄

なお、『日本教育』で今回注目した記事として次の創作の所在を確認したことを付記しておきたい[13]。

⑳ 松永健哉『日語学校―若き兵隊〈二〉』（昭和16年10月）
　　同　　『日語学校〈完〉』（昭和16年11月）

これは宣撫班の日本語学校建設にまつわる挿話で、使用教材なども記載され興味深い。以後の大東亜共栄圏構想の萌芽的意識を兵士らの思考行動に読み取ることが可能であろう。

また、『社会教育』(社会教育会) にも、大東亜共栄圏思想の喧伝が見られる。

㉑「興亜時言—南方統治策と文化工作」安倍四郎　第13巻9号
　　(昭和17年9月)
㉒「興亜、教育と国語の問題」石黒修　第12巻3号　(昭和16年3月)
　戦局が敗戦濃厚になっても、日本語論は一定の文化的プロパガンダの役割を担った。それは日本の「聖戦」の正当性を主張する意味でも重要な施策であったからである[14]。

5．放送文化事業の実態とその指向性

　日本放送協会発行の機関誌『放送』(後に『放送研究』に改称) には大東亜共栄圏確立に寄与する放送事業の重要性について、昭和17年をピークに諸論が展開される。論評が俄かにあらわれるのは昭和14年前後からである。まず中国大陸における文化工作のなかで、日本語普及の諸策が議論されていく。いま、その主要な論評を挙げてみよう。

㉓「支那への文化工作と日本語」高倉テル (国語協会文芸部幹事)
　　(第9巻3号　昭和14年3月)
㉔特集：「放送による対満支日本語普及の具体案」(第9巻9号　昭和14年9月)
　　近藤壽治 (文部省図書局長)、石黒修 (国語協会編集幹事)、一谷清昭 (満洲国民生部編審官)、竹田復 (東京帝国大学文学部助教授)

　㉔の記事において、近藤壽治は組織的放送による普及として、「初等日本語講座」「中等日本語講座」「高等日本語講座」を設定し、非組織的放送による普及として、「日本歌謡」や「日本語による劇」の放送、満支放送用語への日本語の導入、日本語習得者の放送、などを企画している。放送による語学教育の使命は、現代のそれの雛型として見ることもできよう。また、石黒修は教科書の用途別編修、教授法と教材の配列について、一谷清昭は放送による語学教育の使命について、竹田復は放送による日本語普及の意義と対象および具体案について述べている。国内外の問題点を交換したところに意義がある。同号には

㉕「日本語の外地普及とその教科書」藤村作（東京帝国大学文学部名誉教授）
㉖「国語改善と放送事業」中村寅市（日本放送協会計画部長兼調査部長）

の記事もあり、藤村作は日本語の海外進出の急務と、普及の対象を小学児童、中等学校生徒、成年者、知識層の人々、無知識層の人々、という分類をして対応策を講じている。

㉗「特集：標準日本語の理想的要件」（第9巻10号　昭和14年10月）佐久間鼎「総体的な心構え」、東條操「東京語を基礎としての諸問題」、石黒修「特に話す言葉の上において」、輿水実「標準語の本質と要件」

日本語の進出と同時に、国語の醇化が指向され、整備の必要性が叫ばれていく。⑤でははじめて対外文化接触の武器としての日本語が総体的に見直され、日本語の言語体系が対象化されていく。方言、発音、敬語などの内部構造の要件と是正改革すべき国語政策の議論が各界で噴出する。さらに太平洋戦争に突入する時期になると、先を見据えた軍事的な論調が激しくなり、総力戦のなかでの心理戦、言語戦、思想戦に多大な影響を与えるプロパガンダ発揚のラジオ放送が目下の検討課題となる。

㉘「東亜文化政策の基調」森谷克巳（第11巻1号　昭和16年1-2月）
㉙「東亜の言語政策と放送」石黒修（第11巻4号　昭和16年5月）

㉙の石黒論文では「国語の進出と対策」について、「国語の調査・統一機関設置の件」「日本語教育連絡機関設置の件」「標準日本語辞典編纂の件」「日本歌詞・楽譜選定の件」「レコード並びに映画製作の件」などが懸案とされ、これにつづいて「日本語教科用図書調査会」が設けられ、初級用の『ハナシコトバ』（上中下三冊）、『日本語教本』、日本事情紹介のための文化読本、会話読本、辞書の編纂などが企画される。昭和16年1月には第二回国語対策協議会が開催され、橋田文部大臣が

「国語は国民精神の宿る所であり、国民精神もまた国語に依って培われるのでありますから、日本語の海外進出は即ち日本精神の進出でありまして、八紘一宇の大理想に基づく東亜の聖業は日本語の普及に俟つところ頗る大なるものがあると信じます」

と述べたのをうけ、「内外に於ける日本語教育の連絡を計る件」「日本

語教授者養成の件」「国語の整理統一機関拡充強化の件」などが決議された。なお、石黒理論については前後して「日本語海外発展の現段階」（『国語教育』1941-2)、『日本語の世界化』（修文館1941,12）などにおいて詳述されている[15]）。

　㉚研究座談会「大東亜放送圏の建設を語る」（金川義之他７名出席）
　　（第12巻２号　昭和17年２月）

　㉚の座談会ではきわめて重要な案件が盛り込まれている。大東亜共栄圏確立にあたっての壮大な計画が俎上に上げられる。即ち、「皇化放送」の重点化が指向され、「東亜放送」の樹立、国内放送と現地放送、海外放送の三元化のなかで、とくに海外における日本語放送をもって日本をアジアの中心とする一体観を創出すること、占領地における受信施設、政策に順応した番組の編成、有線放送、短波放送のための機械の拡充、受信機の研究、さらに共栄圏内の交換放送、音楽などをはじめ南方圏の番組の検討、とりわけ回教文化の研究と共に日本文化の紹介に努める案件など、およそ現代の海外向け番組の雛型ともいうべき構図が提示されていて興味深い。その後も放送と日本語普及に関する論陣は強化され、

　㉛「大東亜文化政策の基調」内田繁隆（第12巻５号　昭和17年５月）
　㉜「大東亜の言語政策と放送」長沼直兄（第12巻５号　昭和17年５月）
　㉝「大東亜戦争と放送用語」佐藤孝（第12巻７号　昭和17年７月）
　㉞「大東亜の言語（上）―放送に用いらるべき言語を中心として」
　　宇井英俊　（第13巻７号　昭和18年７月）
　㉟「大東亜の言語（下）―放送に用いらるべき言語を中心として」
　　宇井英俊（第13巻８号　昭和18年８月）

などが掲載された。㉜の長沼論文では現地における施設と国内における施設を分類明示したうえで、政策的内容についての吟味を詳述している。㉝の佐藤論文では漢語の過剰使用、外地地名の表記、外国語・外来語の言い換え、固有名詞の表記法などについて具体的な指摘、提案を行っているのは極めて現実的な対応施策であったといえよう。

6. 興亜の虚構と現実——「アジヤ」讃歌の果てにあるもの

　今次の戦争を「聖戦」と意義づけ、日本がアジアの盟主となって西欧列強の桎梏からアジアの解放を謳うというプロパガンダは、戦時体制下の大きな支柱となり、民意に徹底させる為の様々な施策が内外でとられた。日本国内でも「東亜建設」「興亜建設」の呼び声は高く、以下に挙げる国民歌がつくられた。

　日本が海外侵略をするに当たって、それを正当化するには神聖かつ精神的支柱を必要とした。この標語として神武紀の「八紘をおほひて宇とせむ」を引き合いにし、全世界を一つの家と見立てることによって大同団結の精神たらんとしたのである。八紘とは「八荒」「八極」とも言い、国の隅々を意味する。古くは岡倉天心の「東洋の理想」に唱えた「アジアは一つ」にも脈絡する。

　まず、国民歌「興亜行進曲」について見てみよう。興亜行進曲は1940年(昭和15年)朝日新聞社懸賞入選したものを東京日日新聞・大阪毎日新聞が陸軍省、海軍省、文部省の三省後援によって公募し、詞は山梨県の25歳の女性（今沢ふきこ）が選ばれ、曲は藤原義江のピアノ伴奏をしていた福井文彦が選ばれた。レコード会社各六社から競作で発売された軍歌である。編曲は各社の作曲家・編曲者が担当し、間奏部分は各社の独自となっている。吹き込み歌手は伊藤久雄、藤山一郎ら総勢18名に上る盛況振りである。日本を中心にすえて「興亜」をめざす偉業を讃えた歌であることは、「協和」が「興亜」に転進、拡張した過程からもよくわかる。「とよさか」「あめつち」といった神話的用語をちりばめたところにも「大アジア」の未来にたくす日本の思惑がみてとれる[16]。

```
1. 今ぞ世紀の　朝ぼらけ          2. 聴け天地に　こだまして
   豊栄のぼる　旭日の               あぐる興亜の　雄叫びを
   四海に燦と　輝けば               理想は熱き　血と燃えて
   亜の使命　双肩に                 アジアの民の　行くところ
   担ひてたてり　民五億             希望はあふる　海陸に
```

3. ひびけ歓喜の　この調べ　　4. いざ諸共に　打ち建てん
　　輝く首途　ことほぎて　　　　永久の栄えの　大アジア
　　協和の徴いや高く　　　　　　かはらぬ盟ひ　かんばしく
　　桜よ蘭よ　花　牡丹　　　　　興亜の実り　豊けくも
　　嵐に堪へて　咲き香れ　　　　世界に示せ　この偉業

　次に「アジヤの友」（雑誌『興亜』第3巻第11号、昭和17年1月掲載）を見てみよう。作詞勝承夫、作曲堀内敬三で、これも大日本興亜同盟選定曲である。ここでは「共栄圏」が四回登場する。「亜細亜」は「アジヤ」と片仮名で表記され、「共栄圏」体制下の連帯を呼びかける内容になっている。

1. 明ける南の　水平線に　　　2. 雲は茜に　地平はみどり
　　響く　船出の銅鑼の音　　　　鞭を当てれば　勇む馬
　　海を越えれば　共栄圏の　　　共に励んで　共栄圏は
　　国は常夏　宝島　　　　　　　みのる野の幸　山の幸
　　若いアジヤの　友が呼ぶ　　　結ぶアジヤの　友が呼ぶ

3. 月の広野に　ラッパが響く　4. 北も南も　アジヤは一つ
　　北のアジヤは　雲の国　　　　みんな仲間だ　仲良しだ
　　どこへ行っても　共栄圏の　　共に進んで　共栄圏は
　　国の護りは　今固い　　　　　明けるアジヤの　友が呼ぶ
　　強いアジヤの　友が呼ぶ

　国民歌、軍歌に見られるアジアはこうした日本の盾となり、防波堤となった。まさに日本の覇業の及ぶ「圏」となったのである[17]。

7．おわりに——歴史的問題提起として

　近代日本の、いわば自己アイデンティティを求める壮大な夢であった「大東亜共栄圏」はまた「同床異夢」の現実を看過し、自らの夢の儚さ

を結局は「絶対国防圏」とせざるをえなかったように、ついには太平洋の藻屑となって消え去った。そこに払われた膨大な犠牲と被害はなお傷深きものがある。本稿副題において「胡蝶の夢」と記したのは、日本の化身的な意味、自己存在の矛先に見立てたかった意味を問わんがためであった。

　大東亜共栄圏下の諸々の施策はついには建設途上でついえた。だが、その底流は完全に歴史的糸を断ち切ったであろうか。また、かつての胡蝶の夢は夢として、同床異夢と裁断するほどに単純明快なものであっただろうか。当時の某大な記述はまだ完全に蒐集分析されてない以上、未曾有の文化接触（侵略）の顕現であった諸策についてはなお、綿密な考究が必要とされることを、本稿では問題提起した。近年の大東亜共栄圏下の文化建設に関する研究の今後に期待するところは大きい。それは過去の教訓から今後日本が世界とどのように共存し対峙していくかの指針の大要が潜んでいると考えるからである。

　昨今の日本の対アジア外交をみるにつけ、この思いを一層強くする。さまざまな軋轢のなかで、日本は果たしてアジアから真の信頼を得ることができるのだろうか。また、そのためには我々は何をなすべきだろうか。その一つに「大東亜共栄圏」建設の虚実を検証する作業がある。だが、こうした歴史検証はポストコロニアルの、脱植民地主義の名の下に歴史修正主義の亡霊を招く危険性もはらんでいる。東アジア共同体の構想をめぐっても、誰が「アジアの盟主」かといった不安は依然として消えることはない。一九七〇年代の東南アジアにおける反日感情（とりわけタイ・バンコクやインドネシア・ジャカルタでの抗議）の順逆と混沌のなかで経済進出を「黄禍」と批判したのも、植民地支配のトラウマが色濃く影を落としていたといえよう[18]。

　今また、日本人が広く海外に出掛け、海外進出を目指す企業はあとをたたない。日系企業のなかには勤務する現地社員は日本語能力試験の３，４級取得を義務付けたところも少なくないという。言語文化の共存といいながら、こうした国力格差による強要は果たして過去の言語文化の輸出と無縁であると言いきれるであろうか。歴史を正視し、正しい共存の道を歩むためにも、過去の遺産を総体的に考究する意義があろう。

　一方で、昨今の海外旅行熱は高まりの反面、海外留学は落ち込んでい

るという報告がある。反対に日本経済の活性化を狙って観光立国日本を掲げて観光客を誘致する動きが活発化している。日本を訪れる中国人も増加の一途を辿っているが、これも外交の影をひきずり、経済効果は薄氷を踏むがごとき推移をきざむ。文化、言語の均等な共存への道は、グローバル化した時代であればこそ、いよいよ困難なことなのかもしれない。

　冒頭の問題提起に戻るが、文化をいかに効率よく輸出し、国益に結びつけるかは時代を問わず、当事国の外交上の喫緊の課題、施策である。大戦期の未曾有の文化接触と摩擦から教訓をまなぶことは歴史研究の重要な課題であるばかりでなく、比較文化にかかわる研究者、教育者の作業でもある。これを「負」の遺産として葬るかどうかの議論はさておき、当時の議論の残されたデータを集積し、記録に努めることが重要であろうと考える[19]。

　謝辞　本稿の掲載については査読委員からの適切な助言と批正をいただいたことに心より感謝申しあげる。なお、内容の吟味、修正が十全でないところは筆者の責任に帰せられる。今後、より精確な資料の整理、分析に努めていきたい。

1　いわゆる「クール・ジャパン」の世界的進出については三原龍太郎「クール・ジャパン世界進出、熱狂せず冷笑もせず」（朝日新聞2010.9.3夕刊）、東浩紀編(2010)などを参照。
2　日本のNPO法人「言論NPO」と中国メディアの中国日報社が実施した「日中共同世論調査」。対日感情と国民感情の改善の課題が明示されている。詳細は『日本と中国』(2010年9月15日、社団法人日本中国友好協会)を参照。また、2010年12月に行われた世論調査では中国・日本に対するそれぞれの親近感が非常に低いことが報告されている。(朝日新聞2010年12月18日朝刊)
3　NHKスペシャル「沸騰アジア」2010/08/22放送。
4　「韓流」「華流」ブームはいくぶん愛玩的な撞着、もしくは一元的な親近感のうえに漂流している。それは歴史の推移、原点から見直し、過去から現在、未来を照射するというよりも、ひたすら「現」文化を享受しようとする感興に彩られている。
5　「日韓併合」百年の催しの中での最大規模の一つが東京大学で行われた国際シンポジウム（主催：国立歴史民俗博物館、共催：「韓国併合」100年を問う会、後援：岩波書店・朝日新聞社）であった。戦後日本と植民地支配の問題、歴史認識の問題、世界史の中の「韓国併合」のセッションにおいて

15名の日韓の研究者が問題提起と発表を行った。またドキュメンタリーとしては、ＮＨＫスペシャル JAPAN　日本と朝鮮半島　第三回「戦争と動員された人々―皇民化政策の時代」2010年6月20日放送などが特筆される。

6　いわゆるペン部隊、南方徴用作家の活動については多くの研究の実績がある。主なものとして櫻本富雄(1993)、神谷忠孝・木村一信(1996,2007) などを参照。

7　当時の厖大なプロパガンダとしてのメデア雑誌群のなかでも、『国際文化』『FRONT』などに収められた日本文化論の発信は、今日の文化戦略においても示唆的な意味をもつ。加納(2007) などを参照。これらの体系的な収集・調査・分析は現代アジア史研究の喫緊の課題である。

8　こうした「演出された」映像は戦時報道の本質でもあり、とりわけＮＨＫの配信した「日本ニュース」はその顕著なものである。田中(2011a) ではその宣撫班の映像について触れている。なお、戦時下における写真報道については、国策グラフ誌『写真週報』を分析した玉井清編(2008) を参照。

9　とりわけ前述『ニッポンゴノホン』の作者、浅野晃の報告は数少ないジャワにおける日本語教育の具体的な施策を知る上で貴重である。

10　『家の光』昭和17年7月号の付録「大東亜の仲良し国めぐり」、『少年倶楽部』付録の「大東亜共栄圏パノラマ地図」(昭和16年) などにみるように大東亜共栄圏は、アジア解放という理念の陰に、明確な資源戦略があったことは明白である。共栄圏成立の背景については鈴木(1993)、栄沢(1996)、池田編(2007) など、中国における近年の研究では林慶元他(2009) を参照。

11　ちなみに①、②の中島利一郎は当時、東京文理大学教授で言語学専攻。著作に『東洋言語学の建設』(古今書院1941.6) がある。このほか『満蒙』(満蒙社) にしばしば登場する高山昭二も「満洲国における日語普及の為の諸問題」(1940.10)「日本語普及に就いての諸問題」(1942.9)「日本語の普及を阻む問題」(1943.4) などの論戦を張った日本語論者の重要な一人である。その論調は日本語普及の膨張の軌跡を見るうえで興味深い。

12　同特集のコラムには「映画タイトルと日本語」と題する記事があり、南方に進出する日本映画に簡単な日本語を附して「南方の人種の耳や眼」に親しませようとの呼びかけがある。たとえば「大東亜」という言葉でこれの表記をめぐる議論を取り上げ、横書きか縦書きか、ローマ字綴りでも訓令式か発音式か、など単なる映像タイトルとしてではなく、文化事業の総力戦的態勢の一環として指摘している。

13　松永健哉『日語学校』については注釈と解説を施した田中(2011a) を参照。

14　志田延義『大東亜言語建設の基本』(畝傍書房　1943.2)、乾輝雄『大東亜言語論』(冨山房　1944.9)、さらに当時の大東亜省調査官であった寺川喜四郎著『大東亜諸言語と日本語』(大雅堂 1945.1)、同『東亜日本語論』(第一出版社 1945.3) などがその顕著なものである。

15　この前の石黒の『教育・国語教育』特集 (1939.5) における「国語の世界的進出・海外地の日本語読本の紹介」は、当時の普及の趨勢を示すデータとなっている。石黒修のこの時期における足跡については駒井裕子(2001) を参照。なお、以後日語文化協会内に「日本語教育振興会」(1940.12) を設置、同会の機関誌『日本語』の創刊 (1941.4) など、大東亜共栄圏における言語施策は加速化していく。戦時下の日本語論については各雑誌、メディアに発表さ

れた書誌を集成する必要がある。川島 (2002) などを参照。
16 天皇に関する事柄を表わす語について敬意をこめ褒めたたえる意味を表す（『大辞泉』）「すめら」を附した「すめらあじあ」はその最も象徴的な思想であった。鹿子木員信『すめらあじあ』（昭和12年、同文書院）などの著作もあった。なお、『興亜行進曲』にはもう一つの作詞佐藤惣之助、作曲奥山貞吉によるものがあるが、こちらは「日満支」締盟を強調し、「産業資源」を「打拓く」といった露骨な表現となっている。
17 このほか紙面の都合で省略するが、「アジヤの青雲」（『興亜』第三巻第10号、昭和17年10月掲載、作詞北原白秋、作曲信時潔）も大日本興亜同盟制定歌。天皇の「御稜威」のもとに「共存共栄」が織り込まれ、アジアの豊かな「資源」が示されている。「アジヤ」は24回も使用され、前述『興亜行進曲』の民「五億」が「十億」になっている。このような戦時体制下に作られた「国民歌」において、アジアがどのように謳われたのかも、上からの戦意高揚を掲げ、政府・軍から大衆メディアまでを席捲したアジア認識の象徴を検証するうえで、大東亜共栄圏研究の一つの課題である。なお、「国民歌」については戸ノ下達也 (2010) などを参照。
18 近代日本の言語文化接触と摩擦の大事記を筆者はアジア十五年戦争期、1970年代の日本資本主義の南進、現代のサブカルチャーを始めとする文化輸出・政策に注目したいと考える。1970年代東南アジア（タイ）における反日感情下での言語文化接触の一端については、田中 (2011c) を参照。
19 大東亜共栄圏内の文化事業を考える時、軍政下で行われた「威圧的」施策と非軍政下で行われた「懐柔的」事業とに分けて考察する必要がある。前者ではインドネシア、シンガポール・マレーシア、ビルマ、後者ではタイ国などでの展開（とりわけ松宮一也、柳澤健らの足跡）があげられる。また当時の大東亜南方留学生の動向についても再検討が必要である。田中 (2011b) などを参照。

【参考文献】
池田浩士編 (2007)『大東亜共栄圏の文化建設』人文書院
栄沢幸二 (1995)『「大東亜共栄圏」の思想』講談社（講談社新書）
大江志乃夫他編 (1993)『文化のなかの植民地』岩波講座近代日本と植民地7　岩波書店
加納寛 (2009)「戦時下日本による対タイ文化宣伝の一断面」　愛知大学現代中国学会編『中国21』Vol.31 東方書店
神谷忠孝・木村一信編 (1996)『南方徴用作家　戦争と文学』世界思想社
神谷忠孝・木村一信編 (2007)『＜外地＞日本語文学論』世界思想社
川島真 (2006)「戦時体制と日本語・日本研究」近現代日本社会

的国際研討会（2006.3.16-17. 於中央研究院）http//bdl.handle.net/2115/11308

倉沢愛子編 (2001)『東南アジア史のなかの日本占領』早稲田大学出版部

後藤幹一 (1994)「『大東亜共栄圏』の実像」 浅田喬二編『「帝国」日本とアジア』近代日本の軌跡 10　吉川弘文館

駒井裕子 (2001)「アジア・太平洋戦争期の日本語教育者石黒修の足跡」『日本語・日本文化研究』8（京都外国語大学）

櫻本富雄 (1993)『文化人たちの大東亜戦争』青木書店

佐藤広美 (2001)「大東亜共栄圏と『興亜教育』——教育学とアジア侵略との関係を問う」解説『興亜教育』『（改題）教育維新』復刻版

鈴木麻雄 (1998)「大東亜共栄圏の思想」 岡本幸治編著『近代日本のアジア観』ミネルヴァ書房

田中寛 (2010)「『歴史和解』とナショナリズム——日中韓の対話の視座をもとめて」 同『戦争記憶と歴史認識』（私家版）に収録。中国語訳は「"歴史和解"与民族主義——尋求日、中、韓的対話視点」として李卓主編『近代化過程中東亜三国的相互認識』（天津人民出版社 2009）に収録

田中寛 (2011a)「中国大陸における宣撫工作としての日本語教育——松永健哉『日語学校』の言語的記憶」『指向』第 8 号 大東文化大学大学院外国語学研究科日本言語文化学専攻誌

田中寛 (2011b)「戦時体制下の日タイ間における文化接触とその摩擦——タイ人留学生をめぐる言語文化の状況（資料解説その①）『外国語学研究』第 12 号　大東文化大学大学院外国語学研究科

田中寛 (2011c)「1970 年代におけるタイの日本語教育——言語文化接触における"順逆と混沌"（その私的回顧）」『語学教育フォーラム』第 21 号　特集：外国語教育と異文化理解の接点を求めて 大東文化大学語学教育研究所

多仁安代 (2000)『大東亜共栄圏と日本語』勁草書房

玉井清編 (2008)『戦時日本の国民意識　国策グラフ誌「写真週報」とその時代』慶應義塾大学出版会

戸ノ下達也 (2010)『国民歌を唱和した時代』 吉川弘文館

東浩紀編 (2010)『日本的想像力の未来』NHK 出版
松宮一也 (1942)『日本語の世界的進出』婦女界社
柳澤健 (1943)『泰国と日本文化』不二書房
讀賣新聞 20 世紀取材班編 (2002)『20 世紀大東亜共栄圏』中公文庫
林慶元・楊斉福 (2006)《"大東亜共栄圏"源流》中国・社会科学文献出版社
『AERA』Vol.4.No.34 開戦 50 年特集「大東亜の人質──南方特別留学生たち」1991.8.20

Ⅳ．研究資料

在日コリアン一世の学校経験
―― 金時鐘氏の場合 ――

李省展・佐藤由美・芳賀普子＊

1. はじめに

　「在日一世」の学校経験に関するインタビュー企画は、今回で三人目となる[1]。金時鐘氏は、著名な詩人、作家として今なお活躍されており、「在日」の文化を語る際には、特に日本語と鋭く向き合った氏の創作活動を抜きに語ることができないと考えている。先年の正月、体調がすぐれない中ではあったが、氏は私たちのインタビューに精力的に応じてくださった。インタビューは、解放後の日本での学校経験、在日朝鮮人運動、また文学論にも及んだが、紙幅の都合上、主に植民地期の学校での経験に絞らざるを得なかったことをことわっておきたい。
　一連のインタビュー作業は、当事者の観点から日本による植民地教育がどのようなものであったかを描きだすことに主眼がある。これはまた社会史の視点を教育史にとり込む作業にも繋がっていくものであるといえよう。植民地支配は一様でなく、階級、ジェンダー、地域などの様々な偏差があった。このことから、植民地期を生き抜いた朝鮮人の学校経験も多様なものとならざるを得ない。それは朝鮮人個々人にとって異なる経験でもあり、また、共通する経験をも内包しているといえるだろう。
　この時期を生きた「在日一世」は、少年期において皇民化政策の洗礼を受け、人格形成に深い歪みを与えられている。氏も「皇国少年」として自己規定するのであるが、「文明国日本」に憧れ、日本語の世界を肯定的に生きるその様相は、事実さまざまな亀裂を生じさせていった。家庭内での言語・文化的な摩擦、朝鮮語を教える朝鮮人教員との関係の断

＊恵泉女学園大学教員・埼玉工業大学人間社会学部教員・恵泉女学園大学平和文化研究所教員

絶に見られるように、朝鮮人であることに対する矜持を保てないということ自体が、植民地性を表す最たるものである。そして植民地性はまた学校教育のもと規律として子どもたちの身体と精神に深く刻まれていく。それは「皇国臣民の誓い」や東方遥拝であったり、神社参拝であったりした。しかし単に受動的に朝鮮人一般が規定されるわけでもないことがインタビューの随所に表れている。お辞儀を繰り返す日本人を見て、「皇国少年」に内心日本人になるのも大変だと思わせたりしている。また済州民衆の神社参拝様式はまるで土着祭礼のようで、「天照大神さまも怒るな」と感じさせ、これでは日本も負けると思わせるものであったという内面の露出はそのことを如実に表すものである。

　日本人教員に関する叙述にも多様性を感じさせるものがある。植民地という支配と被支配という矛盾のさなか、日本人教員もその最前線に立たされることになるのだが、その中で朝鮮人の子どもとどのように接するのかは、日本人教員にとっても課題であったと思わせる個所が随所に見られる。朝鮮語に熱心になれない朝鮮人生徒をいいことに、「桃太郎」のおとぎ話や「皇軍の奮戦記」の紙芝居ですませてしまう担任教員もいれば、朝鮮人の子どもたちと同様に裸足登校を行った永田陽次郎先生のような存在もいた。そのような中でも氏は永田先生を尊敬の念を持ち記憶している。

　また今回のインタビューで特に印象に残ったのは氏とキリスト教との関わりである。インタビュー終了後、氏は今でも『使徒信条』を諳んじることができると語ってくれた。教会学校（主日学校）では日本語の聖書を持たされた時期もあったが、朝鮮語の賛美歌や祈祷文を暗記していたとのことである。週２回、5年生まで通っていたとのことであるから、教会学校を通じて朝鮮文化の素養を身につけていたといえよう。解放後、ハングルすら書けなかった氏が、光州での「自分の在所探し運動」を通じて民族性を回復していくのだが、その背景には、幼少における家庭教育と教会で身につけた朝鮮文化が存在し、それらを素地として民族性を回復していったものと推察できる。

　そして今回のインタビューでも遊びに興じる豊かな子どもの世界を垣間見ることができた。済州の強い風のもと競い合う凧上げに関する叙述は少年期の遊びに興じる氏の姿を彷彿とさせるものがあり、植民地でた

くましく生きる子どもたちの生き生きとした姿が確認できたことは幸いであった。

　最後に、氏は、詩集『新潟』に僅かに反映させたのみで、済州島での体験に関しては永い間「沈黙してきた」詩人であり、今回の済州島での小学校時代の体験の中には、初めて話されたものもある。氏の活動を考える際に、済州における記憶は貴重な価値あるものとなるといえよう。今後もインタビュー作業を継続していくが、これらの作業を通じて、当事者と同じ目線に立って、多様な学校経験を明らかにすることにより、植民地教育史の再構築作業に貢献したいと考えている。今回の研究資料が多くの人に活用されることを望んでいる。

２．金時鐘氏の学校経験　－インタビュー記録より－

　金時鐘さんへのインタビューは、2010年1月25日、午前10時から在日韓人歴史資料館会議室（東京都港区）で行われた。朝鮮で過ごした幼少年期のこと、渡日経緯、解放後の大阪での生活、文学活動など多岐にわたってお話いただいたが、ここでは教育史資料として収録するという立場から、インタビュー記録のうち朝鮮での学校経験を中心に取り上げた。金時鐘氏の言葉、表現をできる限り活かしながら、筆者らが加工・編集したものである。

【元山から済州へ】

　金時鐘さんは1929年に元山市で生まれた。家族は両親と金時鐘さんの3人、一人っ子だった。身体が弱く4歳から7歳までは祖父の家に預けられ、漢方薬の治療を受けた。小学校からは母親の故郷であった済州島で過ごすことになる。

秘伝の漢方薬：私の本籍がね、今は江原道と北朝鮮では言いますけど、植民地統治下では咸鏡南道と言いましたね。その咸鏡南道の元山市が本籍地です。母が高齢出産だったこともあって、数えの40才だったそうですが、母のおっぱいを飲んだことがないんですね。虚弱児で小児喘息持

ちだったので、おじいさんのところに4歳から7歳のときまで預けられていました。うちの国の習慣ですけれど、家系的に長男が受け継ぐ漢方薬の処方というのが家にあって、その漢方薬での治療をおじいさんの家で受けていたわけです。父のお姉さん、つまり伯母が母親代わりでした。

父親の存在：お父さんは地元の旧制中学校2年の時、3・1運動のデモに参加したとかで放校になって、ちょうどロシア革命がなった時期で、革命のロシアに憧れて大陸の方へさすらっていったみたい。それがまぁ、ウラジオストックあたりで何年かすごして、逆戻りして、巡り巡って港湾労働者、現場労働者をしながら釜山でお母さんと出会って、とうとう母の出身地の済州島にまで落ちて行ったようですけどね。親父はまぁ、ロシア語も中国語もそこそこできる人でした。新聞も朝日や毎日を購読していましたし。当時としてはちょっとしたインテリだったんだよな。親父はかなり開かれた人でしたけど、済州島の地方弁を嫌っていましたね。済州島の男性はだいたい書堂(ソダン)に通っていたようですが、僕は行かせてもらえませんでした。父がそういうことを古臭いと思っていたのかも知れませんでしたね。ですから、僕、漢文苦手やねん。古い資料は誰かに読んでもらわんと。父親のことは低学年の時はアボジって呼んでいました。

主日学校(チュイル)：幼稚園というのは当時ありませんでしたね。新教のキリスト教会が開いている主日学校、主日とは主、つまりキリスト教会が開いている学校のことです[2]。僕は土曜日と日曜日に行っていたのですが、いわゆる日曜学校みたいなものでしたね。歌を歌ったり、お遊戯をしたり。おじいさんがプロテスタントの長老格の人でしたから、済州島でもその主日学校に行っていました。僕は、戦前は皇国少年で、戦後は日本で社会主義志向の若者でしたが、それでも何気なく讃美歌(ちゃんそんが)を口ずさんでいることがよくあります。元山ではハングルの聖書でしたが、小学生になってからは日本語の聖書をもたされていました。ですが教会での讃美歌は朝鮮語の歌でした。ハングルは知らないのに祈祷や歌はなぜかよく憶えていました。日本の童謡もよく歌わせていましたね。牧師様のお話は朝鮮語が主でしたが、子どもたちのために日本語で

の説教も合わさっていました。

北公立普通学校に入学：母が済州島の旧家の出で、元は済州銀座と言われた邑内の目抜き通りで料理旅館をやっていましたんでね。数えの八つで、済州邑内の北小学校に入学をします。当時は、北公立普通学校と言われていた時代で、数えの八つで入学する子供は僕くらいだったんじゃないかな。普通学校と言われるだけあってね、僕が1年の時の同級生でもうすでに20才すぎの級友がいたり、妻帯者もおりましたね。男子の1クラスがね、90何名、100名にならんとする生徒数なので、後ろの羽目板までビシッと詰まっているんですね。学年には男子生徒2クラス、女子生徒1クラスの3学級があったけれど、それでも入学は選抜制だった。済州島では最初にできた学校で、当時島で唯一の公立学校でしたから[3]、生徒数もとっても多かったね。

女子の就学：まだまだ「男女七才にして席を同じうせず」の時代だったからね。あの子が好きだっていうことはあっただろうけど、そういう浮いたことが行動になったようなことは聞きませんでしたね。女子のクラスもだいたい1クラスやっぱり少なくとも5、60人は居たでしょうね。親達の多くが農民上がりの人たちであることもあって、女の子は勉強させしたらアカンと変なことを頑なに言う人たちがまだおりましたが、さすがに城内（市内）の親たちは開かれていたんですね。

普通学校の授業料：僕が普通学校に入学した時はね、授業料がね50銭でした。あれはニッケルかね、ちょうど今の500円玉と同じような大きさかな。相当の高い金なんだよ、義務教育ではない普通学校だったから、授業料もそんだけ高かったわけですけどね。まず、入学願書にね、金融組合という今の日本で言えば農協ぐらいにあたりますか。済州島市内に殖産銀行が一つあって、その下部組織にでもなるのかな、農協みたいなもんだと思いますけどね。金融組合から資産証明を添付しなくちゃいけないのよね。当時20円以上の資産証明を添付しないと入学願書を受け付けてもらえなかった。済州島っていうのは自給自足が基本的にはできる島ではありますけど、非常に厳しい島でね、現金収入がごく限られてい

た。水田が一つあるわけじゃありませんし、火山岩で詰まっている島で、主に粟、良くできて麦、イモの島ですがね。そのような暮らし向きのなかから、その50銭という授業料を払うというのはホントに容易じゃないんですよ。あの昭和11、2年のね、当時の50銭がお米にして僕の実感からすると確かね、お米でもね、5、6升以上買えたんじゃないかと思うんだよね。だからその授業料の納付できる力があるかどうかっていう、書類審査が前段にあって、その後また選抜ですよね。面接で家庭状況とかを聞かれました。僕の場合は鉛筆を束で持って、「これ何本」、「これにこれを足すと何本」、「これからこれを引くと何本」といった面接質問だった。父がちょっと目立つ存在の人でもあったので、まぁ入れてもらえたんですけどね。

【学校生活】

　金時鐘さんの学校時代は、朝鮮教育令の改正で学校制度が変わり、普通学校に入学し、尋常小学校(1938年～)を経て、国民学校（1941年～）になるという過渡期だった。とくに皇国臣民教育が強化されていく時期の学校の様子、金時鐘さんがそれをどのように受け止めていたかが語られた。

読書と剣道：低学年の頃は級長をやりましたが、僕は小説や本を読むのに夢中になってしまって、勉強はあまりしなくなったけど、でもまあ、そこそこの成績でした。生まれた時に虚弱だったこともあって、済州島に来てすぐ、剣道を始めましてね。まぁ親父の友人に警察官がおって、警察の道場に出入りをさせてもらっていた。少年部の朝稽古に欠かさず行きましたね。小学校2年の時からやって、中学校4年で終戦、解放になったけど、その年の夏まで打ち込んでいました。日本語の「国語」は本をよく読んでいたので得意でした。科目としては理科が好きでした。

朝鮮語の授業：3年生になって1年だけ、北尋常小学校[4]になりました。4年から北国民学校[4]になり、5年の時にいうところの「大東亜戦争」が始まりました。普通学校2年生までは週1時間の朝鮮語の授業があったんですね。ちゃんとした教科書もありました。その担当の先生、禹「ウ」

というちょっと風采の上がらない朝鮮の先生でしたけど、北朝鮮出身の
ね。もう、朝から晩まで日本人になることが一番良いことだと、日本人
は天皇陛下の赤子になることが一番正しい生き方だというふうに、ずっ
と毎日のようにお題目のように言われるもんですからね。その中での朝
鮮語の授業は何の重みもない。朝鮮語をなぜ習う必要があるのかと、子
ども達が全然授業に熱を入れないのよね。日本語で生きなきゃならない
のに、何の役にもたたない朝鮮語をなぜ勉強する必要があるのかと、臆
することもなく生徒たちから反問が出る。禹先生は、絶句して涙ぐんで
いましたね。それでもここは朝鮮という国だし、お前たちも私も、先
祖はみな朝鮮人だから、朝鮮の文字というのは非常に貴重なもんだか
ら、覚えにゃならないっていうくらいが関の山の説明だった。もうすで
に「満州事変」が終わった後で、日中戦争の「日支事変」も間もなく始
まる時期だったから、神国日本や軍国日本が盛んに言われていたころ
だったからね。朝鮮語の授業の日はね、大体、担任が井上一郎という日
本の先生でしたけどね、いつも髭の剃りあとの青い、ペン画の上手な先
生で、その先生の昔話の時間に大概なるんだよね。まぁ子供たちが朝鮮
語の授業を嫌がっていたせいもあるんだろうけど。だから、その役に立
たない勉強するよりも担任の先生が色チョークでいっぱい絵を書いて、
桃太郎とか金太郎の話、カチカチ山とか話をしてくれるのが、そっちの
方がよっぽど面白いわけよ。2年生のとき日中戦争が始まってからは、
朝鮮語の授業は大抵が皇軍、皇国（スメラミクニ）の軍隊という意味だ
ね。その皇軍の奮戦記を紙芝居で見せられんのよね。生徒たちは皆、目
を輝かして興奮したもんだ。朝鮮語の授業時間にそれが入るのよ。いち
おうは聞くよ。そのどっちが良いねん言うたら、そりゃ紙芝居見せろと
だいたいなるからね。だから朝鮮語の授業はね、いつ無くなってもいい
形で、無くなっていきましたね。そのような自分が解放と出会って自分
の意識が深まってくると、一番恥ずかしい記憶として甦るのは、禹先生
への対応の仕方ですね。朝鮮の先生が朝鮮の子供たちから軽んじられて
いましたね。今でも思い出すと胸はつかえてきますね。

朝鮮人の先生：朝鮮語の授業は禹先生一人でしたけれど、他にも朝鮮人
の先生が何人かおりましたね。たしか女の先生が一人と男の先生が二人

程おって…。後で知ったのですが、二人の男の先生は代用教員だったようです。訓導じゃなくてね。禹先生以外の朝鮮の先生の授業は記憶にありませんけど、5年生のときから担任になった豊田先生、本名は金達行（キムタルヘン）という済州島出身の代用教員がおりました。この先生のえげつないって言ったら、もう毎日ぶっ叩くんですよね。勉強ちゃんとしないとか、日本語使わなかったとか、まぁそんなことですけどね。それは少々の叩き方じゃないんで、まぁあのくらいしないと訓導にはさしてもらえなかったのかも知らないけどね。その彼は日本が戦争に負けて、解放になったら済州道道庁の学務課長になっていましたね。

北国民学校に：4年の終わりのときから国民学校になって、急に生徒が増えて2,000名ちかくになって三部授業で対応していました。すし詰めの授業だった。朝一番からの学年と午後2時までの学年、それから夕刻までの学年といった具合だった。週単位で授業時間を回して行くわけ。それは「大東亜戦争」が始まってからだったね。北国民学校は校庭も広いけど、実習用の農地があってね。クラスごとに何かを作らせていました。にんじん、キャベツ、なすびといったようなものでした。

永田陽次郎先生：国民学校になった年、赴任してきて学級担任になってくださった永田陽次郎先生を忘れませんね。闊達明朗な先生で、話されることもドキッとするほど他の先生たちとは違っていました。「君たちは日本人になっても朝鮮人として成る日本人なんだ」とか、「なんでも一番は偉いんだ。泥棒でも一番の泥棒は偉いんだ」、または、「『共産主義』は秀才か馬鹿しかなれない主義だ」などと、聞きもしないことを話されて、生徒たちはわけもわからず、緊張したものでした。裸足での登校を学校が決めたとき、裸足でいた先生は永田先生おひとりでした。梅雨の時期ぺちゃぺちゃと、さも愉快そうに泥道を歩いておられた先生が今も目に浮かびます。永田先生の消息は日本にきてから知りました。評論集『「在日」のはざまで』を読んでくれた朝日の記者が京城師範の卒業生名簿から熊本におられることを突きとめて知らせてくれました。戦後日本に引き揚げてきてからも、日教組活動にずっと従事しておられたようです。一度お訪ねせねばと思いつつ、時期を失してしまいまし

た。ぼくには教師の理想像のひとりです。

「皇国臣民の誓い」・東方遥拝・神社参拝：少年少女は「皇国臣民の誓い」っていったんだ。中学生になると誓詞っていう難しい漢語を使いますけどね。朝礼とか、特に学校行事がある時とか、そういう天長節とか、明治節といった祝祭日の時に誓いを立てたりしますね。東方遥拝は「大東亜戦争」が始まって以来、朝礼のときの行事だった。校門を入りますとね、右手に奉安殿っていうのがあってね、その前でキチッと右向け右をして最敬礼の一礼をして教室へ向いますね。それと多分、その奉安殿の中には教育勅語が入っているんですよね。祝祭日や学校行事の日には、教頭先生が白手袋をはめて恭しく捧げ持って職員室へ向う。その間、運動場の全生徒はその場で直立不動の黙とうをしなくてはならんかったですね。誰かが「天皇陛下」と口にするだけで、周りの皆は直立不動の「気をつけ」をやらなければならない。そんな躾を日常に不断にやらされていましたよ。神社参拝はね、毎月8日の大詔奉戴日に地区指定で動員されました。済州島の測候所がある、小高い丘の8合目あたりのところに神社を造ったんですがね、石段の急な坂道でした。僕はもう熱烈な皇国少年だったけど、あれでは日本負けるなと思ったもんだ。洗い立てでもない普段着のままの朝鮮服のおばちゃん、おじちゃんまで動員されて、あの階段をやっさもっさと上がって行くけど、どっかのお寺詣りと何も変わらないんだよ。中には地べたに座って拝む人もおったりとかさ、これじゃ戦争勝てんなと思ったな。参拝の様式が神仏混合の土着祭礼と同じなのよ。こりゃ天照大神様は怒るなといつも思ったね。そのいでたちや動作がどうも熱意に欠けている気がして、わがチョウセンは駄目だと、皇国少年のぼくは歎いていたんだよ。

運動靴の配給：私が行っとった北国民学校から300mほど離れた所に、南小学校という日本の子供たちだけが行っている別仕立ての高等小学校がありましてね、生徒数は200名ほどかな。校舎も洒脱だし、何よりも南小学校の子供たちの靴はいつもきれいな運動靴でね、その当時もっとも困ったのは履き物と雨傘だった。国民学校になってから運動靴の配給が始まったけれど、北国民学校の生徒はほとんど草履を履いて来たり、

自分で作った下駄を履いたりするから見るからにいかにも見すぼらしかった。学校も思い余ったのでしょうね。1年ほど裸足での登校を決めたことがある。学校行事の時はちゃんと靴を履いてくるようにということで、運動靴の配給が始まるんですが、それが北国民学校ではね、1クラス20足ほどの配給だから、1人1足、年に1度当たるかどうかの抽選による配給だった。ところが南小学校では年に2．3度全校に配給される。それほど貴重な運動靴なので行き帰り懐に入れて歩いていたほどもう大事にしたもんだ。それでも履いたらすぐ靴底が横一文字に割れちゃうけどね。古いゴムで作った靴底だったからね。

日本人との接点：北小学校と南小学校の交流会なんて一切ない。全然、別世界よ。日本人の友達もおらんね。日本の子供たちとの交流などめっそうもないことだ。どだい接点がないね。学芸会や言って呼ばれたり見に行ったりすることもないし、済州島に来られている日本の人たちは大体、官公庁関係と支店を出している商社の恵まれた人たちだったからね。とても気位が高く、非常にお上品でしたよ。道すがらの丁寧なあいさつも私たちには異様な光景で、何でそんなにペコペコお辞儀ばかりするんやろと、いぶかったものだ。日本人になるのも容易でないなぁと、内心思ったりしましたよ。

将来の夢：小学校では、よく将来、何になるかという希望を書くもんですね。僕はとりたててなりたいものがあったわけではなかったけれど、そのつど兵隊と書くようにしとったけどね。兵隊になると書くと、先生はにんまりするんだよね。だけど大方はね、面事務所の書記になると書いていた。面事務所って言えば日本の町村、町村役場の公務員になることが少年たちの夢の最たるもんだったんだね。つまり、官禄を食むということが、これは李王朝の名残でもあるし、まぁ一番食いっぱぐれがないっていう、それでいてそこそこ権利も身につけられると言うことなんだろうね。僕は、何と寂しいことを言う少年たちかといつも思ったもんだ。少年の夢って言うのはね、途方もないほど大きなもんだよね。箒ででも宇宙は飛べるようなものが少年の夢のはずなのに、それがなんと面事務所の書記になるという。勉強ができる奴ほどそれに絞っていたね。

よく身のほどをわきまえていると言えばわきまえている。植民地少年にとって夢はそれほど限られたものだった。僕は兵隊だったから、なお始末にわるい。ましてや権力の象徴のような警察官にでもなろうものなら、これは一門一族の大宴会、宴会をひろげるほどのね、名誉なことなんだ。警察官というのは。

【放課後・家庭での暮らし】

　学校での生活が皇国臣民教育一辺倒になっていくなかで、放課後や家庭での子供たちの暮らしはどのような影響を受けたのだろうか。また、当時の遊びや日常生活について伺った。

朝鮮語での会話：校門を出たら朝鮮語で喋り合っているけどね。朝鮮語でといっても鹿児島弁みたいな独特な済州弁で喋る。えーっ、1942年か徴用令、徴兵令[5]ができてくるのは…、私がね、国民学校4年になった時から、国語常用っていうのが凄い厳しい決まりになりましてね。親しい友達以外の生徒に見つかったら告げ口されるね、先生に。そうなるとだんだん日本語中心の生活になってくるわけですね。だから、言葉を学校の内外で規制されるとね、家庭の中でも対話が途絶えていきますね。僕なんかもう馬鹿みたいに学校での教えを守ってね。「水、飯、お金」とぶっきらぼうに単語だけで用を足していた。一人息子だったせいもありますがね、本当に忠実に皇国臣民になろうとしていた。親父は日本語のわかる人でしたけど、お母さんはいつも寂しい笑みを浮かべてしょうのない子だね、と、およそのところをおしはかって付き合ってくれていました。

恵まれた暮らし：お母さんが飲食店と料理旅館をやっていましたからね。母の名前を取って蓮春館という名でした。目抜き通りの店だったこともあって、官公庁関係の寄り合いとか、赴任した人たちの歓送迎会を一手販売みたいに扱っていたので、小銭くらいはよくまわる家庭でした。小学校4年までは罪深いまでに恵まれていました。中でも恵まれていたのは本を仰山買ってもらえたっていうことでしょうか。済州島に限らないけどね、そりゃ少年たち、子どもたちがね、月刊雑誌とかマンガ

本を買うっていうのはほとんどないのよね。僕の手からいっぺん渡ったら、本、雑誌はほとんど戻ってこなかったね。順番を待ってよく喧嘩も起きましたね。僕の家は学校の正門まで100メートルと離れてないところにあって、通りに面して母の店があるもんでね、ようゴンタ達にねだられましたね。毎日のように来ていたね。『少年倶楽部』とか『キング』、のらくろのマンガ本などを自分に回さなかったとか、まだ何か、お金持ってこい、飴玉買ってこいとか言って。毎日せびられて、毎日喧嘩でしたね。

教会の思い出：僕の信仰を駄目にしたのは「大東亜戦争」、僕が小学校5年の時に宣戦布告したんだ。それまでも何か折に触れ、教会が遊び場であったりしたんですがね。聖戦が勝ちますようにと言うことをお祈りして、「アーメン」って言うんだけれど、僕はずっとそれが疑問でね、ある日、牧師に質問をした。これは作り話に聞こえるかもしれないがホントのことなの。「どう考えても日本よりアメリカの方がイエス様を信じる人は多いだろうに、イエス様はどっちの味方をするんですか」と聞いた。ホントに知りたかったよ。「私の祈りを聞いてくれるやろか。向こうの方に行くん違うんか」と思った。その牧師は顔をしかめたね。しかめた顔で、「今は祈る時です。祈りましょう、祈りましょう。」とだけ言っていた。僕の信仰はそれでくずれてしまった。小学校を卒えてから教会に行くことはほとんどない。それでもふっと郷愁みたいなものを感じるときがままあるね。おじいさんの膝の上に座って、よく讃美歌を歌ったりしたもんだから。

チェッキ・凧上げ・パッチ：一人息子の悲しさとでも言おうかな。不器用で、不得手で、遊びはほとんど駄目だった。チェッキっていう、10円玉ほどの一銭銅貨を障子紙にくるんで、丸くしぼってくくって、土踏まずのところでぽんぽん跳ねあげる回数を競う遊びですがね、僕はからきし下手だった。それと凧上げも盛んだった。済州島のこの凧上げの技術の高さは、世界的にも類をみないほどの水準の高い民俗遊戯だな。あのね、何メートル先のいや百メートルぐらい上げるのはざらになるな。その凧を自由自在に扱うんですよ。その凧上げも僕には切ない想

い出しかないな。凧糸を操る「オルレ」という木製の巻き取り器があるのだけれど、風圧に圧されて僕はてんで操れない。それでいつも使い走り役でしかなかった。何百メートルでも凧を飛ばして、尻尾なんて付いていませんよ。上にも横にも下にも自在に飛ばして他の凧と糸を切り合う戦いをする。糸はまぁ手に入りにくかったでしょうね。日本からの糸しかないからね。あれに細工をするのよ。膠をひいたあと卵の汁に糸をひたして、ひと晩夜露にしめらせて、その糸に細かく砕いたガラスの粉を、米飯を捏ねて練った糊で糸に付着させる。指でも落ちるほどの強靭な糸になる。凧ももちろん手作り。相手の凧をねらって横なぎに挑みかかると、相手はそれをかわす技術で潜るか、急上昇するかで有位なポジションを取りあう。それで糸が相手の凧糸にかかるとものすごいスピードで糸を繰り出してゆく。糸の短い方が切られてしまう。なにしろ貴重な凧糸だから、切られた方の使い走りがひらひら落ちてゆく凧を追って一目散に走りに走る。僕は追っかける方の使い走りとしては鼻が高かった。それに「パッチ」という遊びが流行っていた。戦争の絵が入ったやつが、四角いのとか丸いのがあるんだが、それを打ちつけて相手の絵札の下に入りこむか、ひっくり返したらそれを取り上げるわけだね。僕はよく地面を叩いてな、よう、爪剥がしたりした。だから僕の持ち物の「パッチ」はいつも真っさらだった。よごれていないと恥ずかしいのよ。勝負をつけたことがない証しだからね。強い悪童らはサラを欲しがるわけ、いつも古いのと交換されてね、見た目には勝ったようだけどな、一度も自分で勝ち取ったことがない。不甲斐なかったなあ。兄弟がないからやり合って強くなれないんだね。それでいつも勢子みたいについて歩いてばかりで、皇国少年でも悲哀は深かったよ。

水泳：泳ぎはそこそこうまかったよ。僕、実際は死にかけたことがあるんだな。済州島には数えで7つで来たんだが、その翌年、普通学校に入学した年の夏のことだった。済州島の子どもたちはね、裸のまま事もなげにぽんぽんと築港の内海に飛び込んで泳いでいるんだよね。僕も何の疑いもなく服脱いでポンと飛んだよ。とたんにブクブク沈んじゃった。2、3メートルほどの深さだったかな。見上げたらユラユラと光がゆらめいて、あぁ死ぬなぁと思ったけど不思議と落ちついていた。これじゃア

カンな、頑張ってみようと砂地を足で蹴って、浮き上がってからアップアップもがきながら、2メートルほどの岩場にしがみつくことができた。だいぶ水も飲んだけど、助かった。おぼれかけたことは家に帰っても言わなかったけど。何日も頭痛が起きてね、それでもそれで泳ぎを覚えたね。

日本への憧れ：ソウルは当時、京城と言われて、解放になってからソウルになりますけど、京城っていうのはつまり朝鮮の中心地で李朝の都だったということは知っていますね。京城に行ったことは少年の時はなかったですね。むしろ日本に憧れていた。里帰りで済州島に帰ってくる在日同胞がたまたまいるんですよね。土産物下げて、服装も買いたての服を着てくるせいもあって、格好いいなぁって思ったもんだね。日本はホントに文明の国なんだなぁと思ったり。でもこちらに来てからは幻滅したよ。最初に居ついた生野区（大阪市）の同胞集落、タクトナリ（鶏舎長屋）の汚くて貧乏だったこと。共同便所が一つだけあって、雨がつづけば共同水道の水場まで汚水が流れてきていた。ほとんどの住民が同胞たちだけどね。小学校もろくろく出ていなかった。同胞が住んでいる日本は僕にとっては少しも文明国でなかったね。

【光州師範学校時代】

　金時鐘氏は済州島の北国民学校を卒業後、光州師範学校[6]に進学した。「実際は解放された年の暮れに除籍されているので余り触れられたくないんだ」といわれながらも、当時の師範学校の様子や「解放」時の心境について語ってくださった。

入学の動機：師範学校に入学したのは親父の策略ですね。僕は、ホントは兵隊になるつもりでしたけどね、学校の先生は徴兵されないといったことを親父が聞き込んだようで、兵隊はいつでもなれるからとやんわり拒まれたわけです。だけど静かな親父の独特な威圧は相当なものだった。それでも教員だって戦争末期はみな徴兵されましたからね。特に師範学校上がりは幹部候補生への道もあって、率先して行かされていたようでした。

軍事教練：もう一日の半分は軍事教練だね。私が行っとった学校には、中尉の配属将校がいたけど、訓練は主に中年すぎの特務曹長とかなんとかいう軍官が取り仕切っていました。兵隊の訓練とほとんど同じ。分列行進、匍伏前進、手榴弾投擲、銃剣道訓練等々。ゲートルは巻脚絆といって、学校にいる間は必ず巻き着けていなくてはならなかった。もちろん「鬼畜米英」を叩き込まれました。栄養事情が悪いのにね、本当に息も絶え絶えな毎日だった。それで卒業年度の4学年の1学期に肋膜炎を患いました。過ぎてみりゃそれも幸いだったかなとも思いましたけどね。

師範学校の生活：師範学校の中で民族運動と関わることはなかったね。先生はほとんど日本の先生だし、日本の生徒も多かったからね。学生数は1学年300名弱だったように思う。比率は6分4分くらいかな。本土、内地と言われた日本本土からの入学生もいた。入りやすかったということかな。日本の学生との親しい付き合いはどうしたわけか生じなかったね。世界文学全集を読み合っていた堀部という文学少年とか、剣道部の何人かがおるにはおりましたが、どうしても同族どうしの付き合いとなる。2年生くらいからかな。朝鮮の学生は増えていったが、なぜか日本人学生は減っていった。僕の卒業年次には逆に朝鮮の生徒の方が多くなった感じだな。みな兵隊に取られるから、国もとに帰って行ったんじゃないかな。

「解放」：僕は17歳で解放に出会うんです。満で言うと16になるんですけどね。16っていうのはどうも記憶に合わないのよ、どこまでも僕は自分の実感として17歳で解放されたことになっている。生理習慣かなぁ。17歳でいうところの解放に出会うけどね、私が願ったわけでも関わったわけでもない解放なんで、ある日突然、天がひっくり返ったみたいに日本が戦争に負けたと言って、いきおい朝鮮に押し返されてしまった皇国少年の僕だったんですね。解放を迎えた時はちょうど光州の中学校の卒業年度で、夏休みで帰省しとったんですね。帰省しとって、ちょうど家にラジオがあったもんで、近所の人たちも沢山来ていましたがね、あの

玉音放送をじかに聞いたわけです。すぐさま米軍による軍政が始まって、あっという間に元の木阿弥になっていきました。主人が日本から米軍に代わっただけの解放でした。僕の例は平均的ではないですけどね、17で戦争が終わって、何か解放されたと言われたけど、自分の国の文字ではアイウエオの「ア」一つ書けない少年でした。

「終戦」：それこそ少しも誇張でなく、立ったまま地の底へめり込んで行くような失落観に陥ったね。白昼にフィルムを引き出したら真っ黒になってしまうようにね、自分の持っている全部が真っ黒になってしまった。蓄えが日本語しかなかったもんね。10日近くもろくろく飯も食えないぐらい打ちしおれていましたね。教育っていうのはホントに恐ろしいもんでね。神国日本が負けたということが信じられなくて、今に神風が吹いて戦況はひっくり返るんだと悲壮な思いで念じていた。街なかは山も揺れよとばかり、万才！万才！の喚声で沸き立っている最中にあってね。済州島は当時、沖縄が陥ちて本土決戦の前線基地になっていまして、3個師団の軍隊が済州島におりました。それに警察権力も行政機関もそのまま残っていました。ところが玉音放送が終わるや否や、町じゅうが騒然としてきましてね。もう3時ごろともなると通りが埋まり出したね。肝を抜かれたのは見たこともない旗、手作りの太極旗が町じゅうで揺れていた。当時、済州島は24万人ほどの人口でしたが、そのほとんどが市内になだれこんだような騒ぎだった。うちの国は何にもないとばかり思いこまされていたからね。誰が教えて広めたのか、明くる16日には「自由の自由の鐘が鳴る」とくり返される「解放の歌」が町じゅうにあふれていました。学生、青年達が腕章つけて交通整理やら行政の窓口業務にまで立ち会っていた。重装備の軍隊。警察権力がそのままのところへ乗り込んで、日の丸を降ろして太極旗を公的機関に掲げさせていた。それと16日の夕刻には民族反逆者リストが辻々に貼り出された。民族解放の意識を持った人たちが目につかんようにちゃんと居ったわけだね。本当に驚きだった。リストに載った人たちのほとんどは日本に逃げていました。ようやく植民地統治の苛酷な歴史もわかってきて、民族意識が深まってゆき、それまで無知だった自分への反動のように学生運動に身を投じていった。学校に戻らなきゃならなかったんですがね、もう

すっかりそういう帝国主義の教員になる学校に行ったことが恥ずかしくなっちゃって、もう戻りませんでしたね。

除籍のこと：これはね、まぁ金石範氏との対話[7]でせつかれた四・三事件のことで否応なしに明かした事実なので、あんまり触れたくないことなんだけど、光州師範の卒業年度の4年の夏に日本が負けて植民地統治の頸木からいちおう解放はされるんだが、祖国の受難史に余りにも無知だった自分が腹立たしくて、そのまま僕は学生運動になだれてしまって、あと半年ばかりの国語と歴史の速成講座を補習すれば卒業できたのに、つい先月まで天皇陛下万歳をやっていた学校ですからね。僕もその天皇陛下万歳やっとったのが、手のひらを返すみたいに今度は帝国主義日本を糾弾する教師に自分がなるのが、気が咎めたこともあって、まぁそのまま学生運動になだれてしまったからね。とうとうアカの学生として除籍されてしまった。

朝鮮語の再構築：朝鮮語はほとんど自習自学ですね。解放直後、崔賢という人間性豊かな社会運動家、いや、農村開拓者っていうべきかな。それもボランティアで活動しておられる、若い30すぎぐらいの先生でしたけれど、その先生が指導しておられた「チェコジャンチャッキウンドン」、「自分の在所探し運動」に加わったことで目をひらかせていただいた。崔先生との出会いは拙著『在日のはざまで』[8]のなかの「私の出会った人々」に書いてあります。先生のおかげで国語、朝鮮語の勉強にかなり熱が入りましたね。先生が紹介して下さった、5、6人程度を抱えて特訓をしてくれる女の先生がおられてね、本当に死に物狂いで習いました。特訓をしてくれた女の先生はイ・ミジョンという方でした。ハングル優先の学習でしたから迂闊にも漢字ではお名前を知りません。日帝時下で梨花女子専門学校[9]を出られて、思想犯で捕まった経歴をお持ちの方だと周りの人たちから聞いていました。ご年配でしたけど、すっきりと美しい、それでいて学習指導は厳しい先生でした。ぼくが実際に自分の国の言葉と歴史について勉強したのは45年の暮れぐらいから、46年、47年、つまり2年足らずぐらいの勉強なんですよね。それがぼくの下地をなしている国への蓄えの元です。

【年表】

1928.12.8	朝鮮元山市で父・金鑽國、母・金蓮春の長男として誕生。
1933〜36	父方の祖父の家で育つ。漢方薬による治療を受ける。
1936	母の実家のある済州島へ。公立北普通学校入学。
1942	公立北国民学校卒業。光州師範学校に入学。
1945.12	「自分の在所探し運動」に参加、残り半年の光州師範学校除籍。学生運動へ。
1948	済州道・学務課嘱託に就きながら、南朝鮮労働党予備党員として「済州島四・三事件」に参加。
1949.6	渡日、神戸沖上陸、大阪鶴橋へ。
1953.2	『ヂンダレ』創刊。
1955.12	第一詩集『地平線』出版。
1957.11	第二詩集『日本風土記』（国文社）出版。
1958.1	『ヂンダレ』20号発行。この号をもって終刊となる。
1961	日本共産党を離脱。
1965	朝鮮総連と決別。
1966	大阪文学学校講師となる。
1970.8	第三詩集『新潟』（構造社）出版。
1973	兵庫県立湊川高校教員となる。詩作を中心に、エッセイ・批判執筆と講演活動を行う。
1975.2	雑誌『季刊・三千里』創刊。長篇詩「猪飼野詩集」の連載はじまる。
1975.9	評論集『さらされるものとさらすものと』（明治図書出版）出版。
1978	第四詩集『猪飼野詩集』（東京新聞出版局）出版。
1980	エッセイ集『クレメンタインの歌』（文和書房）出版。
1983.11	第五詩集『光州詩片』（福武書店）出版。
1986.5	エッセイ集『「在日」のはざまで』（立風書房）（第40回毎日出版文化賞を受賞）出版。
1988.3	湊川高校を退職。
1991.11	『原野の詩　集成詩集1955〜1988』（立風書房）出版（小熊秀雄賞特別賞受賞）。

2001	金石範との対談集『なぜ書きつづけてきたか　なぜ沈黙してきたか』（平凡社）出版。
2004.10	『わが生と詩』（岩波書店）出版。
2007.11	『再訳　朝鮮詩集』再翻訳(岩波書店)　出版。
2010.2	『失くした季節―金時鐘四時詩集』（藤原書店）出版（2011年1月第41回　高見順賞受賞）。

（出典）『＜在日＞文学全集　第5巻　金時鐘』，勉誠出版，2006年，pp.339-411、金石範・金時鐘『なぜ書き続けてきたかなぜ沈黙してきたか』，平凡社，2001年，pp.274-296　他より作成。

【付記】
　本稿を作成するにあたり、金時鐘さんには大変お世話になった。インタビューに応じていただいただけでなく、38頁に及ぶインタビュー記録をより正確なものにするために、丁寧に朱を入れてくださった。ここに記して謝意を捧げたい。なお、インタビューのテープ起こしは遠藤広太さん(埼玉工業大学学生)が担当してくれた。遠藤さんにも感謝したい。
　なお、本研究資料の作成は、恵泉女学園大学平和文化研究所の研究助成により行われたものである。

1　他の二人は、李仁夏氏と呉炳学氏である。『植民地教育史研究年報』の10号と11号にそれぞれの学校経験が掲載されている。
2　朝鮮の教育に教会が果たした役割は決して小さいものではなかった。教会に併設の初等学校や幼稚園も存在していたし、主日学校ではハングルなどの教育も行われていた。それが神社参拝強要により皇民化政策期には変容していく。しかし一部例外はあるものの植民地末期まで朝鮮語の聖書、賛美歌が使用され続けたという史実が存在する。
3　済州公立普通学校の名で、1907年済州島最初の小学校として設立。金氏入学時1936年には、6年制普通学校として学級数15の済州島全13校の普通学校のうち最大の規模であった。金氏卒業時1942年には、学級数20、生徒数1614名で大規模な初等教育機関であった。「昭和17年度編纂（昭和17年5月末現在) 朝鮮諸学校一覧」より（公立国民学校の部56頁）。
　1938年3月3日、勅令第103号「朝鮮教育令」（第3次）により、朝鮮独自の小学校名称である「普通学校」は、日本人生徒のための「尋常小学校」（話に出た南小学校は済州尋常高等小学校であったが、済州南公立尋常高等小

学校となる）と同じ名称に変更され、教科目も「内鮮一体」の具現化として同一の規定中に記されるようになる。38年3月31日付総督府全羅南道告示により済州公立普通学校は済州北公立尋常小学校と名称変更認可された。
4 1941年3月31日、勅令第148号「国民学校令」と勅令第254号「朝鮮教育令　改正通知」で「小学校令」を「国民学校令」に改めることになった。朝鮮独自の「普通学校」呼称は「尋常小学校」を経て国民学校とされ、日本・台湾と同一の学校名称となる。済州北公立尋常小学校も済州北国民学校となる。第1章目的第1条に「国民学校ハ皇国ノ道ニ即リテ初等教育ヲ施シ国民ノ基礎的練成ヲ為スヲ以テ目的トス」とあり、皇民化教育が細部にわたって行なわれるようなる。
5 1938年2月23日、勅令第95号「朝鮮陸軍特別志願兵令」公布（実質は志願というよりも強制入隊が多い）、1942年5月に、44年8月から朝鮮にも徴兵を実施すると閣議決定（「兵役法中改正法律案」）され、発表された。決定は43年3月1日「法律第4号」として公布、同年8月1日から施行された。44年4月から第1回徴兵検査が始まり、8月までに終了した。44年の公式な第1回徴兵実績は45000人とされる。（参考図書；樋口雄一『戦時下朝鮮の民衆と徴兵』, 2001年, 総和社. 宮田節子『朝鮮民衆と「皇民化」政策』, 1985年, 未来社）国民義務である徴兵制を施行するためには国民の権利として義務教育と選挙制の二つが要求されるが、義務教育は実現されず、参政権は日本国内に限られ、衆議院議員として朴春琴1名のみ出した。
6 1938年4月に朝鮮で7番目の官立師範学校として設立された。別格の京城師範学校の後に、大邱・京畿・平壌・全州・咸興・京城女子の各師範学校が設立された。それらとほぼ同等の規模を有した。38年同月公州女子師範、続いて春川・晋州・清州・新義州が設立され、44年には大田、海州も設立され計15校となる（第3次朝鮮教育令第13条にある「道ニ限リ之ヲ設立スルコトヲ得」8朝鮮総督府第3291号（1938年1月発行）」の通り13道に各1校と女子師範2校が設立されたわけである。光州師範は1943年時点で、教員数29名(内日本人男性22名、女性2名、朝鮮人男性6名)。学級数16（5学年制）、日本人学生138名、朝鮮人学生607名、尋常科11クラス、生徒数日本人128名、朝鮮人436名、他に学年別クラス無しの講習科1クラス、特設講習科4クラス朝鮮人のみ112名があり、生徒数計1570名。（昭和十八年編纂「朝鮮諸学校一覧」朝鮮総督府学務局『日本植民地教育政策史料集成　第62巻』所収）。
7 金石範・金時鐘『なぜ書き続けてきたかなぜ沈黙してきたか』, 平凡社, 2001年, 36頁。
8 現在、同著は「平凡社ライブラリー」(2001年, 平凡社)に入り発刊されている。
9 現在、女子大では国際的にも最大規模の梨花女子大学の前身校であり、1886年創立、87年梨花学堂と命名される。1925年4月に高等教育部門は総督府から「梨花女子専門学校」として認可を受ける。抗日運動意識が高かった専門学校としても知られており、3・1独立運動における柳寛順は同校学生であった。

V．旅の記録

台湾教育史遺構調査（その3）

白柳弘幸＊

　植民地統治下という社会状況の中で、多くの日本人教師たちが教育活動にあたった。身を賭して教育にあたり殉職した教員の記念碑が台湾各地に残されている。
　尚、本稿の一部に、今日では差別用語とされる言葉が含まれているが、歴史研究上の意義を考えそのまま用いた。

1　殉職山岡先生之碑　台中県新社郷

　「殉職山岡先生之碑」（以下、殉職碑・写真①）は台中県新社郷を流れる食水嵙渓の近くに置かれている。台中市内から新社郷までは車で1時間ほどの距離。5メートル四方の基壇の上にもう一段の基壇が乗り、さらにその上に「殉職碑」が乗る。地面からの高さは約3.5メートル。建てられたのは1931（昭和6）年3月21日。「殉職碑」正面下に、「君ハ明治三十五年愛媛県伊予郡中山町ニ生レテ……」と271文字が刻まれて

写真①

＊玉川大学教育博物館

いる。

　1930（昭和5）年5月9日、午前10時頃から当地は豪雨となった。午後、川向こうの七份、番社嶺に住む生徒6名と付き添いの父親2名は、下校のために食水薊渓を渡った。七份、番社嶺にはまだ公学校がなく、簡易な竹製の橋を渡って新社公学校へ通学していた。大きな橋の架かる所は約2キロの山道を迂回しなければならなかったのである。子どもたちは川の中州までたどり着いたものの立ち往生してしまった。それを知った東勢農林国民学校助教諭心得山岡栄氏は救助に向かい、濁流に飛び込んだ。水泳は得意であったが急流に押し流されてしまった。その後、雨は止み水かさも減り、子どもたちは無事救助されたが、山岡氏の遺体は2.5キロメートル下流で発見された。3児の父で29歳の若さであった。

　山岡氏は1902（明治35）年10月に愛媛県中山町出渕に生まれ、伊予郡立実業学校（現愛媛県立伊予農業高校）を卒業。当地の青年団指導等に尽くした後、1930（昭和5）年に渡台し東勢農林国民学校へ奉職。着任して4ヶ月後の惨事であった。東勢農林国民学校は台湾公立実業補習学校の一つで、「小学校又ハ公学校ヲ卒ヘタル者ニ対シ職業ニ関スル知識技能ヲ授クルト共ニ国民生活ニ須要ナル教育ヲ為ス」ために設けられた2年制の学校であった。実業補習学校の多くは公学校に併置されていたが、東勢農林国民学校は公学校から独立していた数少ない一校であった。

　山岡氏殉職について「生徒を救はんとして　教員急流のため溺死……山岡君の死は全く教育界の美談　小野訓導の殉職に比すべきもの」と事故の翌々日『台湾日日新報』が報じた。記事に載る「小野訓導の殉職」とは、1901（大正11）年7月、宮城県の女性教員が川で溺れた生徒を助けようとして殉職した事故のことであった。この事故は日本国内の話題となり文部大臣による特別表彰、小野訓導を讃える唱歌が募集され山田耕筰が作曲、さらには全国から多額の寄付金がよせられた。この動きに影響されたかは不明だが、翌年3月、新社郷有志や父兄によって「殉職碑」がつくられ、戦前久しく追悼式が行われた。山岡氏殉職の話は『台湾教育』誌も取り上げ、未確認だが教科書にも載ったという。1935（昭和10）年3月、出身地中山町出渕の盛景寺山門前に伊予郡連合青年団や伊予実業学校が発起人となり、約2.5メートルの「殉職記念」碑（写

写真②）が建てられた。

　戦後、山岡氏の話は新社の町で忘れ去られた。しかし、2003（平成15）年、地元の方によって「山岡先生の義挙は国の違いを乗り越えて語り継ぐべき」と追悼式が再開され、翌年4月には山岡氏の親族も日本から列席した。2007（平成19）年には台中県文化局が「殉職碑」を台中県歴史建築に指定。昨年（2010年）は、事故から80周年にあたり、山岡氏の勤務していた東勢農林国民学校の後継校にあたる台中県立新社高級中学主催の記念式典が開催された。山岡氏の「義挙」はこれからも語り継がれていくだろう。

　「殉職碑」の情報提供や現地調査に同行してくださった台中市在住の喜早天海氏、故郷での山岡氏の情報を提供してくださった伊予市教育委員会学校教育課、盛景寺住職・仙波道淳氏に感謝申し上げる。

　（平成21年11月29日訪問。台中県新社郷中和街四段240巷2号付近）
　（平成22年8月27日訪問。愛媛県伊予郡中山出渕2-179　盛景寺）

写真②

2　師恩永垂・石碑　彰化県二水国民小学

　彰化県二水郷の二水国民小学（旧台中州員林郡旧二水尋常小学校）校庭の一角に「師恩永垂」と刻まれた、基壇も含め2.5メートル程の高さの「記念碑」（写真③）が置かれている。二水へは台湾新幹線台中駅から在来線に乗り換え二水駅下車。二水国民小学までは駅から徒歩で10分程の距離。

　二水国民小学の石碑に「師恩永垂」と刻まれるまでは、いくらかの変遷があった。建てられた当初、この「記念碑」には「殉職浅井先生之碑」と刻まれていた。浅井先生とは、二水尋常小学校訓導であった浅井初子

氏のことである。浅井氏は幼少の時に家族と渡台し、二水尋常小学校、台中高女補習科を修了し、1929（昭和4）年4月から母校の教員となった。その後、熊本県出身の鉄道員・浅井安喜氏と結婚。1940（昭和15）年8月15日の小学校の遠足時、1人の受け持ち児童が二水庄鼻子頭八堡圳取入口近くの用水路に落ちた。落ちた子どもを救うために着衣のまま飛び込み、ともに流れに呑まれてしまった。4児の母、享年31歳であっ

写真③

た。この事故は翌々日の『台湾日日新報』で「教児救はうとし　女教員も溺死　郊外遠足中に椿事」と報道された。

　3年後の1943（昭和18）年3月21日、学校関係者や二水地方有志が「殉職浅井先生之碑」を建立し除幕式を行った。「殉職浅井先生之碑」が作られた時、「浅井先生胸像」も作られ、石碑と向かいあうように置かれた。当時、二水には台湾人子弟の通学する二水公学校と、日本人子弟の通学する二水尋常小学校があり、両校は隣り合って建てられていた。戦後、2校は統合し二水国民小学となり、石碑等はそのまま受け継がれた。その後「浅井先生胸像」は撤去され、石碑の文字は「精忠報国」へ、さらに「毋忘在莒」（忘れることなかれ、の意）と改められた。その後1970年代の新校舎改築時、石碑は放置された。1998（平成10）年、当時の夏張啓校長が道徳教育に力を入れ、元々の石碑に「師恩永垂」の言葉を碑文として再建した。楷書体の美しい文字を揮毫したのは同校訓導主任（当時）の邱慧蘭氏。「師恩永垂」の言葉には「殉職浅井先生之碑」の意味も含め、もっと深く強く師弟の絆を大切にしたいとする思いを込めた。統治下という状況下で日本人教員が日本人の子どもを助けようとして亡くなったのである。しかし、こうしたことには台湾人も日本人ないと言う。新調された碑とともに浅井氏のことも忘れられることはないだろう。

　「記念碑」の詳しい経緯は二水国民小学元教員の陳文卿氏によった。

当校の調査や陳氏への連絡をして下さったのは、戦前の熊本県球磨農業学校を卒業された彰化県田尾郷在住の郷土史研究者・黄天爵氏、感謝申し上げる。

（平成21年12月1日訪問。彰化県二水郷文化村光文路119号）

3　恩師之碑　花蓮県瑞美国民小学

「恩師之碑」（写真④）が置かれる瑞美国民小学への最寄り駅である瑞穂駅までは、東部幹線の花蓮から自強号で約1時間。瑞穂駅から瑞美国民小学までは東南の方向へ約1.5キロメートル。西海岸の嘉義市は北回帰線が通ることで有名だが、瑞穂駅から南へ4キロメートルほどの所も北回帰線が通過する。現在の地名は瑞穂だが、もとは水尾と呼んだ。アミ語でココと称し、広い原野の意味。この地方一帯は広く開けて平野であった。

瑞美国民小学は1905（明治38）年4月8日、原住民子弟が主に通学する水尾公学校として設立された。1898（明治31）年7月、台湾全島に公学校が設置された。その7年後に開校し創立百年を超える歴史を持つ。学校名称はその後、水尾蕃人公学校、水尾公学校、瑞穂東国民学校。そして戦後、瑞穂国民学校、瑞美国民小学となった。現在、当校へ通学する児童の殆どは漢民族の子弟である。

瑞美国民小学校門に入ってすぐの左側に「恩師之碑」が置かれる。通常こうした石碑の基壇は長方形か正方形だが、ここは円形をしている。下段の直径は約5メートル。二段の円形基壇の上に建つ石碑の高さは約1.7メートル。石碑の中央に「恩師之碑」、右側

写真④

上部に「民国十六年」、左側下部に「卒業生一同」と刻まれている。彫られた文字には赤のペンキが塗られていた。「民国十六年」は1927（昭和2）年であり、統治下であれば昭和の元号を刻むはずだ。この不自然さについて、瑞穂東国民学校高等科一年で終戦を迎え、花蓮師範学校を経て当校に生涯奉職された頼氏に質問した。石碑には「恩師之碑」とのみ彫られていた。光復後に二二八事件などが起こり、国民党が石碑を壊すのではないかと恐れ左右の文字を加えた。位置や、基壇は当時のままであると言う。

『創立記念誌』に「恩師之碑」について「日人中条校長時立、大石扛運於附近河辺、字由郷内秀才陳采香題写」と書かれる。しかし、当校の『瑞穂公学校沿革誌』に「恩師之碑」建立についての明確な記述はない。それらしいものとして、1935（昭和10）年1月5日の記録として「恩師之碑 自然石運搬」、1937（昭和12）年3月28日に行われた第28回卒業証書授与式の日に「卒業式後除幕式挙行」とあるのみ。『創立記念誌』に載る中条福安校長は松本市出身で、訓導として1916（大正5）年3月に同校に着任し、3年後に校長となった。そして1936（昭和11）年4月、薄薄公学校へ転勤するまで、20年の長きにわたり当地の教育に尽くした。その後も終戦まで原住民教育に携わった。

中条校長の孫にあたる中条能昭氏から、「台湾開拓の神さま　日華親善のクサビ中條さん」という『夕刊信毎』の新聞記事（昭和26年12月26日付）のあること。また数年前、叔母達が瑞穂の学校を訪問し、祖父の銅像はなかったが記念碑はそのままであった、という話をしていたことを教えていただく。「恩師之碑」は中条校長への恩を込めて卒業生や在校生が建立したものであったと考えてよいだろう。

瑞美国民小学へは、当校所蔵『瑞穂公学校沿革誌』閲覧のために訪問したのだが、その折「恩師之碑」と対面した。「恩師之碑」の近くには二宮金次郎像の台座も残されていた。創立百年を超える伝統校には、戦前の教育史遺構といえる史料がさり気なく置かれている。そうした史料と出会えることが調査訪問の楽しみの一つになっている。

当校調査については花蓮港会会長・国田宏氏、花蓮港高女卒業生の元国会議員・官桂英氏、国立東華大学副教授・黄東生氏、松本市在住・中条能昭氏にお世話になった。感謝申し上げる。

(平成 21 年 12 月 3 日訪問。花蓮県瑞穂郷中山路 2 段 389 号)

【参考】
台湾総督府文教局『台湾の教育』昭和 6 年
島嶼柿子文化館編『台湾百年小学故事』2004 年
陳文卿編著『悦読老二水』2006 年
瑞美国民小学『花蓮県瑞美国民小創校一百周年　校慶特刊』2004 年
瑞穂公学校『瑞穂公学校沿革誌』戦前

Ⅵ. 書評

小林茂子著

『「国民国家」日本と移民の軌跡
―沖縄・フィリピン移民教育史―』

小島　勝*

　本書は、「『風俗改良』の取り組みから『国策』移民のための教育へと変わっていく、沖縄における移民教育の実践状況と、フィリピン・ダバオにおける沖縄移民の自己意識の形成という2つの局面から、差別に対する沖縄移民の、生き抜くための適応と内面変化の過程を解明すること」（307頁）を目的として刊行されたが、「2つの局面をとらえる視点」として、「1つは戦前期沖縄における移民教育の特質を時期区分にそって明らかにしつつ、そこから『必要的同化』と『文化的異化』の側面を析出した。また、もう1つはフィリピン・ダバオにおける沖縄移民の自己意識を『日本人意識』と『沖縄人としてのアイデンティティ』という二層の意識構造としてとらえ、その関係性を追究した」（同上）としている。

　第2次世界大戦前の沖縄における移民教育の事績と沖縄移民の「自己意識」の形成に焦点をあて、網羅的かつ克明に関係文献を紹介・分析することを主たる方法として、それらを解明することを本書は目ざしている。

　360頁におよぶ大部な書物であるし書評の紙幅も限られているので、本書の知見の概要を紹介し若干の感想を述べることで、編集委員会からの依頼に応えたいと思う。

　本書の目次は、以下の通りである。

　　まえがき
　　序章

*龍谷大学文学部教員

第一部　沖縄における移民教育の展開
　　第1章　1910年代までの地域にみる「風俗改良」の態様
　　　　　　　―移民教育の地域的普及を中心に―
　　第2章　1920年代における海外沖縄移民の実態と移民教育の組
　　　　　　織的展開
　　第3章　沖縄の移民教育としての『島の教育』（1928年）の再評価
　　　　　　―とくに「大正自由教育」の影響による多面性に注目して―
　　第4章　開洋開館（1934年）の機能変化と村の移民送出状況の背景
　　　　　　―1920年代後半から1930年代半ばまでの移民教育事情―
　　第5章　「南進」政策による移民教育の変容
　　　　　　―移民教育から植民教育への変質―
第二部　フィリピンにおける沖縄移民の自己意識の形成
　　第6章　フィリピン・ダバオにおける沖縄移民の自己意識の形成過程
　　第7章　沖縄移民の生活実態と郷友会的社会による「沖縄人とし
　　　　　　てのアイデンティティ」形成
　　　　　　―「仲間喜太郎日記」（1937年）を中心に―
　　第8章　フィリピン・ダバオの日本人学校における沖縄移民二世
　　　　　　の自己意識
　　終章
　　あとがき
　　参考文献

　「2つの局面」が第一部・第二部として構成されているが、序章においては、研究課題や研究視角、研究方法、資料収集と活用方法などが示され、第1章から第8章の「おわりに」ないし「まとめとして」で各章の知見が要約されている。また終章では、さらに「本研究のまとめと論点の補足」や「移民研究の教育学における意義と今後の課題」が記述されていて、周到な構成になっている。本書は、2006年3月に中央大学に提出された博士論文「戦前期における沖縄移民に関する教育学的研究―沖縄での移民教育の実践とフィリピン・ダバオにおける沖縄移民の自己意識の形成を通して―」にもとづいているだけあって、読み応えのある労作になっているのである。

序章では、まず「1つの局面」である沖縄における移民教育研究の動機が語られている。沖縄移民の渡航先からの非難・排斥の声に応じて、外務省は沖縄県に2度にわたるブラジル渡航募集禁止の措置をとったことにともない、「沖縄から多くの移民を送出するためには、琉球語（方言）をはじめとする沖縄特有の風俗習慣を改め、『立派な日本人移民』として渡航させることが緊要であり、沖縄における移民教育はその役割を担っていたのである。つまり、沖縄の移民教育は必要性として日本への『同化』の問題が内在していた」（5～6頁）とする。そして、こうした「沖縄移民が必要にかられて自ら求めた内発的な側面を含んだ『文化的同化』をあえて『必要的同化』として抽出してとらえることにする」（13頁）と述べているが、「あえて」としているように「必要的同化」は著者自身の造語であり、移民教育の中枢にある理念であったという。

そして、この「必要的同化」は、戦時体制において強力に「日本人意識」をもち、日本軍に進んで協力し、戦争遂行の担い手となっていく「積極的同化」に転じたとする。確かに、沖縄県人の「風俗習慣」には、履物を履かないとか、着物の帯を締めないとか、入れ墨をするとか、「普通語」ではなく「沖縄方言」を話すなどの沖縄特有の文化があり、これらをそのまま移民先に持ち込まれることは、「一等国民」としての「日本国民」の"恥ずべき所業"であると見なされる時代背景があった。今日から見れば、これらの風俗習慣は沖縄特有の文化としてむしろ尊重されるべきであり、日本文化をより豊かにしている要素としても認められるべきではないかという論にもなるが、当時はそうではなかった。

このことと連動して、「もう1つの局面」としてのアイデンティティの問題がある。

「現地での沖縄移民の意識はたえず日本人との差異を意識し、そこから派生する差別感にさらされていたが、それへの対抗として基層部分には、沖縄的生活（『文化的異化』）とそこから創出される『沖縄人としてのアイデンティティ』を、強い絆のもと継続的にもち続けていた。しかし他方では、差別に追従しつつ現実的な必要性（『必要的同化』）として、表層部分において『日本人意識』を受容し表明してきたのである。現地の生活実態からみて、このように沖縄移民のもつ二層の意識構造を説明することができるのではなかろうか」（19頁）との見解を示している。

「必要的同化」と「文化的異化」、「沖縄人アイデンティティ」と「日本人意識」、そして「積極的同化」の間で、戦前・戦中の沖縄移民の様態は、日本の移民史において複雑な異彩を放つ。

以下、第1章から第8章までにおいて示された知見を「おわりに」・「まとめとして」にもとづいて概要を簡単に紹介するが、詳しくは本書を読んでいただければと思う。第一部「沖縄における移民教育の展開」の第1章「1910年代までの地域にみる『風俗改良』の態様—移民教育の地域的普及を中心に—」では、(1) 日本政府の沖縄人に対するブラジル移民渡航禁止政策は、「排日」を恐れたためであったため、この制限が完全に撤廃される1936年までの長期にわたるものであったこと、(2) このような時代背景の中にあって、「風俗改良」のために学校や地域で移民教育が普及し、小学校教師などが「尖兵的役割」を担って「同化」教育を推進したこと、(3)「移民母村」としての金武村の移民教育は、青年会や夜学校（会）などで移民予定者の学習要求にそった形で行われたことなどを明らかにしている。

第2章の「1920年代における海外沖縄移民の実態と移民教育の組織的展開」では、(1) リマやダバオの現地県人会関係者や新聞記者の沖縄移民についての実情報告では、普通語が解せないことや独自の風俗習慣（琉装など）などの改善・矯正の必要性を訴えているが、各国公館の領事たちは、これらのほかに、沖縄移民の性格として「猜疑心が強い」・「偏狭卑屈」・「利己的」・「公共的観念（公共心）の欠如」などを短所として問題にしており、これはブラジルでの契約移民時代の偏見的見方が踏襲されているのではないかと考えられること、(2) 沖縄移民自身にもアジアの他民族に対する差別的序列的認識・劣等視が認められること、(3) 沖縄県海外協会の移民教育に果たした役割は大きく、青年団等の活動、実業補習学校での教育、講演会や映画会などの開催を行ったが、海外からの移民からの財政的支援があり、日本人への同化とともに移民先の異民族との共生をめざす考えが存在していたことなどが記述されている。

第3章「沖縄の移民教育としての『島の教育』（1928年）の再評価—とくに『大正自由教育』の影響による多面性に注目して—」では、1928（昭和3）年3月に開催された第17回沖縄県初等教育研究会に向けて各校から寄せられた素案をまとめて編纂された研究案である『島の教育』を

分析しているが、「それまでの同化一元的な教育ではとらえきれない多面性を有しており、その背景には、『大正自由教育』の支柱である自律性、近代性、国際協調精神などの影響があった」(102頁)として、その多面性を析出している。沖縄人と大和民族が「同祖」であることを強調して、もともと「発展的」で「進取的」な民族であること、沖縄人の海外での活躍の現状は、その「国際性」の志向性を示していることなどが盛り込まれている。

第4章の「開洋開館(1934年)の機能変化と村の移民送出状況の背景—1920年代後半から1930年代半ばまでの移民教育事情—」では、1934(昭和9)年6月に渡航前訓練施設として設立された開洋会館の経緯とその教育的機能や同時期に展開された農村の国民更正運動、そして金武村の状況などが論じられている。(1)開洋会館での中心的な取り組みは、移民の渡航前・後の心得に関して、沖縄独自の風俗習慣の「改良」を含め、日本人移民としての一般常識を微細に説くことであり、講習で最もこれに時間をさいたものであったこと、しかし、(2)普通語の励行については、現地語の習得の方が重要との考えからか十分な取り組みではなかったこと、(3)国民更正運動の推進と移民奨励は矛盾する政策でもあったが、この運動の「生活改善」としての「定時励行ノ徹底」や「住宅台所便所等ノ改善」、「社交儀礼ノ改善」などの取り組みは、海外や県外に出る者にとって有益であったこと、(4)金武村では、フィリピン移民の情報が移民の成功者の実態を可視化し、移民送出を促進したことなどが分析されているのである。

第5章「『南進』政策による移民教育の変容—移民教育から植民教育への変質—」は、前章の開洋会館が十分に移民教育の機能を果たすことなく、満州や南方方面への植民地へ送り出す「国策移民」の訓練に移行していくことを受けて論じられている。副題の「植民教育」とは、「『国策』移民のための教育」(171頁)を意味しているようであるが、(1)沖縄における国民精神総動員下では、移民(植民)教育は社会教育活動と密接なかかわりをもちつつ展開され、とくに沖縄独自の文化を否定する「生活改善」や「標準語励行」など日本への同化の側面が天皇制イデオロギーの浸透とともに強められていった。しかし「大東亜共栄圏」思想の中で沖縄移民の海洋民としての資質を称揚する動きも見られ、これ

らが相互補完的な意味をもっていたこと、(2)特に青年学校生は、「国策」移民の人的供給源として期待され、戦時体制になると拓南訓練所や興亜青年錬成の募集などを通して、植民教育が行われていったことなどを明らかにしている。

　第二部は「フィリピンにおける沖縄移民の自己意識の形成」について考察しているが、第6章「フィリピン・ダバオにおける沖縄移民の自己意識の形成過程」では、(1) 1920年代前半頃までは男性単身者が多く、早く帰郷したいという「出稼ぎ意識」の者が多かったこと、(2) 1920年代後半から女性移民が増えて「永住意識」が強まるとともに沖縄移民が日本人移民の半数を占めるようになり、沖縄の郷友会的社会のつながりも強まって「沖縄人としてのアイデンティティ」形成の基盤が整いつつあったこと、(3) 他方、定住のための必要性として「日本人意識」ももち、両者を使い分けながら現地に適応していったこと、(4) 古川拓殖会社などの会社関係者は、ダバオ日本人移民は日本の「南進」政策の一翼を担い、ダバオ社会に多大の貢献をしたと自負を表明したが、現地人にとっては、日本人移民はフィリピン社会に溶け込まず、狭い日本人同士の社会にのみ生きて、ひたすら生産活動に精を出しているようにしか見えなかったこと、(5) 現地人との関係は、他府県の日本人よりはずっと良好であった沖縄移民でさえも、フィリピン社会の中に入り、現地社会に同化する志向性は殆どなかったのでないかということ、(6) 日本軍政下では、沖縄移民は「日本人意識」を強くもち、進んで戦争に協力していったが、戦争による犠牲者であるとともにフィリピン人への加害者でもあったことなどが論述されている。

　第7章の「沖縄移民の生活実態と郷友会的社会による『沖縄人としてのアイデンティティ』形成─『仲間喜太郎日記』(1937年)を中心に─」では、沖縄移民の1人である仲間喜太郎の1937年の1年間の日記を分析している。そして、(1) ダバオの沖縄移民の間には、同字出身者を中心とした「家族・親族」的ネットワークともいうべき強固なつながりが存在しており、この郷友会的社会の中で「沖縄人としてのアイデンティティ」を再確認し、維持しながら差別にも対抗しようとしていたこと、(2)「日本人意識」についての記述は多くはないが、「国防献金」の支払いや天長節や明治節に行われる日本人学校の運動会で、この意識を自

然と確認したのではないかということ、(3) この日記に限れば、「沖縄人としてのアイデンティティ」と「日本人意識」について葛藤や矛盾を感じる記述はないことから、両者の対立することなくごく調和的に並存していたと考えられるが、他の移民体験者の証言などからは、日本人への引け目や現地人から「オートロ・ハポン（特種な日本人）」と言われて"劣等視"され、屈折した自己意識をもっていたとも見られること、(4) この理由として、①この時期の沖縄移民数は、日本人社会の中でマジョリティとしての存在になってきたこと、②沖縄移民相互のネットワークが強固にあり、精神的にも経済的にも支援体制が整えられていたこと、③麻栽培の自営者の生活が豊かで安定していたことが挙げられることなどが解説されている。

そして、第8章「フィリピン・ダバオの日本人学校における沖縄移民二世の自己意識」では、(1) 沖縄移民は、領事や企業家、また他府県の日本人移民からの差別的なまなざしにさらされていたが、13校できた日本人小学校では、沖縄移民二世は特に強い差別を体験することは少なかったこと、(2) この理由として考えられるのは、①二世たちは親よりも日本語をよく話せ、「日本人意識」をすんなり受け入れることができたこと、②沖縄人同士の郷友会的社会の中で、「沖縄人としてのアイデンティティ」が自然と伝えられ、③ときに「日本人意識」と矛盾することもあったが、「臣民教育」による一体化の中で噴出することなく共存していたのではないかということ、(3) 軍政期になると、沖縄文化の伝承の基盤は崩れ、二世たちもいっそう「日本人意識」を強くもち、進んで日本軍に協力したこと、(4) 二世たちにとって、「沖縄人」を強く自覚する契機になったのは、強制送還により初めて踏んだ本土日本でうけた差別の体験であったこと、そして (5) 現地人とのかかわりについては、「沖縄移民は奥地に入り、バゴボ族など現地人と接触する機会は多かった。そのため、他府県の日本人移民よりフィリピン人やその文化をもっと深く理解し、それを子どもにも伝えられる可能性があったといえる。しかし、軍政期に入りに日本への『積極的同化』により、強い『日本人意識』をもつことによって、沖縄移民自身がもともともっていた異文化理解に対する可能性を自ら切り捨ててしまったともいえるのであった」(299頁) と結んでいる。

以上、本書の概要を簡単に紹介したが、若干の感想を述べてみたい。
　まず、（1）沖縄の移民教育と「沖縄移民」のアイデンティティ形成に関して、実に多くの資料を丹念に蒐集して、克明に読み込み、自らの仮説を検証していることは高く評価できる。このテーマに関する研究史に確固たる地歩を築くとともに、今後の研究の必読書として永く読み継がれることであろう。
　また（2）仮説は、先行研究をふまえてその不足部分を補う形で提示されており、例えば第8章で、評者がダバオの日本人学校の特徴を挙げたところについても、「ダバオ日本人社会の時代的な変容を背景として把握しつつ、日本人学校の性格や動向をとらえる必要があるのではないか」（273頁）との指摘は、正鵠を得ている。
　ただ、にもかかわらず（3）全体的に仮説がやや単調であり、実相はさらに複雑かつ重層的であったのではないかと思われる。「必要的同化」は興味深い用語ではあるが、「不必要的同化」という局面が想起され、「積極的同化」には「消極的同化」が想起される。扱われた文献や記録からは見えてこなかったのかもしれないが、当時の関係者への幅広い聞き取りやさらなる資料の蒐集と仔細な検討によって、より深い実相が析出できるように思われる。
　すなわち、（4）"同化"にしても「アイデンティティ」にしても、様々な型があり、それぞれがそれぞれの重みをもって複雑に錯綜し、本書で解明されたような「主流」を形成していたと私自身は考えている。「同化」にも様々な型があり、「沖縄人アイデンティティ」と「日本人意識」の間にも、様々な「自己意識」の形態が現実には見られたのではないか。
　この意味で、（5）本書の論調は、当初の仮説を跡づけていく言説やデータが順次示されていく流れになっていて、それを反証する事例や言説・データをも含みこんで、より念入りに解析していく作業にやや欠けたように思われる。
　また、（6）「過去にアジアの人々と格闘した日本人移民の姿は私たちに多くの重要な認識を与えてくれるのではないだろうか。そこからアジア諸国とも新たな関係も生じる可能性もあるのではないか」（iv）と「まえがき」で述べられているが、戦前・戦中において本当の意味での日本人移民そして沖縄移民の現地の人々との「格闘」があったのかどうか疑

問である。真に対等な地平に立っての「格闘」ないし"煩悶"は、むしろこれからの課題ではないだろうか。

　以上、大雑把な感想を述べたが、著者の真摯な労作の刊行を心より慶ぶものである。重量感あふれる本書が、広く読まれることを念願している。(学文社、2010)

遠藤正敬著

『近代日本の植民地統治における国籍と戸籍
──満洲・朝鮮・台湾』

佐野通夫*

　周知のように1911年に公布された「朝鮮教育令」は、その第1条を「朝鮮ニ於ケル朝鮮人ノ教育ハ本令ニ依ル」として、この勅令が「朝鮮人」の教育を定めたものであることを明らかにした。一方、1922年の（第2次）「朝鮮教育令」は、第2条に「国語ヲ常用スル者ノ普通教育ハ小学校令、中学校令及高等女学校令ニ依ル」、第3条に「国語ヲ常用セサル者ニ普通教育ヲ為ス学校ハ普通学校、高等普通学校及女子高等普通学校トス」として、「国語ヲ常用スル者」、「国語ヲ常用セサル者」という用語を作り出したが、この「国語ヲ常用スル者」、「国語ヲ常用セサル者」は「日本人」、「朝鮮人」の単なる言い換えに過ぎないことは、各種学校統計等では「内」（内地人＝日本人）、「鮮」（朝鮮人）と表記されていることからも明らかである。

　では、その「日本人」、「朝鮮人」とは何なのか。

　著者は次のように問いを発している。

　　「日本人」と「外国人」を区分する指標は何なのか。それは国籍に決まっているという答えが即座に返ってきそうである。だが、次のように矢継ぎ早に反問したら、読者の皆さんはいかなる回答を示すであろうか。そもそも国籍とは何なのか。近代国家において、個人は国籍を通じて国家と観念的にそして政治的に結合し、「国民」の資格を得るものとされてきた。しかしながら、ひとたび国籍を取得すれば、個人は一昼夜にして愛国心に溢れる「国民」へと変化するものであろうか。むしろ国籍とはさまざまな政治的要因によって

＊こども教育宝仙大学教員

機会主義的に操作されるのが本質なのではないだろうか。こうした問いかけに端を発する私の研究テーマは、国籍法ならびに戸籍法をめぐる統治政策と政治過程、とりわけ日本における国籍および戸籍の機能を植民地統治や外国人の法的地位に関する法政策の推移という歴史的アプローチから追究するものである。ここで戸籍がなぜ取り上げられねばならないのかというと、ことに日本では国籍というものは戸籍の影響を強く受けるものであると考えたからである。（「はしがき」、3ページ）

　この課題に対して、著者は次の目次に示されるように、347ページの本文、60ページの註、18ページの引用・参考文献で取り組んでいる（他に、3ページの事項索引、1ページの人名索引が付されている）。2009年2月に早稲田大学大学院政治学研究科において博士（政治学）の学位を授与された「近代日本の植民地統治における国籍と戸籍－『日本人』の画定における政治性」を母体とした著書である。

はしがき

序章　視角と課題について－－問題の出発点
　　第1節「日本人」を画定するものとは
　　第2節　満洲国における国籍と戸籍のもつ意味
　　第3節　分析の枠組と課題

第Ⅰ部　近代日本における国籍法と戸籍法
　　　　──「日本人」と「外地人」というふたつの刻印
第1章　日本国籍と植民地人－－政治的道具としての国籍
　　はじめに
　　第1節　日本国籍法と「日本人」の画定
　　　1　明治政府における国籍法の模索
　　　2　日本国籍法の原理と特色──「日本人」をいかに画定するか
　　　3　在外日本人の二重国籍をめぐる国籍法改正問題
　　第2節　朝鮮人における「日本人」という刻印

　　　　1　植民地人の「日本人」への編入
　　　　2　韓国併合と国籍法施行問題
　　　　3　朝鮮人国籍政策と国際規範の矛盾
　　第3節　台湾人国籍政策の推移
　　　　1　台湾領有と台湾住民の国籍決定
　　　　2　台湾人旅券制度――同一国籍におけるふたつの旅券
　　　　3　台湾籍民と日本国籍――現地「日本人」の創出
　　おわりに

第2章　植民地統治と戸籍法――「内地人」と「外地人」の峻別
　　はじめに
　　第1節　日本戸籍法の構造と特質
　　　　1　壬申戸籍の成立と意義
　　　　2　「日本人」の公証資料としての戸籍
　　第2節　「日本人」における戸籍の壁
　　　　　　――「内地人」「外地人」の境界
　　　　1　帝国日本における「外地」の発生
　　　　2　地域籍と共通法
　　第3節　台湾における戸籍制度の思想と構造
　　　　1　台湾戸口調査の始動
　　　　2　台湾統治における保甲制度の役割
　　　　3　台湾臨時戸口調査の実施――異民族統治における国勢調査
　　　　4　台湾戸籍の運用と台湾人
　　第4節　総力戦体制における皇民化と戸籍
　　　　1　植民地人の皇民化運動と内地転籍問題
　　　　2　第二次世界大戦末期における植民地戸籍問題
　　おわりに

第Ⅱ部　満洲国における「国民」の画定――戸籍・国籍・民籍
第3章　満洲国草創期における国籍創設問題
　　　　――複合民族国家における「国民」の選定と帰化制度
　　はじめに

第1節　満洲国建国と国籍法の要請
　1　在満日本人の帰化問題の台頭
　2　「満洲国人民」概念の創出
第2節　建国草創における満洲国国籍法案と帰化規定
第3節　白系ロシア人国籍政策における葛藤
　　　　――満洲国の国籍法制定をめぐる国際環境
　1　白系ロシア人国籍問題の複雑性
　2　満洲国国籍法案と白系ロシア人の帰化問題
　おわりに

第4章　満洲国における「国民」の身分証明――戸籍法と民籍法の帰趨
　はじめに
　第1節　満洲国における戸籍法の要請
　　1　治安粛正工作としての戸口調査
　　2　満洲国保甲制度の実施
　　3　日本人戸籍行政における治外法権
　第2節　満洲国民籍制度の理念と実態
　　1　複合民族国家における民事法
　　2　満洲国民籍法制定の要請
　　3　満州国の国勢調査――民籍法における「満州国人民」の射程
　　4　暫行民籍法の基本内容
　　5　在満日本人の日満二重本籍
　第3節　満洲国における「日本人」の至上性
　　　　――複合民族国家における民族の純血
　　1　金澤理康の満洲国国籍法案――民籍制度の国籍法的運用
　　2　日本人開拓民における民族の純血
　第4節　満洲国民籍制度の実施と限界
　　1　民籍法における就籍の意義
　　2　民籍法と寄留法
　　3　無化される満洲国の法域
　　　　――「日本人」の司法処理をめぐって
　おわりに

終章
　　第1節　政治的道具としての国籍
　　第2節　戸籍による「日本人」の創出と統制
　　第3節　満洲国における戸籍と民籍

　あとがき

　満洲国を扱う第3章、第4章のみが2007年の初出を持ち、他は「書き下ろし」となっているが、全体が2008年5月に博士学位請求論文として提出されたということから、著者の関心は永年にわたり「満洲・朝鮮・台湾」という地域に及んでいたのであろう。ただし、いま副題の「満洲・朝鮮・台湾」を写し、また「はしがき」の「朝鮮・台湾・樺太・南洋群島・関東洲と日本が帝国として版図を拡大していく」（6ページ）という文言を見るとき、なぜこの拡大された版図が歴史の順に並ばないのかと少し不思議な気持ちもした。著者の関心が朝鮮に初発していることは「はしがき」に記されているのであるが。

　1899年国籍法は「外国籍から帰化して日本人となった者について、公権の制限を設けていたこと」から「国籍の取得をもって国家への帰属意識が即座に生起するものではないという国籍のもつ形式性・操作性を理解していた」（43〜44ページ）。
　「台湾籍民に対し、漢族としての民族意識に染まった抗日分子という猜疑の目が強まっていた。」「国籍とは国益に照応して国家が与奪をほしいままにできる政治的道具である以上、個人の国家に対する精神的紐帯としては強固なものとならないことを日本の統治者は理解していたといえよう」（113ページ）。
　と、「はしがき」で「国籍とはさまざまな政治的要因によって機会主義的に操作されるのが本質」と述べられた著者の思いはさまざまに示されていく。満洲国における国籍創設問題はその最たるものであった。また、民衆の側も台湾との地縁的、血縁的な紐帯をもたなくとも「帝国臣民」であることを利用できる際には「仮冒籍民」として「国籍」を利用していた。

一方で著者のもう一つの課題である「戸籍がなぜ取り上げられねばならないのかというと、ことに日本では国籍というものは戸籍の影響を強く受けるものである」という点は十分に示されているのだろうか。たとえば、20ページに1899年国籍法が血統主義を採用したことについて、「これは日本の戸籍に記載される者は日本国籍を有する者だけであり、かつ日本国籍を有する者はすべて戸籍に登録されるという法理が築かれたことに照応していた」と記されている文言が評者には理解しがたいのである。戸籍が「血統を公示することを本分とするものであ」(同ページ)るのは、その通りであるが、それが国籍の取得原理を定めるものであるのだろうか。確かに国政の取得原理が血統主義であるから、それを公示する戸籍が必要だとはいえるのであるが。

現代の例を持ち出して、1899年についての記述の批判とすることはあたらないとも言えるが、評者が「日本国籍を有する者はすべて戸籍に登録される」という文言にこだわりを覚えるのは、現代日本における無戸籍者のことを想起するからである。現代日本における無戸籍者は外国人登録をしない。ということは、日本国政府は彼(女)らが日本国籍者であることを認識している。しかし、戸籍の作成を拒否している。著者がこの評者の批判に対して「それは戸籍法が異なる」とされるならば、評者は著者の「戸籍」の定義を問いたい。

著者の解明すべき政策過程として、「②「日本人」を統制する過程－日本国籍離脱の防止、戸籍による支配」(26ページ)と記されているが、評者も「戸籍」というものは、人々を支配するための道具であると考える。「国籍」は人々の「国際」移動や著者が課題としている植民地支配等がなければ、意識されない観念的な存在である。それに対し「戸籍」は具体的に人々を支配する。そうすると、「戸籍」という名称を持つ制度だけでなく、「戸口調査」「保甲制度」「民籍」すべて、具体的な住民支配の道具である。それらをなぜ「戸籍」による支配に移行せしめなければならないのだろうか。たとえば180ページには「植民地人における兵役適齢者や免役者の把握は精巧にして適確な戸籍なくしては成り立たない」、284ページには、満洲国において「全国的に戸籍法の実施を見ないため国民皆兵の徴兵制度が行はれざる事情」という文言がある。当時の担当者はそう考えていたとしても、そもそも「戸籍」があるのは日

本(そして本書が取り上げているその「延長」としての植民地)だけである。諸外国においては、戸籍などなくとも徴兵は行なわれている。

　細かな点でも著者の意図のくみ取りにくい記述がある。174ページには「本籍を有さない者は創氏の対象外となる。そこで朝鮮総督府は無籍朝鮮人に対して就籍を斡旋し、創氏実施の機運と圧力に乗じて朝鮮人の戸籍管理を徹底しようと図ったのである」(下線は評者)という記述がある。「無籍朝鮮人」にとっては、そもそも「創氏」の意思もなく、戸籍によって管理されようという思いもなかったのではないだろうか。朝鮮総督府は創氏政策を実施したとしても、それが「無籍朝鮮人」にはどのように影響するのだろうか。

　282ページには日本の国勢調査の調査事項に「民籍」という項目が設けられていたことが記されているが、その「民籍」という言葉は「満洲国で要望されるに至った「民籍」」と同じ意味を持つものであったのだろうか。

　332ページでは「血統主義の下では、外国人は帰化しない限り、定住化して二世・三世に至っても……兵役を賦課されることはないという弊害を生じるものとなった。そこで兵員確保の要請から国籍法は『日本臣民』の徴兵忌避を防止する目的で第24条において兵役義務に該当する者の日本国籍離脱を禁止したのである」(下線同)とあるが、外国人に兵役の義務が生じないことと日本国籍離脱禁止がどうつながるのであろうか。

　本書についてもっとも惜しい点は、戸籍を扱いながら、そのひな形、あるいはせめてその記載事項等について触れていないことである。たとえば日本戸籍と朝鮮戸籍の場合で言えば、朝鮮戸籍には「本」の記載があることが、一見して明らかな違いである。もちろん、著者の狙いとするところは、国籍・戸籍に関する諸法令の形成であり、その背後にあった思想を明らかにするということであって、戸籍法の解説書ではないということがあろう。しかし、(表2－3)「台湾臨時戸口調査における調査事項」によって、この戸口調査の姿はよく見えてくる。それと同じことは他の戸籍、保甲制度、民籍についても言えるのではないか。またせっかくの法令の条文(あるいはその骨子)も記載されていない。もちろん、

註によってその原典をたどっていけばたどり着けないわけではないが、容易に接することの難しいものが多い中で、著者の論理をより正確に示すためには、それら法令の条文あるいは骨子の記載が望ましかったと思われる。

るる不満も述べてきたが、評者の読解の不十分な点もあるだろう。植民地人における「国籍」、特に満洲国における「国民」という概念について多くの興味ある諸点を提示してくれた著書であった。
　（明石書店、2010）

本間千景著
『韓国「併合」前後の教育政策と日本』

李省展*

「韓国併合」百年をさまざまな視点より想起すべき年に、本間千景による良書が佛教大学研究叢書として思文閣出版より発刊されたことは、植民地教育史研究にとっても、意義深いことと思える。本書は、佛教大学に提出した博士学位請求論文に加筆・修正したものであり、「あとがき」によると癌との厳しい闘病生活の中で校正作業を進めたとのことであるが、著者の精神力には頭の下がる思いがする。

「併合」前後と本書が射程とする時期はかなり限定的であるが、植民地教育史としては、この「保護国」期から植民地期という転換期における教育政策を解明することは極めて重要なことであり、本書は、教科書編纂、また教員の需要と供給にも焦点を当て、先行研究を整理しつつ、教員養成講座にも注目し、転換期の教育政策と、教員像とを動態的に捉え、解明するという開拓的な境地を切り開いた点において高く評価されるものである。

まず本書の構成から紹介し、その概要を記す。

　　序章
　　補論　　近年の植民地朝鮮教育史に関する研究動向
　　第一章　修身教科書にみる教育理念の変遷
　　第二章　「保護国」期韓国の教員需要と供給
　　第三章　官立漢城師範学校廃校のプロセス
　　第四章　普通学校日本人教員の聘用
　　第五章　第一次朝鮮教育令期の日本人教員講習会

*恵泉女学園大学教員

終章　　課題と展望

　序章において著者は、駒込武の言葉を引き、帝国史研究が、「朝鮮人や台湾人にとって植民地支配はどのような意味をもったのか」という問いを欠く時、きわめて容易に「日本人」による「日本人」のための研究に回収されるという、研究者が留意すべき認識を指摘している。そして統治政策は被支配者側の抵抗や運動の批判にさらされ、常に変容を迫られるという点と一見、被支配者側の「受容」とみられる事象が実は、サバイバルという側面を有しておりその手段の多様性と多面性がみられるとい視点に立って実証が試みられている。

　また著者は教育政策史を本書で取り扱う理由について、この時期の教育史研究が政策を対象とした研究が主流であり、多様な広がりを見せていること、いまだ解明されていないことが多くあることを挙げている。

　序章ならびに補論においては朝鮮近代教育史研究の先行研究と研究動向が整理され、問題の所在が明らかにされている。特に補論の教育制度・教育政策・教育論・教育実態、初等・中等教育機関、各科教育・教科書研究、京城帝国大学、師範教育・実業教育・社会教育・留学生、インタビュー・アンケートにわたる広汎な近年の研究動向の紹介は、研究を志す者にとり有意義で、現時点での植民地教育史研究への最良の手引となっている。

　第一章は本書の要となる章であるので詳しく紹介したい。

　最初に「保護国」期に韓国学部が編纂した修身教科書と民族運動の拠点となる私立学校が出版し検定不許可になった修身教科書と検定合格となったものとを比較検討が試みられている。さらに「保護国」期に韓国学部が編纂した修身教科書と「併合」後訂正を加えた修身教科書の内容を比較検討することにより、「保護国」期から「併合」直後にいたるまでの学部の教育理念の変遷が考察されている。

　「保護」政策のもと、愛国啓蒙運動が展開される中、普通学校令、普通学校規則が制定され教科書検定制度が導入されるのであるが、検定申請教科書の中で不採用率が最も高かったのは修身教科書であることに著者は着目し、学部の教育理念の変遷を明らかにしている。尹健次は教育救国運動においては国王の権威回復と愛国とを直結する新しい教育思想

を構築するという方向は生まれなかったとしたが、その後、澤田哲の一連の研究により、その見解が否定されている。著者も教科書の内容分析をすれば澤田の結論に到達するとしているが、それをただ単に教育救国運動側の特徴であるとは言い切れないとしている。学部編纂教科書もまた国王の権威を回復し、それを愛国と結びつけることが意図されていたという根拠に基づいて論じている。

『学部編纂修身書』では「愛国心」そのものは排除されているが、西洋の人物、徐弼などの朝鮮史上の人物、社会、国家、人類という概念が含まれ、「皇室」、「良吏」、「真正な勇者」などでは実質上の「忠臣」、「愛国」を想起させるもの、「独立」、「自助努力」などの近代的モラルを説いた教材も含まれていた。学部の教科書検定方針には「偏狭なる誤謬の愛国心」を挑発するものが政治的事項としてチェックされてはいるが、これは「独立」や「愛国心」を正面から禁じるのは困難という学部の判断を示すものと捉えられている。

次に検定不認可となった徽文義塾の『高等小学修身書』と検定合格となった朴晶東著『初等修身』が対置され、その内容が検討される。『高等小学修身書』は「国民が自立自営を失えば国家は衰亡を免れない」とするのみならず、帝国主義の植民地争奪の例をロシア支配下のポーランドとイギリス支配下のインドを挙げ、「韓人民はこれを鑑として戒め」てこそ、独立の精神を養成できると記している。これに対し、合格となった『初等修身』は「独立」「愛国」「自由」の文字はないが、李舜臣、郭再祐、「壬申乱」が盛り込まれており、検定を通すためのこのような試みに著者は、『高等小学修身書』とは異なった形での検定に対する挑戦と「抵抗」を読み取っている。さらに著者は検定を通した背景に「ポーズ」としての独立を支援するという政府見解が、教科書検定に反映していたと解釈する。

引き続き「併合」後の修身教科書編纂の経緯が検討されている。１９１０年１１月には『注意並ニ字句訂正表』が配布されるが、修身書に関する教授上の注意は「朝鮮人の奉戴する皇室は即ち大日本　天皇陛下、皇后陛下並に皇族なること」の一点と「我国」が「朝鮮」、「日本」が「内地」とされるなどの字句訂正のみであった。またこの時期は、教科書の草稿が完成され、日本語が「国語」となったのであったが、その

編纂方針ならびに、道徳教育に関する方針は曖昧な要素を含んでおり、それが教育勅語の位置づけに明確に反映したとする。

寺内正毅は教育勅語を取り扱わず、戊申詔書により修身を説き、儒教主義を加味したが、教育勅語が不採用となった理由として以下三点挙げている。第一に正当性の根拠であった「皇祖皇宗ノ遺訓」が、日本以外に踏み出したとたんにその矛盾が露呈されたこと、第二に、戊申詔書が地方改良の精神的支柱としての「勤勉自彊」が位置づけられていること、第三として戊申詔書には「文明の恵沢」という普遍主義が存在し、特殊主義への居直りより戊申詔書に利用価値があったと看取っている。

次に教育勅語導入をめぐる論議が『訂正修身書』編纂にどのような影響を与えたのかについての論議が展開されている。この『訂正修身書』に関しては、先行研究ではほとんど取り上げられてこなかったものであるが、『学部編纂修身書』との比較検討でもって、その特徴が明らかにされたことは高く評価されるものと考えられる。

『訂正修身書』における「保護国」期との断絶面は、韓国皇室が日本の皇室に変化し、皇統は無窮で、君臣の分は「永久不渝」であるとし、易姓革命が否定され、日本は「世界最強国」に同列であるとされていることにある。愛国心を鼓吹する記述と朝鮮の歴史は削除され、「独立自営」は「自活」とされ、不穏思想となった。総督府の政策を天皇の「恩沢」と結びつけ、朝鮮人にその「恩沢」に報いることを求めている。文明化の使命と比して、寺内総督の「天子の恩沢」という言葉はほとんど枕詞の役割しか果たしていないとする駒込の見解を否定し、「天子の恩沢」こそが、「併合」後の朝鮮支配を正当化する総督府の論理であるとした。さらに文明への先導者としての天皇イメージが強調され、衛生に対する無知、迷信などが朝鮮固有の蔽風として意図的に印象付けられる。日本人の「忠良なる臣民」とは異質な原理が強調されているとする。このことは『訂正修身書』が教育勅語への直接的言及を避けながらも、天皇の存在を植民地支配の中に位置づけるための独自の論理が構築されたものと見做し、転換期の試行錯誤と著者は把握している。

二章以下は骨子を中心としての紹介に努めたい。

第二章では、「保護国」期の教員の需要と供給を官公立と私立学校の教員養成を主に論じられている。官公立学校の教員養成は漢城師範養成

学校を中心として論じられ、その制度から教員供給、さらに教員検定制度が取り上げられている。私立学校の教員養成については、それを三つのルートに分類している。第一はミッションならびにキリスト教系学校、民族系私立学校の教員養成、第二は学会による教員養成と派遣事業、第三は、地方有志による師範講習所によるものである。『皇城新聞』『大韓毎日申報』、学会報、隈本繁吉による『北韓地方ニ於ケル基督教学校視察復命書』などに丹念に目を通し、教員養成機関と講習会のリストが図として纏められているのは評価される。

　第三章において併合直後の官立漢城師範学校廃校のプロセスが検証されているが、これは、今までの研究の間隙を埋めるものとして評価される。廃校に際して師範生は、『萬朝報』によると亡国に際して安閑として日本の教育を受けてはならいと同盟休校を呼び掛ける檄文を各道の学生に配布したとされている。この廃校は高等教育機関全体の大規模改革と連関するもので、高等教育を受けたものは政治的弊害を醸成するという見地から、総督府内部では師範学校の一括管理が検討されていた。日露戦争後の財政難、1907年の義務教育期間の延長により、教員の大量需要に伴う経費節減が問題化されたにも拘らず、日本では師範学校が廃校となることはなかったが、台湾・朝鮮では統廃合が実施された。これは植民地ゆえに可能であったとされている。第一次朝鮮教育令により廃校となったが、在学生は京城高等普通学校附設臨時教員養成所に移管され、並行して京城高等普通学校に師範科が設けられた。専門教育機関の中で官立外国語学校は廃校となるなど、「台湾以上内地以下」という方針が貫かれたと著者はみている。しかし、この点では台湾教育史の文脈での実証が十分なされているかといえば、そうではないと指摘せざるを得ない。

　第四章においては普通学校の日本人教員雇用を保護国期から併合直後まで手続き、待遇を法的側面から整理し、日本人教員の移動を動態的に明らかにするものである。日本における教員待遇の社会経済的背景が、教員が移動する動機になったとの仮説が提示されている。「保護国」期は文部省からの推薦を受けるなど、教育経験に富む日本人教員が聘用されるが、多くの日本人教員は在官のまま赴任し、各種保障が法令により保証されていた。また韓国においては俸給に加え各種手当が支給され厚

遇された。第一次朝鮮教育令により判任官官吏としての地位が継続し、退隠料は一カ月につき半月分の加算年が特典を得ている。また朝鮮人教員は舎宅料がつかないなどその待遇格差は歴然としていた。日本内地の小学校教員の劣悪な状況と比較すると朝鮮への赴任を促すうえでの「好材料」であったとしている。

　第五章では、内地からの教員の「再教育」を目的とする教員講習会を取り扱われている。朝鮮人教員の講習会も実施されてはいたが史料的制約から本章では、日本人対象の教育講習会を中心に検証されている。その際に金英宇、西尾達雄、山田寛人の先行研究が踏まえられている。本章では教育講習会が時系列にマッピングされ、期間、対象、主催者、参加人数などの全体像が明らかにされ、講習内容が整理されている。また普通学校教監（校長）講習会における関屋貞三郎は、民情への配慮、教育勅語の強制への戒め、実業教育と「国語」普及中心の育成、最終的目標としての義勇公に奉ずる帝国臣民の育成を説いていることが紹介されている。また私立学校について関屋は、書堂とともに円満な関係を結ぶことを勧め、外国人宣教師、朝鮮人牧師が存在するところは少なくないとし、彼らの経験を尊重し、学ぶように勧めていることも明らかにされている。さらに注目されることは宇佐美内務長官訓示では外国人宣教師が朝鮮語をよく解し、その事業も大いなるものであるとした上で、朝鮮語研究を奨励していることが明らかにされていることである。またこの章で注目されることは、教育実験談における日本人教員のまなざしの一端が明らかにされていることである。「保護国」期においては、地元有力者はほとんど公立普通学校に興味を示さないという生徒募集の困難性、官憲と軍隊による保護のもとでの普通学校運営、経営基盤の弱い私立学校の買収事例などが読みとられている。朝鮮人生徒に対する教育実験談における日本人教員のまなざしは、衛生、勤労＝自立自営、「文化程度の低い生徒」を導くというものであり、修身教科書の内容そのものであるとしている。

　以上、本書の概要を評者の若干のコメントも含めて、記してきたが、以下に本書を読むにあたっての留意事項をいくつか指摘しておきたい。

　本書では日本が韓国植民地化過程でどのように教育政策に関与したのか、それに対する朝鮮民衆の抵抗とそれにより、あるいは植民地とされ

た台湾や日本国内の事情により日本の植民地教育政策がどのような変容を迫られたのかを明かにするという問題設定がなされている。その意味では大韓帝国の教育政策ならびに愛国啓蒙運動、教育救国運動との関係においても言及されるべきであるが、特に朝鮮人民衆の抵抗、サバイバルに関係する記述はどちらかといえば断片的で、抵抗・受容における多様性を明かにするという視点が、教科書、教員の需要と供給、師範学校の廃校プロセス、日本人教員の聘用、日本人教員講習という各章の個別テーマの中で、全体として見えにくくなっているという印象が否めない。

　転換期の教育政策は、教育のみに完結されるものではなく、著者も指摘するように、日本の対韓政策との関係において、分析されなければならないものといえよう。大韓帝国側の独立への志向、日本の対韓政策においても急進的もしくは漸進的な植民地化への志向、「併合」構想に関しても複数の構想が確認されている。著者は第一章において「併合」以前の対韓政策は大韓帝国の独立を支援するということを公式見解としていて、伊藤博文はこの姿勢を堅持していたとし、伊藤の第二次日韓協約締結時に高宗の意向を取り入れ、協約前文に「韓国ノ富強ノ実ヲ認ムル時ニ至ル迄」の文字を加えたと伊藤を評価している。「併合」百年を契機として伊藤の評価論が登場し、それに対する批判も展開されるなど伊藤博文論が隆盛を極めた。小川原宏幸は伊藤の併合構想を第三次日韓協約体制との関係において資料的に精査し検証しているが、「自治」を達成する伊藤の併合構想は「併合」の否定としての保護国ではなく、「併合」への移行段階としての保護国という位置づけであり、自治植民地に類似した統治形態であると伊藤の「併合」構想を明らかにしている[1]。このような現在の研究水準に依拠するならば、著者の伊藤評価は平板的な印象を免れない。

　本書において普通学校との関連において私立学校に関係することが新たな史実として掘り起こされている点は高く評価したく思う。１９０９年に私立学校令、学会令を発令し、私立学校や学会の取り締まりにかかり、私立学校への規制の一環として民間の教科書検定という前提を踏まえて、第一章において民間の教科書検定に関しては詳細に論じられている。それは私立学校への弾圧であるといえる。しかし教科書検定を著者が射程とする日本と朝鮮という関係において、また転換期のみを射程と

して論じるだけでいいのだろうか。「保護国」期から植民地期にいたるアメリカ人による宣教関連資料では、ミッションスクールとの関係において、私立学校令、教科書検定、「改正私立学校規則」による宗教教育の禁止、神社参拝の強要に至るまで、一連の政府の私立学校への不当な干渉と捉えられている。また教科書検定は日本において今なお存続し、東アジア諸国において検定・国定教科書の私立学校への使用が義務付けられている。評者は私学に対する規制・干渉と検定・国定教科書使用の背後には、近現代における「私」と「公」の構築とその関係性という問題が存在すると考えている。それらが、近代性ひいては植民地性とどのように関連しているのかという視点がいまひとつ前提とされる必要があるのではないだろうか。

　私立学校優位の教育制度は朝鮮のみならずアメリカ史の文脈においても見られる。「帝国日本」は植民地教育導入に際し、ミッションスクールを始めとする私立学校との熾烈な競合を経験せざるをえなかった。日本における植民地史研究が日朝関係に収斂されがちであるが、本書においては検定による「独立」から「自治」への用語の変遷過程において、日本の西洋への対抗意識が存在していることを明かにしている。このような西欧の帝国主義近代との関係性への視点は欠くべからざるものであろう。

　最後に、若干の誤植など散見されるが、それは決して本書の意義を損なうものではない。著者自ら終章において論じきれなかったことと今後の課題を提示している。研究者としての誠実な態度といえよう。さらなる本間氏の研究の深化と発展を大いに期待したい。

1　小川原宏幸『伊藤博文の韓国併合構想と朝鮮社会』岩波書店、2010年、190頁

武強著　監修宮脇弘之　蘇林・竜英子翻訳
『日本の中国侵略期における植民地教育政策』

弘谷多喜夫*

　監修者のあとがきによると本書は1994年12月遼寧教育出版社（中国）から出版された『日本侵華時期殖民教育政策』の日本語訳である。武強氏は1924年遼寧省営口生まれ。小学校から高等学校まで日本支配下「満鉄沿線」の営口で教育を受け、終戦まで小学校の教師であった。戦後、瀋陽の東北大学社会科学院で学び、卒業後は東北師範大学附属中学校校長など教育界の指導的立場にあった。本書の他にも『東北淪陥十四年教育史』第一、第二集などの編著がある。翻訳者の竜英子氏は台北生まれ、現在は宮城学院女子大学で中国語を担当している。蘇林氏は内蒙古生まれ、現在は北海商科大学で中国語他を担当している。

　本書は分量的には岩波新書の1.5冊分強ぐらいである。

　さて、本書の内容だが目次は次の通りである。

　　第一章　台湾の皇民化教育
　　第二章　「関東州」における植民地教育
　　第三章　「満州国」の奴隷化教育
　　第四章　汪精衛統治地区における反動教育
　　第五章　中国教育界の反植民地教育闘争

　これでわかるように、日本の支配を受けた中国（民族）の全ての地域についての植民地教育を視野に入れた中国の側からなされた研究の成果と結論を示すものである。

　少し先回りして指摘すれば、結論の一つは、奴隷化教育という規定で

*浜松学院大学短期大学部教員

ある。目次では、各地域の教育を規定するタイトルは同じではないが、「奴隷化教育」という規定は全ての地域で使われている。

以下先ず各章ごとに内容に即しまとめておく。台湾についてはコメントができるので若干付けておく。

第一章は皇民化政策の実施、各学校教育の設置、学科（教科目）設置などであるが、新しい事実についての知見は特にない。

各学校教育の設置が60頁中30頁と分量的には多く、一　国民教育、二　中等教育、三　大学予科教育、四　師範教育、五　社会教育、六　高等教育、に区分し各学校の歴史的経緯と性格、特徴についてよくまとめられている。

第二章は時期的に言えば、1905年旅大（旅順・大連）占領から敗戦までの40年間である。「関東州」教育（第2節、関東州の植民地教育）は、一　教育行政と教育方針、二　「関東州」人教育の実質、三　学校設置、四　学科設置と教育内容、五　奴隷化訓練、六　教師、で展開されている。この構成からわかるように教育政策の経緯や特徴に即しておりわかりやすい。

満鉄附属地教育は、中国人教育のうち初等教育、普通中学校、職業中学教育を簡単にまとめている。

第三章は分量的に最も多い（276頁中80頁）。内容は9節からなり、1931年の「九・一八事変」以後14年間にわたる「満州国」植民地教育政策の経緯と特徴を述べている。

第2節　教育行政と教育方針、第3節　「王道教育」「皇道教育」「神道教育」の実質、は教育政策の時期的変化を次の資料から引用し特徴づけている。

即ち、1932年「基本国策大綱」（第4次方案）の「満州国の指導要綱」第92条「礼教」（から特徴を「王道教育」とする）、1935年「学制要綱」と「学制立案の要点」（皇道教育）、1940年「国本奠定詔書」と「新たに制定された教育方針（資料名は不明）」及び1942年「国民訓」（神道教育）である。

第4節　「新学制」の制定、で1937年「新学制要綱」を特に取り出して特徴を挙げ、これを受け第5節で各段階の学校教育を「国民学校」から「建国大学」まで経緯と特徴を述べる。続けて第6節で教学内容を「各

級学校規定」によって述べている。
　以下、第7節　戦時体制化の教育強化、第8節　学生の奴隷化訓練、第9節　教師、である。第7節は1942年「基本国策大綱」による教育政策、第8節、9節で戦時下の特に学生と教師に対する処置を取り上げている。
　第4章は、1937年「七・七事変」以後の日中全面戦争の中で成立した「中華民国臨時政府」（北平）と「中華民国維新政府」（南京）及び1940年に統一された南京「国民政府」下の教育を述べる。
　第2節　教育行政と教育方針、第3節　「新民人」の養成、第4節　奴隷化教育体系の確立、第5節　学科設置と教育内容、は戦争初期の1937年から39年にかけての日本による教育政策とそれを受け入れた「臨時政府」と「維新政府」の対応について述べる。
　第6節　教師に対する訓練と支配、では汪政権下の上海市における小学校教育界の「和運」（意味は不明）の実施案が載せられている。第7節　学生に対する奴隷化教育、では同じく汪政権下の上海特別市教育局による小、中学校の改革方案の条文をあげている。更に第8節　留日学生の教育、で汪政権の公費留学生選抜・派遣政策について各規定、条例、規則から特徴づけを行っている。
　第9節　奴隷化宣伝の社会教育、は日本が組織させた「新民会」（1937年）の動きについてである。
　第5章は本書のもう1つの結論を示すものである。
　第1節　台湾総督府設置「学務部」の破壊、では割譲前後から1944年中国で組織され「台湾同胞に祖国復帰の呼びかけを行った」台湾革命同盟会までをあげている。しかし、僅か一頁という分量だけが理由ではないと思うが、触れてないものが多すぎるし、1～2行づつで挙げられている運動（反植民地闘争）についても史実として正確でなく、従って全体史の概括としては十分でない。第2節　旅大の教育権回収運動、は1923年の全国人民旅大回収運動前後の「教育権回収」の反日運動として北京大学の学生運動と奉天省教育庁の主張をあげている。第3節　中共満州省委員会成立と「一一・九」学生運動、は共産党が各学校に人を派遣して抗日運動を組織したこと、国民党も東北の各学校で抗日闘争を組織したことを述べている。第4節　「九・一八事変」後の全国教育

界反日闘争、は東北侵略の開始に対する共産党の闘争と学生、労働者、知識人の抗日救国運動を述べる。更に第5節　東北抗日義勇軍と抗日連合軍の成立、は抗日軍の組織と戦闘につい述べる。第6節　教育界における反日闘争の高揚、は吉林、チチハル、安東における闘争で犠牲となった愛国教師と学生について述べる。第7節　「七・七事変」と華北文教協会の反日闘争、は中国への全面的侵略開始後の共産党の闘争と「輔仁大学の教員と学生を中心とした地下抗日愛国組織（1939年）」である華北文教協会の成立と活動、弾圧による終止について述べる。

　以上紹介した内容をふまえて若干の批評をしたい。

　先ず、上の各章のまとめで台湾についてコメントしたことについて1、2の例をあげておく（第5章、1節）。

　「彼（劉永福－評者注）は日本軍と幾度となく激戦を交え、10月28日台南での戦闘中、日本の近衛師団の団長白川宮（ママ）能久親王を殺した」(p.245) とあるが、劉は19日に厦門に逃亡、日本軍は２２日無抵抗のうちに台南に入城している（煩雑になるので典拠は省略する、以下同じ）。「＜学務部施設事業意見書＞を公布した」(p.245) とある「公布」は誤り。「1896年1月1日、簡大獅を始めとする台湾の抵抗勢力は、日本帝国主義に対する深い怨恨をもって台北市の＜学務部＞を襲撃した」(p.246) とあるが、いわゆる緑林の徒であった簡は日本の征服戦争にあたって義勇軍を率いて抗日軍に参加するが抗日軍諸部隊を代表した集団ではなく、又学務部が置かれていた台北郊外の芝山巌を襲ったゲリラの本隊は、1月1日に台北城内に向かって進んだ陳秋菊等の部隊約600名が囲みを解いた後、錫口街（のちの松山）を襲った詹振の率いるゲリラ約200名のグループを主力とした100名強の集団である。「1904年以後台湾の抗日闘争は頻発した。台北の簡大獅，台南の林小猫と台中の柯鉄党三大武装蜂起軍の影響が最も大きく、日本軍に重大な打撃を与えた」(p.246) とあるが、簡は上述の義勇軍が敗れた（1895年）後は大屯山を根拠地としていた。林の抗日軍が日本軍と戦闘を交えているのは鳳山地方で1897年4月、柯鉄の抗日軍のそれは雲林地方で1896年12月のことである。なお1907年より1915年にかけて小規模の武装蜂起は発生する（11件）が、1904年には統治確立過程における抗日軍の抵抗運動は終焉させられた。

日本統治下に限っても台湾歴史や教育について既に膨大な研究が日本と台湾でされている。それらを踏まえての台湾植民地史や教育史の概説を叙述することはなされていない。又、同じように「関東州」、「満州」、南京国民政府についても既に多くの研究が日本で蓄積されてきている。それらが明らかにしてきた史実について一つ一つ吟味しながら叙述することはされていない。

　各章のまとめで示したように内容的には制度についての法令、規定、公布された政策的文書などから引用された叙述が多い。勿論本書はそうした面からの政策史であるし、政策全体の一貫性がわかりやすくなっている。

　この政策全体の一貫性は、日本帝国主義による「奴隷化」政策と規定され激しく批判されている。又、第5章で各節について挙げた内容からわかるように、抗日における共産党の指導的役割に対する一貫した評価がされている。これが本書のもう1つの結論である。

　既に指摘したように、これらの結論についての論証は些か荒いし、そのために落とされた史実も多い。又歴史の二項対立的な図式が、その時代を生きた多くの人々の実相を掬えないことも指摘されてきた。しかし、にもかかわらず、ある時代のある歴史の主要な側面、いわば本質をどう規定するかを曖昧にすることは依然として間違いである。その意味で私は著者の結論を理解できるし、評価する。

　概説とはいえ、日本の中国侵略とそれに伴う植民地教育の全体史という1人の研究者の力量をもっては荷の重すぎる課題に中国の研究者として取り組まれた著者の熱意と研究に感銘を覚えるし、その研究の一端を私たちに供された監修者と翻訳者の労に感謝したい。

　　（致良出版社（台北）　中華民国99（2010）年3月）

林　初梅著

『「郷土」としての台湾
郷土教育の展開にみるアイデンティティの変容』

中川　仁*

　本書は台湾における郷土教育の展開を国民国家形成のアイデンティティとして捉え、その変容を述べるものである。台湾人の国民国家形成のアイデンティティは1990年ごろを境に定着したことに着目し、歴史的な転換やその生成の仕方を明らかにした。また二つの言語同化政策から特殊性を見出し、「脱植民地主義」の思想から生まれた「郷土」という言葉の重要性と台湾人の「本土化」[1]への歩みを台湾のあるべき姿であると述べている点は特筆すべきである。

　台湾が歴史に登場して以来、つねに外来政権下にあったことは、周知のとおりである。黄昭堂はその歴史的悲劇の始まりを「17世紀から20世紀にいたる台湾の約4世紀の歴史はそのまま植民地の歴史を綾なすものである」[2]と指摘している。

　歴史的悲劇の最たるものは日清戦争後の台湾割譲にあり、日本の台湾領有に始まった。通史的にみれば、二つの植民地支配が相次いで行われたことによる。日本統治時代においては「体制への屈服」と「同化」による台湾住民への抑圧、戦後は中華民国政府の台湾接収、そして台湾住民への「政治的活動への制限」と「中華社会への同化」としての抑圧である。

　戦後は二・二八事件が起こり、白色テロ時代に入り知識人は海外へ亡命し、台湾独立運動に身を投じていく。そのなかで台湾ナショナリズムが確固たるものに生成され、脱植民地化、「本土化」の意識が急速に生まれた。歴史も中国大陸から切り離して考えるべきであるという主張が強く叫ばれるようになった。

*明海大学外国語学部教員

その抵抗と体制への批判は、言語政策の観点からも反映されている。戦後の言語政策の展開は陳美如（1998）によれば、国民党接収後にも日本統治時代を引きずるような同化的言語政策が展開されたと指摘し、北京語同化政策を次の三つの時期に区分している。

1．「改制穏定時期」（1945～1969）
　　日本語を排除し、国語教育（北京語同化）を強化し、中華文明を継承し、台湾を中国化する。
2．「計画貫徹時期」（1970～1986）
　　国語教育は国家意識を高めるプロパガンダ的な要素が強く、計画的かつ積極的におこなわれた。
3．「多元開放時期」（1987～現在）
　　「本土化」「台湾化」という意識改革が起こり、族群の融合や母語の復権という形で、郷土教育が尊重される。

　この3つの時代区分は国語教育を北京語同化政策という観点からみている。しかし陳の指摘するように1945年から1969年までを一つの時期とすると、かなり長い期間、一つの政策が一貫しておこなわれたことになる。そこで藤井久美子（2003）は、これよりも詳しく法令と規程にのっとって、新たな見解を述べ、次の3つの時期に分けている。

1．「国語」の中国化（1945～1949）
　　この短い期間に、国民党政権は北京語を学習するシステムを作りあげようとした。また、二・二八事件を機会に、政府は支配言語としての北京語を強化し、徹底的に日本語を排除する方向に向かった。
2．「国語」の絶対化（1950～1986）
　　法令による規制が整えられた時期でもあり、台湾の中国語という意味合いが徐々にでてきた。
3．「国語」の多元化（1987～現在）
　　国語が共通語とされ、その周辺にその他の言語が同等の立場で存在する時代となった。「台湾化」あるいは「本土化」が定着しつつあることを意味する。

この新たな見解は台湾の国語教育の展開について一つの基準を示したものといえよう。藤井は第一期（「国語」の中国化）と第二期（「国語」の絶対化）の境を1949年としているが、これは国民党政権が大陸から台湾に移転する年であり、台湾社会の変化の実態にも合致する。

このような言語同化政策の展開は半植民地体制[3]への同化として捉えられ、「郷土」や「台湾化」という言葉を生成するようになった。戦後の台湾国内では本省人と外省人との民度の差が明らかであり、台湾の知識人達は、つねに台湾人アイデンティティの生成を模索していた。そして国民党政府による知識人弾圧の後遺症から、「郷土」という思想は持っていても、強く叫ばれることはなかった。

「郷土」という言葉に隠された概念は、国民国家形成に大きな力を与えるとともに、台湾人アイデンティティの源流をも示唆したのである。

本書の概略を示すものとしては以下の通りである。

序　　章　　問題意識・研究の視角
第一章　　日本統治時代台湾の郷土教育の再考
第二章　　中（華民）国化教育時期における郷土教育の諸相
第三章　　知識人による台湾本土化理論の模索
第四章　　郷土教育教科の設置への胎動
第五章　　郷土教育の教科設置と教材編纂の興り
第六章　　郷土言語教育推進の困難性
第七章　　郷土言語教育の必修化と地域の実施例
第八章　　九年一貫新課程における社会科歴史教育の登場
終　　章　　台湾郷土教育思潮の特徴とその意味すること

序章では、ベネディクト・アンダーソンによる国民国家の定義を「想像の政治共同体」としての枠組みの中から捉え、台湾の国家と重ね合わせることによって、本質的な「国家観」と「国民」という概念を想像し、歴史教育と言語教育の二面性からその思想が創出されたことを述べている。また「郷土」という言葉にこめられた台湾人の歴史認識と母語に対する尊重は、教育を通して浸透されたものとして、歴史観と言語観に対

する愛着を創出した。

　第一章では、日本統治時代における郷土教育と1990年代に叫ばれるようになった郷土教育の展開との類似点を見出し、郷土教育の実践過程の特徴を述べている。

　第二章では、1945年から1990年代までの時期における中（華民）国化教育の「課程標準」にみられる郷土教育の条文の変遷に着目し、50年代と80年代に展開させた郷土教育の差異を明らかにした。

　第三章では、知識人による「郷土」という言葉を「本土化」理論に結びつける思想として、その理論形成を国内及び海外での文化活動として見出し、その生成過程を述べている。

　第四章では、90年代における社会背景を軸に、戒厳令解除後の台湾人の「本土化」理論の実践と中央政府の態度と政策を整理し、民間団体の支援や活動にも着目し、その過程を明らかにしている。

　第五章では、台湾人における歴史観の生成を整理し、『認識台湾』の歴史篇及び社会篇を通して内容を分析し、台湾固有の歴史観を提起したことは、新たな歴史観の構築を示唆したものといえる。

　第六章では、民族アイデンティティとしての言語に着目し、郷土言語教育の実態と正書法の問題点を取り上げ、議論を展開している。

　第七章では、郷土言語教育の実践例を取り上げ、多言語状況への提言を試みている。とくに教育現場での困難点を指摘し、その解決策を模索した。

　第八章では、新課程における歴史教科書の見直しなどを視野に入れ、変容しつつある歴史認識を鋭く考察している。

　終章では、台湾人アイデンティティの形成をめぐり、「郷土」という言葉にこめられた歴史観及び言語観の変容を実証的に分析し、その実態を明らかにした。

　そこで本書が取り上げている知識人の「本土化」理論の模索について、述べておきたい。とくに日本における活動として、言語研究（台湾語研究）と政治運動（台湾独立運動）がその核になっていることを強調しておく。

　言語研究として、台湾語の研究は二つに分けられる。一つは日本統治時代に政府の官僚が台湾語を学んだことによる。もう一つは戦後日本で

の王育徳の研究である。民族への原点回帰と台湾人アイデンティティの生成を言語学的な立場から追求し、将来への台湾語構想を模索した。

言語と政治は切り離して扱うのが一般的である。しかし台湾では敢えて言語を政治と結びつけ、言語と民主化の関係を考えていかなければならない。台湾はつねに外来政権の統治を受けてきたことから、重層殖民を形成したためである。

政治運動については、台湾にも本省人の独立論者がおり、彭明敏・謝聡敏・魏廷朝の三人は法律の立場から「台湾人民自救宣言」の草案（1964）を構想した。この草案を作成したことで三人は逮捕され、草案は台湾で印刷されたが、公の場で人の目に触れることはなかった。しかしこれは密かに日本に持ち出され、王が主宰する雑誌『台湾青年』に「台湾独立宣言」という形で発表された。この草案はやがて1999年に李登輝が提起する「二国論」につながってゆく。ただ、この「台湾独立宣言」は原文が北京語であり、台湾語ではない。

その間に独立や民主を訴えた人物も多数いる。とくに民主化活動家である黄信介はもともと国民党の党員でありながら、この島は民主化していないとして言論運動を推し進め、選挙演説などには台湾語を使用した。

民主化が加速的に進む一方で、台湾の台湾化ということが言われるようになった。選挙ではしばしば外省人系の候補者が台湾語で演説をするようになった。これはあくまで政治的配慮ではあるが、台湾の台湾化がはっきりと現れ、族群の調和という新しい展開が始まったといえる。

台湾語の復権は表記の問題があり、話し言葉としては成立するが、書き言葉としては整備されていない。それでも、台湾語は台湾アイデンティティの象徴として使用されている。台湾の台湾化が明らかになるとともに、台湾アイデンティティは「新国民意識」として社会に浸透していった。

2000年に民進党政権（陳水扁政権の発足）が誕生し、2001年の立法院選挙で民進党が第一党になると、海外に亡命していた民主化活動家も、逮捕、弾圧される恐れはなくなり、有為な人材が次々と帰国し、新政権の国策顧問に就任した者などもいる。彼らは差別を禁止し、各言語を尊重することを強く主張した。とくに許世楷の『台湾共和国憲法』草案（1994）には第22条と第102条に母語の地位を規定している。

2003年には鄭良偉のもとで「語言平等法」[4]の草案が成立した。これ

は言語の平等とそれに基づく言語教育を、法的にまとめたものである。ここには台湾のすべての言語を尊重することがはっきりと謳われ、「台湾新家庭」が具体的な姿を現したことになる。

また中国大陸では言語法5による国家語の規定を制定し、国家の分裂を避けようとしている。中国では単一言語指向の傾向にあり、台湾とは異なった言語環境にある。

教育部では『台湾閩南語音系統』が公布され、閩南語と国語との対応表があり、方言という形では残るものとされる。また客家語は、少数派の方言であり、台湾では客家人が閩南人に山地に追いやられていった経緯があり、その居住地は孤立している。しかし客家語も『台湾客家語音標系統』の公布により、少数派の言語として残っていく可能性を高めている。台湾ではこのような状況であるが、客家人の集団意識は海外でも強く現れている傾向から、母語教育には積極的に取り組んでいる。閩南語及び客家語の両方言とも、今や存在が危ういということはなくなったといえる。

現状では言語環境は整備され、原住民諸言語への優遇と差別の撤回及び多言語主義への視座が随所に現れている。原住民諸語は、人口の減少と原住民自身の母語離れのため、消滅の危機に瀕している。母語離れは、原住民が簡単に同化を受け入れてしまうことが原因であると考えられる。しかし政府は原住民諸語を台湾の文化の一つであるとし、またアイデンティティの追求という観点からも母語教育の重要性を強調している。

ただ、その言語教育の実態は地方行政区の管轄であり、語学教育が行われてはいるものの、教育の基準を定めたのはごく最近のことである。行政は母語の文化的意味を訴えるだけで、実際の母語教育は山地の小学校・中学校で限られた時間内で授業が行われているにすぎない。

すべての言語に平等な地位を与えると、どの言語を住民全体の共通語とするかが決められなくなる。また台湾の諸方言や原住民諸語は表記法が確立していないため、社会的に必要とするすべての言語が機能を果たすことができない。

しかしテレビやラジオの言語は、これまで国語であったが、「廣播電視法」の改正によって、各族群の言語も放送で使用されるようになった。

現在では台湾語や客家語はもとより、原住民諸語専門の放送局まで設立され、テレビを通して多言語主義や多文化思想が広がりつつある。

　林初梅氏は台湾人の国民国家形成の歩みを歴史的観点と郷土言語教育の観点からその本質を追求し、より良い文化水準の高い独自のアイデンティティの構築を提言している。台湾は民主的国家を樹立し、言語の民主化は確立し、アイデンティティの想像は成し遂げられたものと考えられよう。「郷土」の言葉にこめられた思いは、先人達がつねに考え、それは成就し、一つの形をなしえたのである。

　氏の研究は台湾の視座にたった解釈であり、より良い台湾社会の想像の一助となるものと信じている。

1　「本土化」とは、「台湾化」のことである。蒋経国の死後、李登輝が総統に就任し、「本島文化」の生成が強く叫ばれるようになった。「台湾化」することによって、国民に国家意識や国民意識を持たせ、台湾アイデンティティの構築を推し進めていったのである。
2　黄昭堂の「台湾の歴史」からの引用であり、原文については日本語である。2002年7月8日に台湾独立建国聯盟のサイトに書き込まれたものである。www.wufi.org.tw/jpninitl.htm
3　国民党政権が台湾に入り、台湾の人々は祖国への復帰に歓喜した。為政者は外省人（戦後台湾に渡った漢民族）であり、本省人（戦前より台湾に居住する漢民族。閩南人と客家人）と原住民（先住民を指す。蕃人）は差別を受けた。日本統治時代も本省人と原住民は差別され、脱植民地主義が叫ばれていた。そして戦後も日本と同様の政治的な体制が敷かれたのである。台湾の戦後はポストコロニアルとして捉えられるものであり、戦後の国民党政権の圧政から、政治への民主化と多言語主義が叫ばれようになった。
4　この「言語平等法」の草案は全部で25条からなり、第一条は以下のようになっている。
　第一條（説明立法之宗旨）
　爲尊重和保障國民的語言權利・促進多元文化成長・建構和諧社會・特制定本法。
　第1条（立法の趣旨を説明する。）国民の言語権利を尊重し、保障するために、多元文化の成長を促進し、調和のとれた社会を築くため、特に本法を制定する。）
　また現状では、「国家言語発展法」や「言語基本法」なども草案として起草され、各族群の言語の尊重と保障を謳っている。しかしあくまでも草案であり、まだ整理されていない点が多くある。
5　この言語法は2001年1月に施行されたものである。『中華人民共和国国家通用語言文字法』といい、第一条は以下のようになっている。
　第一条　为推动国家通用语言文字的规范化、标准化及其健康发展，使国家通用

语言文字在社会生活中更好地发挥作用，促进各民族、各地区经济文化交流，根据宪法，制定本法。(国家共通の言語及び文字の規範化、標準化及びその健全な発展を推し進め、国家通用の言語及び文字が社会生活の中で、さらによい作用を発揮し、各民族及び各地区の経済文化の交流を促進させるよう憲法に基づき本法律を制定するものである。)
とくに民族の一体化を強調し、民族の団結がうかがえる。単一言語思想への提言といえる。

【参考文献】
王育徳（1987）『台湾語音の歴史的研究』第一書房
施正峰・張學謙（2003）『語言政策及制定『語言公平法』之研究』前衛出版
徐　兆泉　編（2003）『臺灣客家話辭典』南天書局
陳　美如（1998）『臺灣語言教育政策之回顧與展望』高雄復文圖書出版社
董　忠司　總編集（2002）『臺灣閩南語辭典』五南圖書出版社
中川　仁（2008）『二・二八事件資料集』尚昂文化事業國際有限公司
―――（2009）『戦後台湾の言語政策―北京語同化政策と多言語主義』
　　　　　　　　　　　　　　　　　　　　　　　　　　　　　東方書店
藤井久美子（2003）『近現代中国における言語政策』三元社
ベネディクト・アンダーソン・白石さや・白石隆訳（1987）『想像の共同体ショナリズムの起源と流行』リブロポート
―――（1997）『増補想像の共同体ショナリズムの起源と流行』NTT出版

（東信堂、2009）

中川　仁著
『戦後台湾の言語政策
　　──北京語同化政策と多言語主義』

桜井　隆＊

はじめに

　本書は、著者・中川仁氏の博士論文である。書評の筆者は、その論文の主査であった。また、中川氏は本研究会のメンバーであり、その点では、筆者の同僚ということになる。主査であり、同僚である者が書評をするというのは異例のことである。その者があえてここに筆を執るのは、編集部の依頼によるものであるが、本書のテーマを論じられる者が他所に得られなかったということであろうかと推察する。

本書の構成

　まず、本書の目次を下に記す。

　第1章　序論
　第2章　台湾の歴史・住民・言語
　第3章　台湾ナショナリズムと中国大陸の国語運動
　第4章　国民党の北京語同化政策
　第5章　二・二八事件と王育徳の台湾語研究
　第6章　外来政権下での政治的動向
　第7章　民主化と多言語社会
　第8章　原住民言語と台湾の言語政策
　第9章　結論

＊明海大学外国語学部教員

この構成からわかるように、この書は戦後の台湾における言語政策を歴史的に通観した論考である。
　第1章で本研究の意義を述べ、第2章では台湾の歴史・地理・住民などについて概説している。これは、本研究の扱う主題が台湾の歴史・社会の中でどこに位置するかを明らかにするものである。
　第3章は、戦前＝日本統治下における台湾の言語ナショナリズムと、同時期の中国大陸における「国語運動」の流れを手短かにまとめている。本研究の主題である、戦後台湾の言語政策の「前史」ともいうべきものである。
　第4章からが本論である。まず、戦後台湾の言語政策の歴史区分を確定する。この区分は政権のあり方など台湾社会の変化にも対応し、合理的であると思われる。
　第5章は、著者の独自の観点を示す、中心的な論考である。1948年に起こった二・二八事件が、その後の強圧的な北京語同化政策を決定づけたとする。また、この事件の後の政治状況から日本に亡命した王育徳が、独自に台湾語の研究を進め、後の「語言平等法」につながる多言語主義思想の基礎を築いたことを明らかにしている。二・二八事件は台湾戦後史の中で久しくタブーとされてきた事件である。これを掘り起こし、言語政策の決定要因をここに求めたのは、著者の卓見である。また、王育徳とその言語研究は、全く埋もれていたものであるが、その業績を再発見し、言語政策史の中に位置づけたことは、高く評価できる。
　第4・5章で論述された言語政策の裏には、国民党の統治やそれに反発する台湾独立運動などの政治の動向がある。そこで、第6章で、戦後台湾の政治状況を概説している。
　第7章は、蒋政権後の民主化とともに、北京語を唯一の使用言語とする政策が見直され、閩南語が復権していく過程を明らかにする。これによって、台湾は多言語社会であることが容認されたと述べる。
　第8章では、台湾原住民の諸言語の復権の過程と、その現状を述べている。台湾原住民の言語の状況を社会言語学的に考察した論述は極めて少ない。この問題に特に一章を割いたのは、著者がもたらした新しい視点によるものである。
　第9章で結論として、今後の台湾の言語政策は、①台湾が多言語社会であるという事実を認め、諸言語の存在を保障する　②同時に、住民の

統合と社会活動の円滑化のために、北京語を基にした「台湾国語」を共通語とすることになる、と予測する。

巻末には「参考資料集」が付されている。これはきわめて価値の高いものである。これだけの貴重な文献を集めたことは、書誌学的にも一つの業績といえよう。

戦後の台湾研究

台湾では 1947 年、反政府暴動である二・二八事件が勃発した。これを鎮圧するために戒厳令が敷かれたが、これは 1987 年まで解除されなかった。世界最長と言われる戒厳令である。この間、国民党政権に反対する言動は過酷に取り締まられ、情報が統制された。台湾社会についての正しい情報は、広く知られることがなかったのである。

一方日本では、東西冷戦下において、知識人の間には社会主義に対する一種の憧れがあり、台湾に関心を寄せるのは保守反動である、と断ずる風潮があったことも、率直に認めなければならないであろう。

さらに 1972 年の日中国交正常化以降、日本は中華人民共和国との交流を重視し、台湾に関心を向ける者は少なかった。台湾を実効支配している中華民国政府との正式国交はなくなったため、学術的な交流もほとんど行われなくなった。

このような事情から、戦後の社会に関する客観的な研究はほとんど行われてこなかった。

1988 年に李登輝が総統に就任してから民主化が進み、言論の自由も保障されるようになったが、台湾では、戦後の歴史を客観的に回顧することは、依然として憚られる風潮があった。歴史を回顧すれば必然的に国民党政権を批判することにつながり、それを敢えて行うのはなお勇気のいることだったのである。こうした雰囲気は今でもお完全に払拭されたとは言えないように思われる。

そうした中で、中川氏が研究を進め、本書をまとめたことは高く評価できよう。

本書の価値

本書は書名の通り、言語政策について述べたものである。しかし、そ

の社会的背景を説明するために、まず二・二八事件とは何か、というところから説き起こしている。事実そのものが隠蔽されてきたのであるから、こうした配慮が必要であろう。「注」（pp.94-95）で王育徳の「二・二八事件日誌」を紹介しているが、これは、著者の述べているように、「ほとんど知られていない重要な資料」である。

　言語政策についても、さまざまな法令を豊富に引用している。国民党政権が北京語教育を推進するために策定した「國語推行辦法」（pp.58-60）や、民進党時代になり台湾語・原住民諸語の復権を保障した「語言平等法（草案）」（pp.111-118）など、重要な法令が網羅されている。

　これらを駆使した叙述により、戦後台湾社会の中の言語状況が明確に浮かび上がってくる。戦後の台湾は、日本の植民地統治後のポスト・コロニアル社会であるとばかりは言い切れない。台湾島民（本省人）の立場からすれば、新たな外来政権下で、植民地的な状態が続いていたということにもなろう。こうした中で行われてきた「国語（北京語）教育」は、植民地教育史研究の立場からも大いに注目すべきものである。

批判1

　ここまで好意的なことばかり述べてきたが、公正な評価として、あえて本書の欠を挙げる。まず、法令の扱いである。

　本書には法令がいくつも引用されているが、法令集（六法全書）からの引用でないものが多い。できれば法律書を台湾の図書館などで確認する必要があったろう。ただ、本論文では、このことによって論旨の展開に大きな影響は生じてはいないと判断する。

　それ以上に気になるのは、辛い評価をすれば、法令の中国語の訳文がやや漠然としていることである。もちろん意味は十分に取れているが、法律の条文の翻訳は厳密でなければならない。もっとも、原文の用語には極めて特殊な概念をもつものもあるので、現段階の論文の中では翻訳に苦慮するであったろうことも理解できる。

　さらに欲を言えば、法律の条文のみに基づいて議論を展開するのではなく、台湾での言語生活の実情を含めた論考がほしかったところである。たとえば、「國語推行辦法」の第4条には「各級の師範学校では‥‥国語および注音符号の使い方を教え、練習させ‥‥」とあるが、こ

れが学校の現場に具体的にどのような影響があり、どのような教育が行われたか、学生はそれに対してどう反応したか、などが気になる。

批判2

さらに本書に「ないものねだり」とも言える要望を述べたい。評者の専門である言語学の立場で見ると、本書には社会言語学からの視点が欠けているのである。

言語政策（language policy）は社会言語学の大きなテーマであり、理論も整備されている。北京語を国語に据えようとするのは、社会言語学の用語で言えば、「席次計画（status planning）」である。また、台湾語や原住民諸語の表記法を確定するのは、「実体計画（corpus planning）」である。こうした社会言語学の理論と用語をもって議論を展開すれば、さらに精緻な研究になりえたのではないかという気がする。

また、海峡両岸の公用語は俗に「中国語」として一括りにされるが、大陸の「普通話」と台湾の「台湾国語」は微妙に異なる。これは、イギリス英語とアメリカ英語の違いに対比して考察してみたらおもしろいのではなかろうか、などと想像する。

しかし、これはもう他の分野の研究であろう。初めに述べたように、これは「ないものねだり」である。

それにしても、中国語の研究は全般的に、西洋生まれの言語学に対しどうもなじみが薄いようである。

評価

いくつかの技術的な不備は指摘できるが、本研究は、今までにない新しいテーマを取り扱った点は画期的であると言える。戦後台湾の言語政策を正面から取り上げたということ自体、中川氏の雄図を感じるものである。さらにその中で、王育徳の功績や台湾原住民の言語環境を重点的に考察したことは、独創的視点である。

筆者は本書＝博士論文審査の主査として、評価報告にこのように書いた。――時に荒削りな点もあるが、新しい領域を切り開いたパイオニア的研究であり、これを基に細部を詰めた研究を続けていけば、さらに大きな発展が期待できる。一部論述についての具体的事実の提示が欠け、

論証が弱いことなどが指摘できるが、独自の視点による新たな発見がある。──評者の偽らざる感想である。

　管見の限りでは、類書はない。植民地教育史研究会の諸氏にも、ぜひ一読をお勧めしたい。

　（東方書店、2009）

高婷著

『近代中国における音楽教育思想の成立
留日知識人と日本の唱歌』

岡部芳広＊

　日本は古代より中国に多くの文化や技術を学び、それを自国のものに消化してきた。音楽も例外ではなく、古墳時代にはすでに中国大陸の音楽が伝来しており、飛鳥時代から奈良時代にかけては伎楽や雅楽などが朝鮮半島を経て伝来している。日本の伝統音楽の中で、大陸をルーツとしない日本固有のものは東遊や久米歌など、普段我々がまず耳にする機会のないもので、その他の多くは大陸から伝えられた音楽が長い年月を経て国風化されたものである。江戸時代までは、きわめて大雑把に言えば、大陸から伝来した音楽が国風化したり、そこから派生したものが日本中で一般的に行われていた音楽だったのである。しかし、明治維新を迎えるや日本は西洋の音楽を積極的に取り入れることとなった。小学校に「唱歌」という名の教科を設け、五線譜で書かれた歌を子どもたちに教授したのである。

　アジアにおいて先んじて近代化に着手した日本は、今度は中国から「学ばれる」立場となり、近代教育の制度や内容について中国に影響を及ぼすこととなったが、音楽教育についても例外ではなく、中国の近代学校における音楽教育は、日本の影響下に始まったのである。このテーマについて焦点を当ててなされた研究は管見の限りほとんどみあたらず、いくつかの著作において周辺的に扱われている程度である。そういった意味で本研究は非常にオリジナリティある先駆的なもので、中国近代（音楽）教育史のみならず、日本近代（音楽）教育史、また日中文化交流史的な観点からも究明が待たれたテーマであった。

　著者の高婷氏は、1998年から2004年まで慶応義塾大学に留学し、2007年に学位論文を提出し、博士学位（教育学）を取得しており、現

＊相模女子大学学芸学部教員

在は北京語言大学外国語学院日本語学部の准教授である。巻末に記された論文初出一覧によると、2001年に出されたものから、学位論文提出より後の2009年に出されたものまでが列挙されているが、実に10年近くにわたって練られてきた研究成果の集大成だと言えよう。

本書の構成は以下のようになっている。

　序　　章　研究の主題と方法
　第一章　中国における近代学校音楽教育論の前史として
　第二章　明治日本の学校音楽教育
　第三章　留日知識人雑誌に見る音楽教育思想
　第四章　沈心工の唱歌集に見る留日知識人の音楽教育実践
　第五章　美育論による学校音楽教育の位置づけ
　終　　章　留日知識人の学校音楽教育論の系譜及び歴史的意義

　第一章ではまず、清末における近代学校制度の導入について概観し、音楽教育が導入される前段階について検討している。中国における近代学校制度は、1902年の「欽定学堂章程」によって示されはしたものの実施には至らず、1904年の「奏定学堂章程」によって始まりを迎えた。その後政府の主導で教育の近代化は進められるが、清末に成立した学校制度が近代中国の学校音楽教育の制度的な基盤を築くものであり、学校音楽教育を行う「場」を作り上げたと著者は述べている。

　続いて清末における音楽教育をめぐる言説について述べられる。1866年以降、海外の諸事情を視察するために、清朝政府は外交使節団を相次いで欧米に派遣した。この海外視察に携わり、西洋を自ら体験した者が音楽教育についても発言をしており、それをいくつか取り上げている。張徳彝がパリ滞在中に西洋音楽に触れて心を動かされ、音楽教育に対して注目をするにもかかわらず、彼の西洋音楽受容の思想的土台が儒教の礼楽思想であったという点を指摘しており大変興味深い。ヨーロッパで清の参事官を務めていた黎庶昌も、音楽を教化の道具及び「徳」を修める方法として捉えているとし、儒教の伝統的な思想というフィルターを通して西洋音楽を見た一人として挙げている。西洋という現場で直に接していても、中国の伝統思想を手掛かりに西洋音楽を理解しようとした

官僚知識人の思想的態度に、彼らの中の伝統思想の根強さを見出すことができる。続いて、維新派、なかでも康有為が音楽教育の必要性を強く訴えたことに触れている。著者は康が光緒帝にドイツの例を出して音楽教育の必要性を訴えた点を重視しているが、康の音楽教育論では、音楽は「体」、「智」、「徳」という三つの側面から人間に働きかけるとしており、この考えの底流にも孔子の思想があるとしている。また梁啓超が日本の教育課程を手本にすべきで、日本に倣って音楽教育を取り入れるべきだと言及したことについて述べているが、その梁啓超の主張にも儒教の音楽観が投影されていることを明らかにしている。このように、維新派は変法運動を先導し抜本的な政治改革を企図していたが、それは清朝を倒して伝統的思想の枠組みから脱却することではなく、儒教主義・伝統主義に立脚したものであった。西洋近代の学制を手本として音楽教育導入を高唱しながらも、目指したのはあくまでも礼楽思想に根差した音楽教育であったと著者は分析している。

　第二章では、中国に影響を与えることとなった、明治期の日本の学校音楽教育について、その成立と性格を述べている。1872年に公布された学制によって、「唱歌」という科目名で日本の学校音楽教育は始まるが、指導者養成や教材の準備が間に合わないということで、「当分之ヲ欠ク」という但し書きのもと、実施が後回しになったことは周知である。その後、伊澤修二らの努力により音楽取調掛が設置され、教材の編纂や教員の養成が順調に進み、音楽教育は普及していった。伊澤が音楽教育導入の効用を建議した時、主には身体的効用と徳育的効用を挙げたが、時代が下るにつれて、それらに加えて美的効用が唱えられるようになってくる。著者はこれをヘルバルト主義の美育論に影響を受けたものであるとし、注目している。

　続いて、東京音楽学校校長の身分のまま清国の学務顧問に就任し中国に赴いた渡辺龍聖や、「言文一致唱歌」で有名な田村虎蔵の美育論などが提示されるが、その後に本論考に深くかかわる「鈴木米次郎と清国留日知識人」について述べられる。日清戦争の結末により、近代化の必要を強く感じるようになった清国から、日本に多くの留学生が訪れることとなり、清国人向けの教育機関として弘文学院が設けられた。その速成音楽班で教鞭をとっていた鈴木米次郎こそ、清国人留日知識人に音楽教

育を授けた重要人物であった。鈴木は、留学生会館において「音楽講習会」を催すが、後に「亜雅音楽会」という音楽学習会に発展していく。ここで鈴木が教授した沈心工や曽志忞らが、後に中国に音楽教育をもたらす重要人物となるのである。

　第三章は本論考の中心的部分で、留日知識人雑誌に見られる音楽教育思想について考察される。まず当時の中国の若い知識人に絶大な影響力を持っていた梁啓超が主筆を務めていた『新民叢報』を、そして李叔同が発行した中国初の音楽関係の専門誌である『音楽小雑誌』について検討している。梁啓超は学校における音楽教育の必要性を説くが、それは国家主義的要請によるもので、特に「尚武精神」を喚起する効用を強調している。また、曽志忞は『新民叢報』の中で、音楽の社会における役割を、「徳育」、「知育」、「体育」の三分野に区別するが、彼らの思想には、「美育」の概念が欠落していると著者は指摘する。この頃すでに日本では音楽教育の美育的側面も重視されるようになっていたが、その部分が留日知識人に採り入れられなかったことは大変興味深い。李叔同は『音楽小雑誌』の中で、徳育やナショナリズムに立脚した音楽教育理論を展開し、西洋音楽の必要性を説きながらも、中国の伝統文化の重要性に重きを置いた。彼も美育について触れることはなく、村岡範為馳の「音楽の感動力を論ずる」を訳して『音楽小雑誌』に掲載したとき、音楽の「徳育」の機能重視について語られている部分は訳しているが、「美育に資する」とある部分についてはわざわざ省いていることが明らかにされている。そして、本省の小括として著者は、「清朝留日知識人の音楽教育は、国民国家を立ち上げる時期に、国民精神をいかに形成するかという共通した問題意識のもとで練り上げられて」おり、「音楽（唱歌）の価値が、愛国心、尚武と進取の精神の養成、及び国民精神共同体の構築への貢献に求められて」いたと述べている。そしてさらに、「清末当時留日知識人によって繰り広げられた学校音楽教育論は、当時の知識人たちに共有されていた、列強に対抗できる近代国民国家の形成という喫緊の課題を意識に根差して展開された」とし、「したがって、音楽の美育機能は強調されることがなかった」とまとめている。

　第四章では、中国の近代学校音楽教育成立の立役者といえる沈心工が出版した唱歌集をもとに、彼の音楽教育実践について検討している。沈

心工は20世紀の初頭に中国で起こった「学堂楽歌運動」の中心人物で、彼は多くの曲を作曲し、『学校唱歌初集』、『学校唱歌二集』、『重編学校唱歌集』などの唱歌集を出版した。これらをもとに、著者は沈心工の音楽教育思想について、「彼が教材選択において最重視したのは、歌詞の平易さではなく、歌詞に盛り込まれている精神性・思想性であり、いわば国民精神を培うという唱歌教育の目的が達成されることであった」と総括している。しかし沈は歌詞だけでなく、旋律の重要性も理解しており、「歌詞と旋律の一体化されているところが賞賛されている」とし、彼の曲は長く歌い継がれることになったと評価している。しかし、著者は沈が石原重雄の『新撰小学唱歌教授法』を翻訳して出版したとき、音楽の美育上の意義に関する部分を意図的に訳出することがなかったことを挙げて、それ以前の留日知識人がそうであったように、沈においても美育に対する意識が低かったことを明らかにしている。

　そして著者は、『学校唱歌初集』、『学校唱歌二集』、『重編学校唱歌集』のすべての教材について楽曲分析を行い一覧表にしている。全てが沈の作品というわけではなく、日本の曲や外国の曲に中国語の歌詞をつけた教材も多いが、清末民初の中国の学校音楽教育教材の音楽的特徴を知る上で貴重なものだと言える。ただ惜しむらくは、音楽用語が正しく用いられていない個所が多くみられる点である。たとえば、ドイツ語の音名と英語の音名を混同していると思われ、結果的に楽曲の音域が正しく示されていない個所があったり、調との関係から考えにくい音域が示されていたり、「六分の二拍子」という音楽ではあり得ない拍子が何度も出てきたりしているといった具合である。冒頭で述べたように著者は音楽の専門家ではないので、寛容さをもって見る必要もあろうが、せっかくの貴重な研究の完成度をいささか下げてしまった感があり残念である。

　第五章では、王国維と蔡元培の音楽教育思想を検討することにより、美育論による学校音楽教育の位置づけについて述べている。近代中国において初めて美育が提唱されたのが、上海で1901年に創刊された教育雑誌『教育世界』であると著者は指摘し、その王国維の思想について検討している。王国維はカントの影響を受け、完全なる人物は、真善美という三徳を併せ持たなければならず、この理想を実現しようとするならば教育から開始するほかなく、それは「知育」、「徳育」、「美育」である

と主張した。この王の美育の捉え方は、その後の近代中国の美育論の思想的土台をなすものであると著者は評価している。そして蔡元培の美育論を挙げ、蔡が「美育の教育内容となる芸術を人間の感情表現として定義づけ、芸術を通じて人間の感情に働きかけるものとして美育を捉えるという論調は、1912年から1930年までの20年近くのあいだ、変わることはなかった」とし、蔡が言わば中国に「芸術教育」という理念を持ち込んだ先駆であると評価した。しかし、蔡は「美育論を打ち立てたとき、西洋の美学理論を吸収しつつも、中国の美育伝統の豊さにも目を向け、そこから当時の教育に有意義な要素を引き出し」ており、「徳育と美育は不可分」であるとし、やはり礼楽思想を排してはいなかったということも著者は指摘している。

　終章で著者は、「近代中国における学校音楽教育は、美育理論の確立と呼応する形で確立された」とする一方、「民国初期の教育法制度において、美育思想を基盤とする学校音楽教育の位置づけが明確化されたことは、決して清朝末の「楽堂楽歌」運動と無縁ではなく、むしろその延長線上で実現した」とし、「清末の留日知識人による音楽教育論と、美育論者の王、蔡の音楽教育論の連続性を強調」している。最後に清末民初の学校音楽教育論の歴史的意義、今後の課題、今日的意義を述べて本論考は終わるが、この終章はこれまでの論考を丁寧に総括しているだけでなく、清末民初の中国における学校音楽教育論に見出せる「一定の限界」を析出するなど、冷静な分析をともなった考察であり読みごたえのあるものとなっている。

　評者は本書を読み、様々な思いを持ったが、本研究が清末の啓蒙雑誌や唱歌集という、これまであまり日本に紹介されることがなく、また入手することも困難な史料に基いてなされたという点が、まずは高く評価されるべきだと思う。そしてそれらの史料が非常に丹念に分析されており、音楽教育思想を中心とした近代中国の学校音楽教育成立の過程を、明確にそして丁寧に描き出すことに成功している点が、さらに評価されるべきであろう。日本というフィルターを通して西洋音楽を受容した例としては、台湾や朝鮮などの植民地における学校音楽教育があり、それらについては徐々にではあるが研究が進められてきた。しかし、清国人留学生による日本を通した西洋音楽の受容についてはこれまでほとんど

関心を寄せられることはなく、本書によってようやくまとまった研究成果が得られたと言ってよい。

今後は、著者も終章で述べているように、本書で語られた音楽教育が中国の子どもたちにどのように受容され、中国人の内面形成にどのように作用したのかという点を明らかにすべく研究が発展していくことを期待したい。さらに、本研究が進むことにより、植民地教育との比較研究が可能になるという点については大いに期待したいところである。「日本により西洋音楽を押し付けられた植民地」と、「選択的に日本を通して西洋音楽を受容した近代中国」を比較することにより、近代東アジアにおける西洋音楽受容の意味を再検討するための大きな知見が得られるのではないだろうか。

最後に感想めいたことを述べさせてもらうと、評者が本書を読んで最も興味を持ったのは、中国の伝統思想がいかに根強く中国人の思想世界に浸透していたのかという点であった。西洋文化に接したときに、その受容に際して伝統的な儒教思想に立脚し、時代の文脈の中において自らの体系に位置付けていったという態度は非常に興味深く、これがいわゆる「文明」を持った人たちのなせる技なのかという印象をもった。日本人が明治期に西洋音楽を受容したとき、思想的基盤をもったうえで西洋音楽を受容するという色合いは弱く、西洋音楽の「技法」を熱心に「模倣」したという感が強い。しかし今回本書を読んで、中国人知識人たちが自分たちの伝統的思想を尊重する立場を崩さないまま西洋音楽を受容してきたということを知り、少なからず衝撃を受けた。異文化に対峙しても文化的アイデンティティを揺るがすことなく、自分たちの土俵にそれを引き込んで受容する人たちは、異文化を自分たちのものとして消化し、そして新しい文化へと昇華させるのであろう。冒頭で述べたように、これまで日本は外来文化を咀嚼して国風化することを得意としてきた。しかし、西洋音楽受容に関して言えば、社会的状況や受容する人々の態度は、明治以前の外来音楽受容とは随分相違がある。評者はこれまで折に触れて、「なんで自分は日本人なのに、西洋音楽を一生懸命やってるんだろう」と自問自答してきた。それに対しては、「日本人だからこそできる西洋音楽の表現というものが必ずあるはずで、それを目指すべきなのではないか」と自分なりに答めいたものを見出してきたが、この著

作に触れたことを機に、もう一度「自分が西洋音楽をやる意味（日本人が西洋音楽にどのように対峙するべきか）」について考える必要があるのではないかと感じている。

（慶応義塾大学出版会、397頁、2010）

Ⅶ. 気になるコトバ

軍歌

桜井　隆*

0. はじめに

「軍歌」という語は今日、漠然と「軍国調の歌」を指している。しかし本来「軍歌」とは、陸海軍で歌われる極めて限定された歌曲であった。一般に「軍歌」と思われている歌の中には、学校の「唱歌」が含まれている。また、戦時期の童謡には、その愛らしいメロディとはうらはらに、歌詞が「軍歌」と同様の軍事色を帯びているものもある。「軍歌」とは何か、ここで整理してみたい。

1. 軍隊の歌

1.1. 軍歌

本来、軍歌とは①陸海軍（軍楽隊など）が制作した歌、②陸海軍が民間人に制作を依頼した歌、③陸海軍が式典などで歌うべき歌として公認した歌、である。いずれも軍隊内で歌われる歌で、数も少なく、一般にはなじみがない。　筆者の手元に海軍教育局が発行した『海軍軍歌』（1942）があるが、「海軍軍歌」とされるのは「国旗軍艦旗」「艦船勤務」など12曲で、今日では耳にしないものばかりである。

同書には、このほかに「従来艦團隊各部ニ於テ使用スル唱歌軍歌」として26曲が挙がっている。「軍艦」（軍艦マーチ）など、よく知られている歌は、こちらの分類に入っている。

---
*明海大学外国語学部教員

本来の軍歌は、勤務の合間に口ずさむようなものではない。訓練の一部として「軍歌演習」があり、歌い方も定められていた。「左手に軍歌帳を掲げ、右腕は肩の高さまで前後に振り」（太宰 1980：150)、「指導将校を中心にして、歌いながら円形行進をする」（伊藤 2008：90）のである。

1.2. 隊歌

　軍隊にはまた、特定の部隊（海軍なら特定の艦）のみで歌われる「隊歌」があった。各学校に校歌があるようなものである。「関東軍の歌」「海軍陸戦隊歌」などがあるが、もっとも有名なのは「加藤隼戦闘隊の歌」として知られる「飛行第六四戦隊歌」であろう。これは映画「加藤隼戦闘隊」の主題歌となり、大流行した。後述の「戦時歌謡」と重なるものである。

1.3. 兵隊ソング

　このほかに、軍体内で自然発生した戯れ歌がある。今日では「兵隊ソング」という名称で括られるが、これは戦後に作られた分類名である。よく知られているのは、ドリフターズが「ズンドコ節」という名で歌った「海軍小唄」であろう。また陸軍には「満期操典」という歌があった。「‥可愛い彼女と泣き別れ／あわれこの身は入営す／入営したのはよいけれど／破れ軍服身にまとい／破れ軍服いとわねど／朝も早よから起こされて／人のいやがる拭き掃除‥」（伊藤 2008：129）。非公式な、一種のプロテスト・ソングである。軍体内での歌であるから、今日ではこれも軍歌とされるが、歌詞の内容は、軍歌本来の目的である士気高揚とは逆の方向を向いている。

2. 一般の歌

　軍国調の歌は、軍隊外の一般社会でも歌われた。これは「軍隊の歌」としての軍歌ではなく、文部省の唱歌、あるいは戦時期の流行歌ないし歌謡曲の類である。

2.1. 文部省唱歌

「軍国調の歌」は小学校の教科書にも取り上げられている。たとえば「水師営の会見」である。これは国内の『尋常小學唱歌 第五學年用』（第一期）だけでなく、旧植民地の『公學校唱歌 五學年』（台湾一期）、『普通學校唱歌 第四學年』（朝鮮一期）でも採用されている。また国定国語教科書の『尋常小學讀本 巻十』（第二期）にも、歌詞がそのまま採録されている。

軍歌と思われている歌は唱歌であり、国語科教材でもあったのである。今日に伝わる「軍歌」の一部は、学校の授業で教えられることによって、人々の記憶に刻み込まれたのである。

2.2. 国民歌謡

1936（昭和11）年、ラジオ（日本放送協会）で「国民歌謡」という番組が放送され始めた。この番組は1941年、「われらのうた」と名を変え、その翌年「国民合唱」と改称、戦後は「ラジオ歌謡」となり、今日のNHKの「みんなのうた」につながる。

その「国民歌謡」初期の代表曲として「椰子の実」が知られるが、やがてこの番組内で「愛馬進軍歌」「暁に祈る」などが放送されるようになった。これらは今日、軍歌とされているが、軍隊内で歌う歌ではなく、国民が愛唱すべき歌として広められたものである。

また逆に、国民歌謡には、軍歌とは認識されていないが、歌詞を見ると極めて戦時色の強い歌がある。たとえば「めんこい子馬」は三番の歌詞で「紅い着物（べべ）より大好きな／子馬にお話してやろか／遠い戦地でお仲間が／手柄をたてたお話を」と歌われる。五番は「明日は市場かお別れか／泣いちゃいけない泣かないぞ／軍馬になって行くときは／みんなでバンザイしてやるぞ」である。この歌はメロディが愛らしいので軍歌とは認識されないが、歌詞は軍歌に等しい内容を持っている。兵隊ソングに比べれば、軍隊と戦争に対してはるかに協力的である。

2.3. 戦時歌謡1

日中戦争が始まる（1937年）頃になると、時局を反映して、さまざまな軍国調の歌が作られるようになる。内閣情報部の歌詞公募により「愛

国行進曲」が作られた。また、信時潔は「皇軍の兵士の忠誠を報道によって知り感激のあまり」（堀内1969：305）「海ゆかば」を作曲した。古関裕而は歌謡曲として「露営の歌」を発表した。これらは陸海軍を離れて制作されたもので、広く国民に歌われた。この点、本来の軍歌とは異なる。これらを「戦時歌謡」と呼ぶ。「空の神兵」「麦と兵隊」など、今日一般に軍歌と思われている歌のほとんどが、実は、昭和に入って作られたこの「戦時歌謡」である。

2.4. 戦時歌謡2

歌詞やメロディが軍国調でなくても、戦時歌謡に分類すべき歌がある。

一つは、「支那の夜」「蘇州夜曲」などである。これらは日中戦争を背景として生まれたもので、きびしい言い方をすれば、「占領地ソング」とでも呼ぶべきであろうか。

もう一つは戦後の歌である。戦時歌謡は、終戦とともに制作が終ったわけではない。戦後もしばらくは、戦時色をひきずった歌が作り続けられていた。「異国の丘」「岸壁の母」などである。

子どもの歌としては、「里の秋」が挙げられよう。これは、1946年に始まったラジオ番組「復員だより」で使われた。その歌詞の一番には「ああ母さんとただ二人」とあるが、三番には「さよならさよなら椰子の島／お船にゆられて帰られる／ああ父さんよ御無事でと／今夜も母さんと祈ります」とある。父親の復員を待っているので「ただ二人」であることがわかる。

3. 植民地唱歌

最後に、いかなる意味でも軍歌ではないが、ここにぜひとも言及しておきたい一群の歌がある。旧植民地特有の唱歌である。その中でもっとも有名なのは、北原白秋・山田耕筰の「待ちぼうけ」である。この歌は『初等唱歌集 巻六』（南満州教育会教科書編集部）に掲載されているが、日本の国定教科書や他地域の教科書には見られない。「『満州の地に愛着を感じるように』と願って作られた」（喜多2007:15）「満州唱歌」である。台湾・朝鮮にも同様のものがあったと思われる。

軍国調ではなくても、植民地支配なくしては生まれなかった歌とし

て、軍歌・戦時歌謡に準じて考えるべきものであろう。

　今日一般に「軍歌」と呼ばれるものの範囲は明確ではない。これを仔細に分類すると、音楽教育にもなだらかにつながってくる。植民地教育史研究の立場からも、軍歌について再考する必要があろう。

　参考文献
　藍川由美　1998　『これでいいのか、にっぽんのうた』　文春新書
　伊藤桂一　2008　『兵隊たちの陸軍史』　新潮文庫
　海軍省教育局（編）　1942　『海軍軍歌』　海軍省教育局
　喜多由浩　2007　「満州唱歌」『満州のうた』（CD「満州のうた」
　　　解説）　King Records
　太宰飛斗志　1980　『まなざし遠く』　櫂書房
　堀内敬三　1969　『定本　日本の軍歌』　実業之日本社

# Ⅷ. 研究活動報告
韓国独立記念館研究所との研究交流・シンポジウム参加報告

チョナン（天安）を訪れて
―― 独立記念館シンポジウムから ――

渡部宗助＊

1.「国際研究交流」の積み上げ

　2010年11月19日（金）、韓国・独立記念館（チョナン）で日韓・学術研究交流「シンポジウム」が開催され、本研究会から佐野通夫と渡部がシンポジストとして参加した。このシンポの参加については、同年4月に独立記念館のイ・ミョンファ（李明花）、ユン・ソヨン（尹素英）の2人の研究員が資料調査で来日した際に、僕らの研究会に研究交流の打診があったことから始まった。この時（4.20）研究会側で対応し、懇談したのが、事務局長の白柳弘幸と研究部の佐野、渡部であった。その席で「11月にシンポジウムを企画しているが参加は可能か」と言う提案があった。研究会としては従来も色々な形で国際交流を行ってきたので、「条件が折り合えば、研究会から誰かは参加できるでしょう」と言う程度の返答をした。

　その後、5月26日、ユン研究員から3人宛のメールがあった。「11月12日（金）に独立記念館主催で、「日本の韓国強制合併前後における植民地歴史教育政策」をテーマに、シンポジウム開催を企画した。ついては、佐野、渡部に参加・報告を依頼したい」という旨であった。韓国から本研究会への具体的「研究交流」の申し入れであり、6月19日（土）開催の運営委員会で正式議題に付して検討した。本研究会にとって学術的な「国際交流」は、創立以来の事業であり、特に反対の議論はなかったが、これまでの多様な「研究交流」とは異なり、相手が韓国の国立機関である（と当時は認識していた）こと、これが散発に終ることなく今

＊日本大学文理学部（非常勤）

後、恒常的研究交流に発展しうる可能性もあることなどを共通理解として、2人への招待・参加を了承した。併せて、シンポの「概要」と2人のシンポでの「報告」を本研究会の『年報』に掲載することも決めた。

最終的には、渡部の報告題目について先方に修正を提案して快諾してもらったこと、日程が先方の都合で11月19日になったことなどの変更があった。以上のような経過を経て、シンポジウムを迎えたのである。

2. 羽田・金浦・チョナン（天安）

11月18日、僕ら（佐野通夫と渡部）は午後の講義を終えて、羽田・新国際空港からASIANA1035便（19.30発）で韓国・金浦空港に飛んだ。予定通り約2時間で金浦空港に着陸、空港には独立記念館のイ（李）さんとユン（尹）さんのお二人が出迎えに来られていた。4月以来の懐かしい再会であった。ドライバーのユンさんとナビゲイターのイさん、記念館の大型公用車で高速道路を一路、チョナンに向かった。クルマが少ない時間帯だったのだろうか、渋滞もなく「ツッ走る」こと2時間。チョナン・独立記念館に近い新装のホテルにチェックインしたのは、もう翌日に近かった。

「明朝9時に、迎えに来ます」というユンさん。チョナン－金浦間往復4時間運転の直後のこと故、そのタフさに感嘆した。リゾート風ホテルで熟睡。翌朝、ホテルから眺めた朝靄がかかった広々としたチョナン、その晩秋の自然は、温かさと厳しさを与えてくれた。ハングルが全く出来ない僕だが、佐野さんが一緒だから朝食も緊張なく済ませた。

9時過ぎにユンさんがご自分の通勤車でホテルまで迎えに来てくれた。午前中は、先ず独立記念館の1号館と2号館（7号館まである）の展示をガイドのパク（朴）さんに案内してもらった。佐野さんは、独立記念館設立直後（1987年？）に一度該地を訪れているとのことであったが、初めての僕にとっては、先ずその敷地の広さ（100万㎡！）、ゆったりした空間と清澄な冷気が快かった。

11時過ぎに、独立記念館・独立運動史研究所のキム サンギ（金祥起）所長さんなど研究所の主な方々に挨拶、次いで独立記念館のキム・ジュ

ヒヨン（金住炫）館長に表敬の挨拶。そのまま、館長招待の昼食会がセットされていた。会場まで夫々が車に分乗して移動すること20分位（？）、佐野さんと僕は主席研究委員のキム・ヨンダル（金容達）さんの車に同乗させてもらった。和気合い合いの「韓国式会食」に、僕は正座をして畏まり、優しくたしなめられた。午後からのシンポのことが気になりながらの食事であったが、それは杞憂で、独立記念館に戻って、予定通り午後1時半にはシンポジウムが始まったのである。

3.「庚戌［1910］国恥100年　学術大会」（シンポジウム）

　「韓国併合」、それは韓国にとって「国恥」として記憶・記録すべき歴史であった。中国の「国恥記念日」は「五・四」運動を惹起させた1915年5月9日であるが、韓国でそれに対応するのは1910年8月22日。中国語の「記念」＝「紀念」とは、忘れざること、記憶すべきことの意で、「寿ぐ」意ではない。日本の文化を「恥の文化」と分析した文化人類学者がいたが、日本には「国恥」と記憶すべき日はあるのか、ないのか？エンゲルスの哲学に従えば、日本にとっての「国恥」は、「8・22」もあり、「5・9」もあり、「12・8」もありだが、それには超「自虐」派と罵倒される覚悟がいる。

　韓国独立記念館が主催したシンポジウムのテーマは、その「国恥」の年に因んだ"日本帝国主義の強制的「韓国併合」前後の植民地歴史教育政策"であった。韓国、日本から夫々2人ずつの「報告」が行われて討論された。よくよく考えたら、「凄いこと」だったと思わざるを得ないことだったが、先ずそのプログラム（佐野通夫翻訳）を紹介することにする。

庚戌国恥100年　学術大会
日帝強制併合前後植民地歴史教育政策
日時：2010年11月19日・金曜日・午後1時30分〜6時
場所：独立記念館パルグンヌリ館
開会

司会:キム・ヨンダル(金容達・独立記念館韓国独立運動史研究所首席研究委員)
挨拶:キム・ジュヒョン(金住鉉・独立記念館館長)

第一主題:韓国統監府の教育政策と歴史教育
　発表:キム・キョンミ(金京美・独立記念館教育文化部)
　コメンテーター:チャン・シン(張信・延世大学)
第二主題:日帝強制併合イデオロギーと植民地教育政策
　発表:イ・ミョンファ(李明花・独立記念館韓国独立運動史研究所)
　コメンテーター:パク・ゴルスン(朴杰淳・忠北大学)
(休憩)
第三主題:1910年代朝鮮総督府学務局の植民地歴史教育
　発表:佐野通夫(日本・こども教育宝仙大学)
　コメンテーター:カン・ミョンスク(姜明淑・培材大学)
第四主題:1910年前後日本の歴史教育―状況・教育課程・教科書―
　発表:渡部宗助(日本・埼玉工業大学)
　コメンテーター:コォン・オヒョン(権五鉉・慶尚大学)
(休憩)
総合討論
　司会:キム・サンギ(金祥起・韓国独立運動史研究所所長)

　この4つの報告-冊子(B5判、125頁)-とそれに対するコメンテイターのコメントは、当日会場で配布された。佐野さんと僕の報告は、ハングルと日本語の2言語で綴じられていた。僕の報告へのコオン教授のコメントは日本語にも訳されて当日渡されたので大変助かった。僕の報告・討論の通訳はユンさんが務めてくれた。
　これらの報告と討論は日本語に翻訳して僕らの研究会会員に紹介すべきなのだが、僕の非力ではそれは不可能である。
　僕の報告とコメンテイターのコメントに限って言えば、コオン・オヒョン(権五鉉)教授は、僕の論稿を大変丁寧に読まれて、実に的確なコメントを下さった。原稿を書きながら自らも説明不足だなと感じた個所にはその旨の指摘があったし、半信半疑で書いた個所には「誤り」も指

示された。何と言っても大きな宿題を二つ頂いた。その一つは、「日本の歴史教育が歴史研究の成果から切り離された」と言うのは本当か、という問いであり、もう一つは、「実証的科学的歴史研究者が教科書執筆を辞めたことをどう評価するか」、それを肯定的に評価する事は、彼等を免罪することではないか、という提起であった。後者については「事実」を紹介したのだが、好意的なニュアンスであったので、そこを見逃さなかった鋭さに脱帽した。いずれにせよ、この二つはどちらも根本的は提起であり、僕だけでは背負い切れない課題であると思っている。

シンポジウム終了後にコオン教授とその流暢な日本語で、名刺と意見の交換を行ったのだが、彼は1999年に広島大学で教科教育学（社会科）博士の学位を授与された、気鋭の歴史教育研究者であることを知った。しかも、彼の指導教官は僕と旧知の間柄にあった。彼から頂いた学位論文には、今度は僕がコメントすることで返礼することであるが、まだその責任を果たしていない。

パク・ゴルスン（朴杰淳）教授も、僕の浅薄な喜田貞吉評価にサジェスションを下さった。このように、僕の報告を真摯に受け止めてもらえたのが、報告者として冥利に尽きる何よりの喜びであった。

3．課題

❶シンポジウム終了後の懇親会でも大変楽しいひと時を過ごさせてもらった。コメンテイターを務めたカン・ミョンスク（姜明淑）さんに自己紹介した時は、「以前、日本の国立教育研究所でお会いしました」と言われ、エライ恥をかく破目にもなった。

シンポジウムの翌20日（土）は、ユンさんは公務出張扱いで、僕らをチョナンとソウルの史跡案内をして下さった。チョナンではユンさんの車で、先ず韓国料理定番の朝食から始まり、次いで独立記念館敷地内の、撤去されたあの朝鮮総督府の建物の尖塔部などの撤去資材・部材の展示公園を案内してもらった。建築史関係者には撤去に反対する意見や建物移転案もあったとか。次に向かったのは、チョナンのヒロ

イン、「三・一運動」で韓国のジャンヌ・ダークと称されたユ・グアンスン（柳寛順）烈士記念館と彼女の生家。そこでチョナンの運動は「四・一」であったことも知った。午後はチョナンから「KTX」（高速鉄道）に乗って30分強でソウルに行き、ホテルのチェックイン後に市内を案内してもらった。数々の悲劇の舞台にもなった高宗ゆかりの「重明殿」、ここには彼女の知人が勤めており、普段は入れてもらえない地下室を見学する幸運にも恵まれた。タクシーで、統監府跡も見て廻るなど夕方まで有意義で楽しい時間を持つことができた。ユンさんには丸3日間、セクレタリーのようにお世話になってしまった。

❷今回のシポジウムでは独立記念館・韓国独立運動史研究所が、日本の植民地教育史研究会との交流を志向されて、僕ら2人（佐野と僕）を招いて下さったのは、『年報』等を介して研究会活動の蓄積をある程度評価してくれたことが背景としてあったようである。もう一つは、シンポを企画し、それを運動史研究所の事業として推進した、イ（李）さんとユン（尹）さんの2人の女性研究者の献身的な働きとそれを指示されたキム所長をはじめとする研究所スタッフたちのサポートがあったことが重要なファクターであった。それはユンさんの言葉の端々から窺えた事であるが、上に述べたように、研究所の僕らに対する接待等についても至れり尽くせりというものであった。今回のシンポジウム（第2回）で初めて外国から研究者を招くということで、随分気を遣われていた。コメンテイター4人中、実は3人までが独立記念館は初めてという意味では、国内交流の機会にもなったということも聞いた。僕ら2人が独立記念館・韓国独立運動史研究所の期待に応えられたかどうかについては、忸怩たるものがあるが、一石を投じた意味はあったように自認した。兎に角「賽は投げられた」のである。

❸韓国独立運動史研究所は、7人の研究スタッフから成ると承った。2007年12月に僕らの研究会（教科書シンポジウム）で報告して下さったキム・キョンミ（金京美）さんは、運動史研究所ではなく、独立記念館教育文化部所属とのこと。研究所の所長さんは代々、研究所外の大学教授が併任で務められるのが慣行となっている由。現在のキム・サンギ（金祥起）所長は忠南大学国史学科教授で、早稲田大学史学科に留学された経験があり、その時の指導教員は鹿野政直教授であったと伺った。

独立記念館・研究所は、現在は法人化しており、その「台所」事情は、推測の域を出ないが政府の補助金と自前の事業で運営しているのであろう。

「韓国独立運動史研究所」も当然の如くその存在とミッションが常に問われているのではないだろうか。そもそも、韓国の「独立」とは何か、近代における日本からの独立であることは言うまでもないが、時代区分的には、近代以前は中国からの、そして「解放」後は南北朝鮮の統一も「独立」の課題であろう。それらを「独立運動史研究」として進める方法論的模索が続いていると思われる。その中で「独立運動史」の中心的対象はやはり「植民地からの独立運動」であろう。とすれば今日、僕らの研究会を含む日本の「植民地研究」団体が独立運動史研究所のカウンターパートとして期待されることには必然性が秘められているように思う。勝手な推測だが「朝鮮史研究会」（日本）のような大所帯が相手では当面荷が重いということが「運動史研究所」にはあるのかも知れない。

❹考えてみれば、戦前日本の経済学を中心にした「植民（地）研究」は、戦後「国際経済学」に衣替えした。植民地の政治・経済・教育そして文化の掠奪・支配は、その端緒から国境を越える他民族支配という「国際」的な性格を本質としていた。それを研究対象にすることは、とりも直さず「国際的」であることを必然的に要求するのである。

そのような研究課題や研究方法をテーマにした、独立運動史研究所と僕らの研究会との小規模な意見交換・懇談会のような試みも有意義ではないか、と帰国の機内で考えた。「研究交流」は相手のあることであり、しかも多様な形での積み上げが重要であろう。それをどの様に推進すべきか、僕ら一人びとりも、研究会としても叡智を出そうではないか。

1910年代朝鮮総督府学務局の植民地歴史教育

佐野通夫＊

1　植民地期朝鮮における歴史教育の展開過程

　1910年代の歴史教育政策を検討する前に、植民地期朝鮮における歴史教育の展開過程を概観しておきたい。

第1期　日本の朝鮮教育支配準備期（1894年～1910年）

　併合前の時期には、民族主義にもとづく私立学校教育が盛んになされ、多くの歴史教科書が出版された[1]。一方、1895年に始まる諸学校の教育内容においては、歴史教科について「官制」「規則」で次のように規定されている。
　尋常科教科目においては、「時宜により…本国地理、本国歴史、図画、外国語の一科或いは教科を加え（略）ることを得」(「小学校令」第8条)とされ、高等科教科目には「本国地理、本国歴史、外国地理、外国歴史」があり、「時宜に依り、（略）外国地理、外国歴史、図画一科或は数科をのぞくことを得」（同令第9条）となっていた。
　ちなみにその内容については次のように記されている。

　　本国歴史は国体の大要を知らしめ国民たる志操を養うことを要旨とする。
　　教科に本国歴史を加える時には郷土に関する史談に始まり漸々建国の体制と賢君の盛業と忠良賢哲の事蹟と開国由来の梗概を授け国初より現時に至る事歴の大要を知らしむべし。

＊こども教育宝仙大学教員

高等科には前項に準じ稍詳しく国初から現時に至る事歴を授けるべし。
本国歴史を授けるには児童をして当時の実状を想像し易い方法を採り、人物の言行等に就いては是を修身で授ける格言等に照らし正邪是非を文弁させるを要す（「小学校教則大綱」第7条）。

なお、高等科本国地理に「日本、支那と本邦の関係」という言葉が出ている（同大綱第6条）。このように日本の影響が出ている。

1905年の学制改革期に至ると、その諸学校の教授要旨にも、日本の教育内容支配が明確となっている。それまでの小学校を改称し、期間も4年と短縮した普通学校においては、その教科に日本語が加えられている。また歴史、地理においては「隣邦」が強調されている。「隣邦」とは、次の「普通学校令施行規則」第9条に示されている通り、地理歴史の特別の時間を定めず、国語読本および日本語読本に所載のものによって教授する、としていることからも明らかなように、当然日本をさしている。

「普通学校令施行規則」第9条
7　歴史事跡の大要を教え、国民の発達と文化の由来と隣邦の関係等を知得せしめるを要旨とする。
図画、地図、標本等を示し、当時の実状を想像し易しくさせ、特に修身地理の教授事項と連絡せしめるを要する。
地理歴史は特別な時間を定めず国語読本及日本語読本に所載するところによって教授するが故に読本中此等教授材料に関しては特に反覆丁寧に説明し、学徒の記憶を明確にすることを務むること。

当時「模範教育」と称されたこの教育法令に従う学校には、日本人教監が派遣され、このような日本による支配を意識させる内容を教授したが、その全教育施設に占める数はまだわずかなものであり、子どもたちの多くは私立学校もしくは書堂に通っていた。

第2期　武断統治期（1910年～1919年）

　この時期は、教育制度の基本的枠組は前の期を継承し、学校教育では、日本語と職業科目に重きがおかれていた。したがって普通学校(4年制)にあっては、教科としての「歴史」は置かれていない。しかし、その歴史イデオロギーは、国語および修身を通じて教え込まれていた。朝鮮教育令実施にあたり出された総督訓令には次のように記されている。

> 「普通学校（略）其ノ本旨トスル所ハ児童ノ身体ノ発達ニ留意シ国語ヲ教ヘ徳育ヲ施シ以テ国民タルノ性格ヲ養成シ」
> 「国語ハ国民タルノ性格ヲ涵養スルニ必要ナルノミナラス（略）以テ之ガ教材ハ修身・歴史・地理・理科・実業・家事等ニ互リ」[2]

　李淑子が朝鮮語読本および日本語（国語）読本について、その歴史上の人物の出現等を取り上げて検討している[3]。李淑子の研究によっても、日本語読本には日本の歴史上の人名、神話、伝説、物語上の人名が多数出現するのに対し、朝鮮語読本の中には、朝鮮の歴史上の人名、神話、伝説、物語上の人名は著しく少なく、かつ日本の歴史上の人名、神話、伝説、物語上の人名が朝鮮語読本に入り込んでいることが知られ、言語教育による歴史イデオロギーの浸透を裏付けている。

第3期　文化政治期（1919年～1931年）

　3・1独立運動後の教育制度の手直しとしてなされた1920年11月の朝鮮教育令改正によって教科としての「歴史」が登場した。このとき普通学校は日本人小学校に準じて6年制に延長されたとされた。「歴史」は、教科名「日本歴史」として加えられた。授業時数は第5・6学年において週2時間ずつとなっていて、大多数を占めていた4年制の普通学校においては、以前と同じく、教科としての「歴史」は除かれている。その要旨は次のように記されている。

> 日本歴史ハ国体ノ大要ヲ知ラシメ兼テ国民タルノ志操ヲ養フコトヲ要旨トス
> 日本歴史ハ我国ノ国初ヨリ現時ニ至ル迄ノ重要ナル事歴ヲ授ケ朝鮮

ノ変遷ニ関スル事跡ノ大要ヲモ知ラシムヘシ
日本歴史ヲ授クルニハ成ルヘク図画、地図、標本等ヲ示シ児童ヲシテ当時ノ実状ヲ想像シ易カラシメ特ニ修身ノ教授事項ト連絡セシムルコトヲ要ス（「普通学校規程」第11条ノ2）

　ここで作られた教科書がいわゆる「朝鮮事歴」を加えた教科書で日本の歴史の間に朝鮮事歴を挟み込んだ教科書である。4年制普通学校において「日本歴史」を欠くことについて、総督府訓令では次のように述べている。

国民教育ノ基礎ヲ完成スル為日本歴史及地理ヲ加ヘ国民志操ヲ養ヒ愛国心ノ涵養ニ資スル所アラシメムトセリ。然レトモ修業年限四年ノ普通学校ニ於テハ未タ基礎教科ノ学修充分ナラス。従テ之等教科目ヲ加フルモ其ノ効果ヲ発揮スルコト困難ナルヲ以テ、従前ノ通リ之ヲ欠除スルコトトセリ。

　この6年制普通学校においてのみ「歴史」を課すという歴史教育の形は、この手直しが（第2次）朝鮮教育令となった1921年以降も継続している。ちなみにこの（第2次）朝鮮教育令期の1922年、在朝日本人児童の教育について「小学校規程」が定められた。そこでも教科名は「日本歴史」となっている。その要旨の第1段と第3段は普通学校規程と同じであるが、第2段中「朝鮮ノ変遷ニ関スル事」は除かれ、次のようになっている。

尋常小学校ニ於テハ建国ノ体制、皇統ノ無窮、歴代天皇の盛業、忠良賢哲ノ事蹟、国民ノ武勇文化ノ由来、外国トノ関係等ノ大要ヲ授ケ、以テ国初ヨリ現時ニ至ル迄ノ事歴ヲ知ラシムヘシ
高等小学校ニ於テハ前項ノ旨趣ヲ拡メテ稍詳ニ我国発達ノ蹟ヲ知ラシムヘシ（「小学校規程」第19条）

　「日本歴史」が「国史」に改められたのは、1927年の普通学校規程の

改訂からである。但し1923年に出版された『普通学校国史』という書名を見ても、それ以前から教科書の名称としては「国史」が用いられていた。1928年8月には「臨時教科用図書調査委員会」が設けられ、編纂綱領を決定し、改訂を行なっている。総督府によってこの期の教科用図書の特色とされている点は次の通りである[4]。

　　（一）何れの教科書を問はず、就中修身・国語・歴史等に於て　皇室・国家に関する教材を豊富に採択し、且其取扱を最も鄭重にして忠君愛国の至情を涵養する上に遺憾なからしめること。
　　（二）勤労好愛、興業治産の精神を涵養するに資する教材を多くし、之に準じて一般に教科用図書の調子を実際化したこと等である。

　新たに編纂された教科書は52種172冊であり、そのうちには1932年4月から34年3月にかけて作られた4年制普通学校用各種教科書が含まれている。

第4期　戦時体制期（1931年〜1945年）

　1935年2月には「朝鮮総督府臨時歴史教科用図書調査委員会」がおかれ、政務総監今井田清徳を委員長に、学務局長、京城帝大総長、同教授、総督府修史官、師範学校長、公立中等学校長、初等学校長等を委員として、「国史並に東洋史教科書中代表的のものを選択し之が内容に就き慎重審議し」[5]ている。

　日中戦争全面化後の1937年、「我半島は兵站基地たるの重大任務を担ふに至り」「以て真の帝国臣民育成の緊急なるものあるを認め、従って之が教科の根本規範たるべき教用図書に於いても」「国体明徴、内鮮一体、忍苦鍛錬の三網領を体し、一面朝鮮の特殊事情に甚大の考慮を払ひ、一面内鮮二要素の一元化を図る要旨に則り」教科書の使用については、（表1）の通り「其の種類及び程度を決定した」としている[6]。

　この過程で、1938年、朝鮮人の学校名称を「小学校」等、日本人のそれと同じくする（第3次）朝鮮教育令が出され、設備、施設においては日本人・朝鮮人別個の教育体制であることは変わらないが、教科目等は同一の規程中に記されることとなった。そのため、（表1）に示され

るように、日本人児童に対しても、朝鮮総督府編纂の教科書が使用されることとなった[7]。

(表1)(第3次) 朝鮮教育令期教科書使用表

	朝鮮語	唱歌	理科	地理	国史	図画	算術	書方	国語	修身
6	総	総	総	総	総	文	文	文	文	総
5	総	総	総	総	総	文	文	文	文	総
4	総		総			文	文	文	文	総
3	総	*				文	朝総/日文	文	朝総/日文	総
2	総	*				文	朝総/日文	文	朝総/日文	総
1	総	*				文	朝総/日文	文	朝総/日文	総

注:表中、「総」は朝鮮総督府教科書(原文では「本府」)「文」は日本文部省教科書(同「文部省」)、「*」は朝鮮総督府教師用書(同「教師用本府」)、「朝」「日」の表示は原文「鮮内」で、朝鮮人・日本人の使用教科書を示す学年には「尋」(尋常)の表示あり。
出典:朝鮮総督府『(秘) 昭和十四[1939]年五月 各道学務課長及道視学官会議ニ対スル指示、注意事項等』

(表1)が付された朝鮮総督府『(秘) 昭和十四[1939]年五月 各道学務課長及道視学官会議ニ対スル指示、注意事項等』の「指示事項 一、教育令改正ニ伴フ小学校教科用図書使用ニ関スル件」は、国語、算術について、朝鮮人・日本人別異の教科書を用いる[朝鮮人児童には表音的仮名遣を用いる]ことの説明をしつつ、修身、国史、地理、理科、唱歌について、日本人児童にも総督府編纂教科書を使用する理由を説明している。例えば、国史についていえば、

> 朝鮮内ニ成長生活スル児童ニアリテハ内鮮人何レタルヲ問ハズ内地ニ於ケル場合トハ異ナリ伝統的文化ヲ背景トスル生活環境ヲ有セザルヲ以テ之ヲ克服統一シ内鮮一体ノ精神ヨリ延イテハ皇国臣民タルノ精神ヲ涵養センガ為

という理由である。
「国史」の時間は6年制の小学校においては第5、6学年に週2時間ず

つで変わっていないが、4年制の小学校においても第4学年に国史地理と合わせ週2時間が課されるようになった。この時の「国史」の要旨は次の通りである。

> 国史ハ肇国ノ由来ト国運進展ノ大要トヲ授ケテ国体ノ尊厳ナル所以ヲ知ラシメ皇国臣民タルノ精神ヲ涵養スルヲ以テ要旨トス
> 尋常小学校ニ於テハ肇国ノ体制、皇統ノ無窮、歴代天皇ノ聖徳、国民ノ忠誠、賢哲ノ事蹟、文化ノ進展、外国トノ関係等ヲ授ケテ国初ヨリ現時ニ至マデ国民精神ノ国史ヲ一貫セル事実ヲ理会セシムベシ
> 高等小学校ニ於テハ前項ノ旨趣ヲ拡メ特ニ近世史ニ重キヲ置キテ之ヲ授ケ世界ニ於ケル我ガ国ノ地位ヲ知ラシムベシ
> 国史ヲ授クルニハ徒ニ事実ノ羅列ニ流ルルコトナク常ニ其ノ精神ヲ重視シ且成ルベク図画、地図、標本等ヲ示シ偉人ノ言行等ヲ引用シテ児童ノ感銘ヲ深カラシメ特ニ修身ノ教授事項ト連絡セシメンコトヲ要ス（「小学校規程」第20条）

ちなみに「連絡セシメンコトヲ要ス」という修身の要旨は次の通りである。

> 修身ハ教育ニ関スル勅語ノ旨趣ニ基キテ児童ノ徳性ヲ涵養シ国民道徳ノ実践ヲ指導スルヲ以テ要旨トス
> 尋常小学校ニ於テハ初ハ孝悌、親愛、勤倹、恭敬、信実、義勇等ニ就キ実践ニ適切ナル近易ノ事項ヲ授ケ漸ク進ミテハ国家社会及家ニ対スル責務ノ一斑ニ及ボシ遵法ノ精神ト共存共栄ノ本義トヲ理会セシメ責任ヲ重ンジ公徳ヲ尚ビ勤労ヲ好愛シ自営進取ノ気象ヲ長ジ以テ品位ヲ高メ皇国臣民タルノ志操ヲ固クシ忠君愛国ノ志気ヲ養ハンコトヲ力ムベシ
> 高等小学校ニ於テハ前項ノ旨趣ヲ拡メテ一層陶冶ノ功ヲ堅実ナラシメンコトヲ力ムベシ
> 女児ニ在リテハ特ニ貞淑ノ徳ヲ養ヒ家政ヲ斉フルノ志念ヲ固カラシメンコトヲ力ムベシ
> 修身ヲ授クルニハ嘉言善行及諺辞等ニ基キテ勧戒シ常ニ之ヲ服膺セ

シメンコトヲカムベシ（「小学校規程」第17条）

「小学校に於ける歴史教科書」については、この教育令によって「内鮮一体の編纂主義」が「首尾よく実行せられるに至った」と記されている[8]。

1941年には、「小学校」が「国民学校」と改められ、歴史は「国民科国史」となった。「国民科」の目的は次のように記されている[9]。

> 国民科ハ我ガ国ノ道徳、言語、歴史、国土、国勢等ニ付テ習得セシメ特ニ国体ノ精華ヲ明ニシテ国民精神ヲ涵養シ皇国ノ使命ヲ自覚セシメ忠君愛国ノ志気ヲ養フヲ以テ要旨トス
> 皇国ニ生レタル喜ヲ感ゼシメ敬神、奉公ノ真義ヲ体得セシムベシ
> 我ガ国ノ歴史、国土ガ優秀ナル国民性ヲ育成シタル所以ヲ知ラシムルト共ニ我ガ国文化ノ特質ヲ明ニシテ其ノ創造発展ニ力ムルノ精神ヲ養フベシ
> 他教科ト相俟チテ政治、経済、国防、海洋等ニ関スル事項ノ教授ニ留意スベシ（「国民学校規程」第3条）

「国民科国史」の目的は次の通りである。

> 国民科国史ハ我ガ国ノ歴史ニ付テ其ノ大要ヲ会得セシメ国体ノ尊厳ナル所以ヲ体認セシムルト共ニ皇国ノ歴史的使命ヲ自覚セシムルモノトス
> 初等科ニ於テハ肇国ノ宏遠、皇統ノ無窮、歴代天皇ノ聖徳、国民ノ忠誠、挙国奉公ノ史実等ニ即シ皇国発展ノ跡ヲ知ラシメ国運ノ隆昌文化ノ発展ガ肇国ノ精神ノ顕現ナル所以ヲ会得セシムルト共ニ諸外国トノ歴史的関係ヲ明ニシテ東亜及世界ニ於ケル皇国ノ使命ヲ自覚セシムベシ
> 高等科ニ於テハ其ノ程度ヲ進メテ之ヲ課スベシ
> 徒ニ事実ノ羅列ニ流ルルコトナク国史ノ時代的様相ニ留意シテ一貫セル肇国ノ精神ヲ具体的ニ感得把握セシムベシ
> 内鮮一体ノ由来スル史実ハ特ニ留意シテ之ヲ授クベシ

年表、地図、標本、絵画、映画等ハカメテ之ヲ利用シ具体的直観的ニ習得セシムベシ（同規程第6条）

ここに、今まで教授要旨から姿を消していた日本との関係、「内鮮一体」について、再び言及せざるを得ない状況が生じている、すなわち朝鮮人児童に「皇国臣民」としての意識を改めて認識させ、日本を偉大な国であると意識させる必要が生じていることが注目される。日本の支配の進展によって、朝鮮人の民族意識との矛盾も大きくなっているのである。

2　1910年代の歴史教育政策

このように1910年代においては、「歴史」という教科は置かれずに、その内容は「国語（日本語）」において教えられていた。この時期の教科書編纂について、朝鮮総督府視学官であった高橋浜吉は『朝鮮教育史考』（帝国地方行政学会、1927年）の中で、次のように述べている。

> 朝鮮総督府に於て教科用図書の編纂に著手せられたのは、明治四十四［1911］年八月初めて朝鮮教育令の公布についで、同年十月普通学校、高等普通学校、女子高等普通学校規則の制定の直後である。……普通学校用教科書も、中等程度教科書も一度に編纂に著手し焦眉の急に応ずる方針を採つた……大正四［1915］年……修身科及国語科の如きは他に類例なき為め、更に之が編纂の必要を認め差当り教授上遺憾ならしむる等頗る苦慮の結果必要程度の教科書は全部編輯するを得た。（440ページ）

すなわち、本報告で検討しようとする教科書が出るまでは、旧学部時代に編纂された教科書を使う他はなかった。そこで、1910年に内務部学務局『旧学部編纂普通学校用教科書並ニ旧学部検定及認可ノ教科用図書ニ関スル教授上ノ注意並ニ字句訂正表』[10]が出され、「例言」は次のように記している。

一、旧学部編纂並ニ検定ノ図書ハ勿論、旧学部ヨリ使用認可ヲ与ヘタル図書モ充分其内容ヲ審査シタルモノナリト雖モ、今回朝鮮ハ大日本帝国ノ一部分トナリタレハ、今後朝鮮ニ於ケル青年並ニ児童ノ学修スヘキ教科書トシテ、其内容頗ル不適当ナルモノアルニ至レリ。然レトモ今遽カニ此等多数ノ図書ヲ修正改版スルハ容易ノ業ニアラサルヲ以テ、差当リ右図書中教材ノ不適当ナルモノ、又ハ語句ノ適切ナラサルモノニ就キ、注意書並ニ訂正表ヲ製シテ教授者ノ参考ニ資ス。

「旧学部編纂普通学校用教科書教授上ノ注意」の「日語読本」中、歴史教材と考えられるものとしては、次の事項が挙げられている。

日語読本巻八第十五課日露戦争
本課ハ同書同巻第三課「天津条約」、第四課「日清戦争」、第五課「隣国」ト連結教授スベキ教材ニシテ此等ハ共ニ近世ニ於ケル日韓両国ノ関係ヲ学徒ニ知ラシムル為、最注意シテ教授スルヲ要ス。殊ニ本課ノ末尾ニ於テ左記ノ趣旨附加教授シ、韓国併合ニ関シ学徒ヲシテ誤解ヲ抱クコトナカラシム様務ムベシ。
日本ハ夙ニ韓国ヲ扶助スルヲ以テ国是トナシ、曩ニ韓国ト同盟シテ日清、日露ノ二大戦争ヲナシ、之カ為ニ巨多ノ生命ト財産トヲ費シテ二国ノ安全ト東洋ノ平和ヲ維持センコトニ努メタリ、故ヲ以テ日露戦争後ハ二国ノ関係益々親密トナリ、韓国ハ日本保護ノ下ニ立チテ施政ノ改善ヲ図リタリ、然ルニ前韓国皇帝ノ勅諭中ニ曰ヘルカ如ク、積弱痼ヲ成シ疲弊極処ニ到リ、容易ニ挽回ヲ施措スルノ望ナク、方サニ一大革新ヲ要スルコト瞭然タルニ至レリ、是ニ於テ前韓国皇帝陛下ハ廓然自断シ、韓国ヲ挙テ従前ヨリ親信依仰セラル、所ノ大日本　天皇陛下ニ譲与シ、外ハ東洋ノ平和ヲ固クシ、内ハ万民ノ幸福ヲ図ルヲ以テ最時宜ニ適スルモノトセラレタリ。　天皇陛下ハ深ク現時ノ事態ニ鑑ミテ其譲与ヲ受諾シ給ヒ、終ニ今日ノ結果ヲ見ルニ至レルコト。

1911年にこれらの注意を踏まえて刊行された『訂正　普通学校学徒用　国語読本　巻八』の中で、「第三課　天津条約」は、

　　朝鮮ワ昔カラ、清国ノ属国ノヨウニナツテイマシタガ、今カラ三十年バカリ前ニ、我国ガ始メテ、朝鮮ワ清国ノ属国デナイト、言イダシマシタ。

で始まっている（訂正本なので、我国は日本を示す）。
「第四課　日清戦争」は、

　　外国のことを好かない人が、・・・外国人を追出そうとしました。その時に、清国わ兵隊を牙山え上陸させました。

ということが戦争の発端とされている。
「第五課　隣国」は、

　　世界で一番大なロシヤと清国とわ、二つとも我が国の隣になつています。我が国わこの二つの国に比べれば、たいそう小いが、強い国です。

として、「第十五課　日露戦争」で、

　　満洲モ、朝鮮モろしやノ物ニナツテ、我国モダンダンアブナクナリマスカラ、我国ワ仕方ガナクろしやト戦争ヲスルコトニナリマシタ。

ということが開戦理由として述べられている。この後に「第十六課　日露戦争後の日本」という課が設けられ、そこに、

　　元の韓国皇帝わ、・・・朝鮮を大日本帝国に併合・・・するより外わないと考えられました。

という「教授上ノ注意」で加えるべきとされた物語が付け加えられて

いる。

　高橋はまた『朝鮮教育史考』の中で「普通学校教科用図書編纂の方針」として「新教科書」について次のように記している。

　　第二　各科教科書編纂の方針。
　　二、国語読本及び習字帖。
　　二、国語読本の内容は修身書と相待ちて品性の陶冶、国民性の涵養に資すべき教材を選択し、又従来普通学校には、別に地理、歴史の教科目がなかつたので、本邦歴史地理の大要を知るべき教材をば特に本書の中に加へられた。因つて内地朝鮮間の親密なる関係を示すに足る古来の伝説史話は、力めて之を選び其の他内地を理解し得る教材を多からしめてある。

　　三、朝鮮語及漢文読本。
　　二、本書の教材は国語と同様国民性の涵養に資すべきものを採り、殊に漢文には修身と相待つべき訓言類を選び、又国語読本中内地の歴史地理教材を加へたると同様の理由によつて、本書中には特に朝鮮の歴史地理教材を加へられてゐる。(445－447ページ)

　しかし、先の李淑子の研究に見られるように「朝鮮語読本の中には、朝鮮の歴史上の人名、神話、伝説、物語上の人名は著しく少な」い。

　では、この時期の国語（日本語）読本の内容を見てみよう。（表2）は第1期「国語」教科書題目一覧に朝鮮総督府による1916年『普通学校教科書編纂趣意書　第一編』[11]に記された「修身教材」「地理教材」「歴史教材」「理科・農業ニ関スル教材」の別を注記したものである。このように「国語」教科書はさまざまな教科の教科書を兼ねていた。ただし、これら各科の教材として課名を列挙した後に「等」と記されていたり、巻7、巻8では課名の例示がないので、歴史（地理）教材等に相当すると判断した課には＊を付けた。巻3までは言語学習教材が中心で、歴史関係教材は巻4から始まっているので、そこから掲載している[12]。ただ

し、たとえば巻3の「めいぢてんのう」など、『同趣意書』では「修身教材」と位置づけられているが、内容的には修身教材と取るべきか、「歴史」教材と取るべきか迷う教材もある。内容は1912年に明治天皇が死んだという話で、最後は「われ　ら　は　明治天皇　の　御恩　を、いつ　まで　も、わすれて　は　なりません。」[13]で終わり、「練習」として以下が付せられている。この当時の、あるいは日本の戦前の「歴史」教育自体が、巻4「すさのおのみこと」や巻5「日本武尊」等に見られるように、天皇制と結びついた神話中心のものであるため、修身と歴史の境も不分明である。

　　練習
　一、明治天皇　の　御こと　を　お話し　なさい。
　二、明治天皇　の　御病気　の　時　の　こと　を　お話し　なさい。
　三、明治天皇祭　の　こと　を　お話し　なさい。

巻4の「皇大神宮」は「ココ　ニ　大キナ　鳥居　ガ　アリマス」で始まり一見すると、地理的教材である。なぜ歴史教材として扱われているかというと、歴史の最初として天照大神（日本神話の上での創造神）を持ち出すためである。「練習」には次の一文がある。

　二、天照大神　ハ　ドンナ　オ方　デシタ　カ。ソレ　ヲ　オ話シナサイ。

「すさのおのみこと」は、天照大神の弟という「すさのおのみこと」が大蛇を退治するという話であるが、最後には次の記述がある。

すさのおのみこと　は　朝鮮　えも　お出でに　なった　こと　が　あります。又　内地に　たくさん　木　を　お植え　に　なって、それ　で　朝鮮　え　往来する　船　を、こしらえる　よう　に　なさいました。

「神武天皇」というのは、天照大神の子孫で第一代天皇と擬される神話上の「人物」である。即位と擬される紀元節、死んだという神武天皇祭のことが記されている。

この巻には「卵　から　生まれた　王」として新羅の昔脱解の物語も記されている。「内地　の　或　所　で」卵が生まれ、それを海にすてると「朝鮮　の　海岸　え　流れ」、「新羅　の　王　に　なった」という物語である。

「巴提便」は、日本書紀の中で日本から百済に偵察に送られたという人物で、「天子　サマノ　オ使　デ、内地　カラ　朝鮮　エ　マイリマシタ」と記されている。

これらの内容は、どれも「内地」から「朝鮮」への影響があったということが特徴的である。

巻5の「日本武尊」は、大和朝廷成立時の九州、東国侵略を日本武尊という「人物」に仮託した物語である。

「応神天皇」は、大和朝廷成立期のまだ実在性の疑われる「天皇」である。この課文では、

　其ノ頃、朝鮮ハ高麗・百済・新羅・任那ナドニ、分レテ居マシタガ、内地エ移ッテ行ッタ人ガ、ヨホドタクサンアリマシタ。

として王仁のことを記している。

「今上天皇陛下」は、『普通学校教科書編纂趣意書　第一編』では修身教材とされているが、「歴史教材」が以上の神話内容であれば、逆に大正天皇は実在の人物であり、歴史教材ともいえる内容である。内容は大正天皇の誕生、即位であるが、次の記述が付せられている。

　御下賜金ヲ内地・朝鮮・台湾・樺太及ビ関東州ニ分ケマシタ。
　　今上天皇陛下ガ、内地ノ人民モ、朝鮮・台湾等ノ人民モ、皆之ヲ子ノ如クニオボシメサレテ、

「仁徳天皇」は、「応神天皇」と同様、大和朝廷成立期のまだ実在性の

疑われる「天皇」の物語である。内容的には「天皇」はありがたいという修身的意味合いが強い。
　この巻には地理的教材として「朝鮮の地勢」「琵琶湖」「東京」「京城」が置かれている。

　巻6の「明治天皇」は、巻5の「今上天皇陛下」と同じく『普通学校教科書編纂趣意書　第一編』では修身教材とされているが、実在の人物であり、現在の目で見れば、より歴史的な教材であるといえる。
　「明治二十七八年戦役（一）（二）」は、日清戦争を描いているが、「朝鮮ニ騒動ノ起ッタ時、清国ハ朝鮮ヲ自分ノ属国ダト言ッテ、勝手ニ兵ヲ朝鮮ニ送リマシタ」という歴史観である。
　「明治三十七八年戦役（一）（二）」は、日露戦争を描き、同様に「若シ朝鮮ガ露西亜ニ占領サレルナラバ、東洋ノ平和ガ破レルカラ、我ガ国ハドウシテモ之ヲ見テ居ルワケニイキマセン」が開戦理由とされている。
　「朝鮮総督府」は修身教材とされているが、内容的には「皇大神宮」よりははるかに歴史的「事実」である。
　この巻には地理的教材として「朝鮮地理問答」「本州と四国」「大阪からの手紙」「九州ト台湾」「北海道ト樺太」「隣国」がある。

　巻7は、地理的教材が中心となる。これは「巻六ニ於テハ、修業年限ヲ三箇年トセル普通学校ノ便宜ヲ計リ、歴史的事項・地理的事項等各種ノ主要教材ヲ、略々完結セシムルコトニ留意」したためである。このため「巻七ニ於テハ、巻六ニテ大体完結セル各種ノ教材ヲ補ヒ、殊ニ地理的材料ハ数課ニ亘リテ之ヲ提示セリ」とされている。具体的課名は例示されていないが、「我が国の景色（一）（二）（三）」「日本の〔「の」は変体仮名〕国」「我ガ国ノ産物（一）（二）」「奈良ノ大仏ト恩津ノ弥勒仏」が地理教材と考えられる。

　巻8には、巻七と同様に「世界（一）（二）（三）」「大日本帝国（一）（二）」という地理的教材とともに「皇室」（修身教材でもある）「天日槍」「日本海ノ海戦」「菅原道真」がある。
　「皇室」は天照大神から始まる「万世一系」の神話、「天日槍」は新羅

の王子が日本にやって来たという神話である。「日本海ノ海戦」は日露戦争時の海戦を素材に文語文を学ぶ教材である。「菅原道真」は天皇に忠義を尽くしたという修身教材でもあるが、実在の人物であるという観点から言えば、歴史教材であるともいうことができる。

そして、なによりもこの巻には附録として「神代御略系及ビ天皇御歴代表」が付されていて、この「国語」教科書が「歴史教科書」であることの面目を示している。

では、次の時期になり、歴史教科が置かれてからの教科書はどうなっただろうか。1923、22年発行『普通学校国史』上、下巻は、当時日本で使われていた1920年、21年発行の日本の第3期国定教科書「尋常小学国史上巻及び下巻の内容を全部そのまゝ採用し」「各巻中に特に朝鮮事歴の教材を加へた」ものである（「緒言」、朝鮮総督府『普通学校国史教授参考書　全（朝鮮事歴教材）』、1923年）。加えられているのは上巻において「朴赫居世王・新羅一統・王建・大覚国師・朝鮮の太祖の五課」、下巻において「李退渓と李栗谷、英祖と正祖、朝鮮の国情の三課」とされ、他の課には日本国内国定教科書の課の番号が付されているのにもかかわらず、この8課には課番号がなく、挟み込まれた課であることがすぐに分かるようになっている。しかも、これらの課は教師用書における日本の歴史の課の「まへ」「つぎ」という指示によって、日本の歴史と無理やりつなげられようとしている。しかし、「歴史」教科書であるので、内容の神話性はともかく、一応時間序列に沿った展開となっている。

こうして前後の期と対比しつつ、1910年代の「国語」教科書を見てみると、「国語」教科書であるというより、4年制小学校で用いられた1939年発行の『国史地理』上、下巻との類似を感じることができる。

1939年発行『国史地理』上、下巻は、次の目次に見られるように、上巻が明治以前の日本の「歴史」であり、下巻はそれにつづく形で明治以降を描き、地理の内容を含ませている。朝鮮のことは地理的内容を除いては「併合」のことが、「第二十一　みいつのかがやき（三）」の初めに、2ページ出てくるのみである。

『国史地理』上・もくろく
　　御歴代表／第一　大日本帝国／第二　天皇陛下の御先祖／第三　皇大神宮／第四　国のはじめ／第五　皇室の御めぐみ／第六　大陸とのゆきき（一）／第七　大陸とのゆきき（二）／第八　奈良の都／第九　京都の都／第十　武家のてがら（一）／第十一　武家のてがら（二）／第十二　勤王のまごころ／第十三　朝廷の御威光／第十四　国威のかゞやき／第十五　太平のめぐみ（一）／第十六　太平のめぐみ（二）／大日本帝国全図

　『国史地理』下・もくろく
　　御歴代表／第十七　新政のひかり（一）／第十八　新政のひかり（二）／第十九　みいつのかゞやき（一）／第二十　みいつのかゞやき（二）／第二十一　みいつのかゞやき（三）／第二十二　大み代のさかえ（一）／第二十三　大み代のさかえ（二）／第二十四　大み代のさかえ（三）／朝鮮地方全図／世界全図／府県図／国防図

　このようにこれらの教科書は歴史と地理の区分をあいまいにし、現在のことと過去のことを混同させるものである。「歴史」といっても、先に述べたように天皇制と結びついた神話中心のものであるため、修身と歴史の境も不分明であり、すべての歴史を天皇の下におさめようとするものである。

3　まとめ

　植民地下朝鮮における、あるいは日本の国内も同様であったが、「歴史」教育とは、民族の過去を知り、現在を考える、真の意味の歴史ではなく、その末期の「国民科国史」に典型的に示されるように「国体ノ尊厳ナル所以ヲ体認セシムルト共ニ皇国ノ歴史的使命ヲ自覚セシムルモノ」であった。そうであれば、それは体系的な歴史認識ではなく、天皇制神話なり、歴史物語なりを日本語および修身の教授を通じて浸透させ

ることでも、十分その役割を果たしうるものであった。その意味で、「歴史」という時間は置かれていなかったが、1910年代にも朝鮮総督府の植民地「歴史」教育があったということができる。

　＊本報告においては玉川大学教育博物館に所蔵されている植民地期教科書を利用した。利用の便を計ってくださった同博物館および同博物館・白柳弘幸氏に感謝する。
　教科書内容分析をさらに深めるためには『教師用書』を参照することが必要だと考えられるが、それらは入手できていない。情報の教示をお願いしたい。

（表2）第1期「国語」教科書題目

	国語読本 巻4　2学年　大正2年2月15日　1913年	国語読本 巻5　3学年　大正3年3月15日　1914年	国語読本 巻6　3学年　大正3年12月5日　1914年	国語読本 巻7　4学年　大正4年3月15日　1915年	国語読本 巻8　4学年　大正4年10月15日　1915年
1	キクノ花	（修）新学年	（地）日光	＊我が国の景色（一）	＊皇室
3	（修）トリツギ	（地）朝鮮の地勢	（修）明治天皇	＊我が国の景色（三）	＊天日槍
5	（修）からす と　くじゃく	（理・農）雲雀	（地）朝鮮地理問答	＊我ガ国ノ産物（一）	漢文訓読（一）
7	○皇大神宮	（理・農）生物と無生物	（理・農）甘藷	焼物ト塗物	（地）世界（一）
8	マス	少女の答	甘藷を送る手紙	模様と色	（地）世界（二）
9	ワラ	（理・農）織物	（地）本州と四国	＊奈良ノ大仏ト恩津ノ弥勒仏	（地）世界（三）
10	（修）アリ　ト　セミ	（修）道ブシン	（地）大阪からの手紙	出立の日取を問い合わせる手紙	鶯の自慢
11	（修）貞童　の　ちょきん	○応神天皇	（理・農）人ノカラダ（一）	会社と銀行	動物の体色
12	すすはらい	コウモリ	（理・農）人ノカラダ（二）	為替	書物を借用する手紙
13	君がよ	（地）琵琶湖	（理・農）食物	組合	稲橋村の美風
14	○すさのおのみこと	さいほうとせんたく	胃の腑と身体	病気	地方金融組合
15	（地）富士山	ハカリ	年始状	看病	憍ナ保証
16	（地）朝鮮	象ノ重サヲハカッタ子供	（地）京都見物の話	病気見舞の手紙	＊日本海ノ海戦

17	汽船	（理・農）胡瓜ノ花	（修）おもいやり	尹淮鵝鳥をあわれむ	まっち
18	○神武天皇	（地）東京	（地）九州ト台湾	仮名遣	分業ト共同
19	十銭銀貨ノモノガタリ	はがき	（地）北海道ト樺太	賢イ子供	道路
20	あきないの遊	（修）今上天皇陛下	（地）隣国	机ノ物語	塙保己一
21	なぞ	（修）孝子万吉	○明治二十七八年戦役（一）	熊	金剛石
22	○卵から生れた王	（理・農）あさがお	○明治二十七八年戦役（二）	電話	暦
23	虎ト猫	○仁徳天皇	（修）都会と田舎	電報	旧師に送る手紙
24	○巴提便	（理・農）水と火	（修）人の職業	つとめてやまず	日記
25	ことわざ	（理・農）炭と油	わざくらべ	塩と砂糖	拾物届
26	たび立	（修）塩原多助	（修）井上でん	森林	労働
27	るすい	（地）京城	○明治三十七八年戦役（一）	材木	註文状
28	一年	（修）裁判所	○明治三十七八年戦役（二）	家	孔子と孟子
29			（修）朝鮮総督府	地方ノ行政	＊菅原道真
30					＊大日本帝国（一）
31					＊大日本帝国（二）

○歴史教材　（地）地理教材　（理・農）理科・農業教材　＊例示されていないが地理・歴史教材

1910年前後の日本の歴史教育
―― その状況・教育課程・教科書 ――

渡部宗助*

I．状況―1910年（明治43）の初秋

(1)「韓国併合」と日本の知識人

　代表的な言説の紹介から始めたいと思う。
　"韓国併合は、当然の事で、寧ろ後れたかの観がある。もう少し早く此事があって差支えのない事であった。併し遂に目的を達したといふ事は実に愉快である。そして韓国併合といふ事は台湾或は樺太の一半を併せたといふ事より遥に重大な事である。即ちこれ大陸の一部分を併せ得たからである。"（文学博士・井上哲次郎談『国民新聞』1910.8.25）
　もう一つ。
　"朝鮮語と我国語とは、其人種に於て系を同ふする如くに殆ど兄弟の関係あるをその語脈に発見す、それには一々確証あり、吾人は常に両国語同一論を唱ふるものなり"（文学博士・金沢庄三郎『東京毎日新聞』1910.8.27）

　ここには、「歴史・教育」論者とは異なる、指導的哲学者（55歳）と気鋭の言語学者（38歳）の韓国併合についての2つの感懐が述べられている。前者は政治論であり、後者は「日鮮同祖」の言語論である。この両者については後にもう一度言及するが、上記の両紙は、数日に亘って各々「朝鮮併合記念号」、「日韓合併記念号」を特集し、国民新聞社は8月30日には提灯行列を主催した事も付記しておこう。
　「歴史・教育」に関わっては、当時すでに10年以上の歴史を持つ日本

＊日本大学文理学部（非常勤）

歴史地理学会の機関雑誌『歴史地理』16巻の臨時増刊『朝鮮号』（1910.11.3）を先ず挙げなければならない。その「発刊の辞」は、「韓国併合」を「千載の快事、吾人帝国の臣民たるもの豈に慶して賀せざるべけんや」と井上哲次郎と同様に述べるのだが、同時にそれは何に拠るものかを問うた。そして、「我が上下二千六百年の国史其のものの精華に基せるものたることを断言せずんばあらず」と自らの立場を宣言したのであった。
　この臨時増刊号については、先行研究においてもしばしば論及されてきたものである。古くは、石母田正"近代史学史の必要について"（幼方・遠山・田中編『歴史像再構成の課題』（1966）において、最近では李成市が"「韓国併合」と古代日朝関係史"（『思想－「韓国併合」100年を問う』、2010.1）において、『歴史地理』誌の「発刊の辞」を引用して、同誌の「韓国併合」への基本的立場と寄稿された論稿22編中12編が古代日本の朝鮮支配に言及して「韓国併合」を寿ぐものであると指摘した上で、それらは「天皇制イデオロギーの産物とでも言えようか」と結んでいる。この臨時増刊号が「天長節の佳辰［11月3日の明治天皇誕生日］を卜し」て発行されたことも付け加えておこう。本報告でもこの「古代日本の朝鮮支配」問題を歴史教育上の典型的事例として取り上げたいと思う。
　ところで、日本の知識人たちの言説の圧倒的論調が上記のようなものであった事は紛れもない事実であったが、中に異論を唱えた論者のことも紹介したいと思う。
　その一人は、東洋史学の牽引者であった白鳥庫吉である。白鳥は、『歴史地理』臨時増刊号には、「病後」を理由に寄稿しなかったが、同時期に「我が上古に於ける韓半島の勢力を論ず」を別誌（『中央公論』1910.10）に載せている。彼は、「神功皇后の三韓征伐」を、「元と是れ神典上の事であって、之を直に歴史上に採り此の如く棒大に考ふるは宜くない… 之［神典上の記事］に因って直に韓半島を当時よりして統治したと認むる事は、科学的学問的には如何しても得がたい結論である」と述べる。「任那」についても「僅かに日本の勢力範囲となって居た」と評し、さらに「日本書紀には高麗迄も日本に降参して来たとあるのは根本的誤謬である」と厳しく斥ける。要するにこのような上代の朝鮮における日本の勢力を以って、「現代の朝鮮における［我が］勢力」を「復古」と言うのは「余り甚だしき、とても釣合いを得ぬ」とそのアナクロニズムを一蹴する。

そして、彼は「併合」に対する日本知識人の「慶賀ムード」一色とは明らかに異なる論を開陳した。日本が古代朝鮮において勢力失墜した内外の要因分析を行い、「負けた事の有る事」を知る必要性を強調したのであった。「過去に我々の祖先が外国に負けた」事から得たる教訓は、「若しも朝鮮に於て北方より来る勢力に負けると、常に我は大陸より追ひ去らるるといふ事である」とし、「朝鮮の北より迫る敵に対しては、向後と雖も、如何なる犠牲を払っても常に十分に戦争すべき、その覚悟と其準備とが無くてはならぬ」と結論付けたのである。これは、「東洋史学」家・白鳥庫吉のリアルな「満韓経営・計略」論であった。

　もう一人は、「朝鮮よりもドレッドノート艦［英国製（1906）最新鋭軍艦］を要す」、「殖民地掠奪の愚策」などを寄稿した民間歴史家・竹越与三郎である。竹越の異論の立脚点は、経済的収奪による経済的「実利がない」というものであった。竹越によれば、「朝鮮は今や已に我掌中にある。兵権…、司法権…、財政権…、警察権…、余す所は…朝廷の衣冠文礼に過ぎぬのである。…朝鮮を併呑することは恰も小児の腕を捻るが如きもの」と決め付けて、それに今後年間3～4千万円費やすことの非を論じた。政治的には、「統監政治にして朝鮮今日の叛乱を押へることが出来ざるならば、朝鮮を亡ぼして之を総督政治の下に置くも、其叛乱は益々大なるのみである。」とも論じた。竹越は「熟しかけた果物の如き」朝鮮の「保護国」化を最善とした論者であった。「併合」後はその現実の上に、負担覚悟と国民の利害に遺憾なきを説いたのである。竹越は軍事的侵略主義のイデオローグではなかったが、その論理からは石橋湛山のように「植民地放棄論」（"大日本主義の幻想"等、『東洋経済新報』1921.7～8）に発展する事はなかった。

（2）「韓国併合」への批判

　白鳥や竹越の言説は、併合を「慶賀」とするだけの多数派への批判ではあったが、「韓国併合」批判＝植民地支配批判の系譜とする事はできないだろう。とすれば、当時の日本に「併合」批判論は存在しなかったのだろうか。帝国主義批判の先鋒者たる社会主義者たちは「韓国併合」をどう見ていたろうか。1906年2月に結成された日本社会党は翌年、幸徳秋水らの直接行動派と片山潜らの議会政策派の対立もあって組織と

しては解散していた。言論紙として、僅かに週刊『社会新聞』が1907年6月から発行されていた。同紙では、田添鉄二が「日韓問題は、決して両国の権力者に依って独断に解決さるべきものではない。両国政治家の握手に依って勝手に解決さるべきものではない。切言せば、…両国の平民階級の握手に依って始めて解決さるべきものである」と社会主義者らしい言辞で紙面を飾った（"日韓両国の平民"、29号・1907.12.15）。"韓国の排日運動"では、「我が政府者の報ずる処」に反して「次第に熱烈の度を高めつつあるものの如し」報じたこともあった（32号・1908.1.12）。しかし、併合時の"日韓合併と我責任"（71号・1910.9.15）では、「日韓合併は事実となった。之が可否を云々する時ではない。彼等が我に<u>同化するとかしないとかは問題ではない</u>。朝鮮人に是非とも与へなければならない物が一つある。［それは］他なし<u>帝国臣民としての独立心である</u>。」と唱えたのである（下線、筆者）。この時、田添はすでに亡く、この論説の筆者は不明であるが、当時の社会主義者たちの帝国主義批判の問題点が－インターナショナリズムに偏り、植民地・民族問題への関心が弱い－見事に表現されている。

　詩歌人・石川啄木の「地図の上　朝鮮国にくろぐろと　墨をぬりつつ　秋風を聴く」はあまりにも有名である。それは、日本の支配下に置かれた「亡国」の人々への啄木の共感を詠んだものであるが、その感性は支配者・伊藤博文の死に対する哀悼とも並存するものであったと評されている（土屋忍 "啄木の植民地イメージ"、『国文学』2004.12）。

　20世紀初頭（1901年）に『廿世紀之怪物帝国主義』を著した幸徳秋水は、1910年6月には囚われの身にあった。天皇暗殺を企てたとする廉で摘発、26名が起訴された「大逆事件」である。秋水はその首謀者の一人と見なされて、大審院特別裁判の1か月余のスピード判決で、1911年1月18日に判決、翌19日秋水ら12名の死刑が執行された。啄木はこの事件進行中に「時代閉塞の現状」を書いた。「軍人、政治家による領土拡張」、「少数の欲望の為めに多数の福利を奪う」、「国威を輝かさん為に、その人民を腐敗堕落せしむる」等を帝国主義の政策と見た幸徳秋水、彼の朝鮮観にはなお議論があるが（川上哲正 "民族か階級か－明治社会主義の陥穽"、『36人の日本人　韓国・朝鮮へのまなざし』2005）、自由の身だったら、「韓国併合」にどう向き合ってどのような批

判の矢を放ったであろうか、と思わざるを得ない。

　それを恐れた権力が、「韓国併合」を前に、「大逆事件」を摘発したことには歴史的必然性が潜んでいたかも知れないが、それを実証するのは難しい。この年9月には、幸徳秋水『社会主義真髄』、田添鉄二『近世社会主義史』、大月隆『社会学講義』などが発禁処分を受けたことも併せて想起したい。

（3）教育界の風雲―南北朝正閏論問題と喜田貞吉

　「併合」の翌年1911年1月、『読売新聞』（社説）を発端として翌月、日本の「皇統」の正統性を問う質問が帝国議会・衆議院で出された。1909年発行の文部省国定教科書「尋常小学日本歴史」は、「南朝・北朝」を併記していたのであるが、南朝を正統とすべきであるとの議論が起ったのである。万世一系の「皇統」の正統性をめぐる問題は、国民の歴史意識形成における重大問題として、文部省という一官庁の所管を超えた問題に発展した。「大逆事件」をきっかけに「国民精神の不逞」は、教科書の記述にありと言う牽強付会とも称すべき議論であった。結果として、文部省（文相・小松原英太郎）は国定教科書「日本歴史」責任者・文部編修（官）喜田貞吉を2月末に休職処分にすると共に、教科書調査委員会をも無視して国定日本歴史教科書の項目を「南北朝」から「吉野の朝廷」（＝南朝正統）に修正し、その旨地方長官に通牒した（大久保利謙 "南北朝問題をめぐって－喜田貞吉の休職－"、『嵐の中の学問－学問弾圧小史』1966）。

　喜田貞吉は、実は「韓国併合」後の歴史教育・国民教育について重要な役割を演じていたのである。喜田は上記の『歴史地理』臨時増刊号に「韓国併合と教育家の覚悟」という論稿（歴史地理学会主催の講演会の摘録）を寄稿した。そこには「歴史家」としての喜田と「教育家」としての喜田の「二面性」－厳密な検討を要する概念であるが－が表現された典型でもあった。つまり、古代の日韓関係史について、「歴史家」としてはその史実には疑問を呈しながらも、「教育家」としては「従来は別国といふ条件があったが…今日では少しもその遠慮はいらない。…根本に於いて…［朝鮮は］我が帝国の一部であるべきものと考へる…。もと朝鮮は我が帝国と開基を同じうし、朝鮮人は我々大和民族と大体に於いて区別が無いものであると主張したい。……。朝鮮の古代の事蹟を知

るには、不完全な朝鮮の歴史や支那の歴史のみを以て推す事はできない」として、北畠親房の神皇正統記を例に「三韓人は我が天津神の子孫であるといったところで強て差支ない、<u>今日では是非さうならなければならぬ</u>」。下線（筆者）において、「教育家」喜田の覚悟が、当為論として率直に述べられている。その喜田が、その4ヶ月後には彼が依拠した「神皇正統記」（南朝正統論）によって、文部編修を追われたのであった。

この「歴史家」としての顔と「教育家」としての顔という「二面性」は、喜田に限らず、朝鮮の植民地教育に多大な影響を与えた幣原坦などにも見られる。「任那」についても、「神功皇后の三韓征伐」についても、韓国の「史籍」「韓史」と日本の「書紀」との違いを認識しながらも、韓国は「大体に於いては、我国の威望の下に服して居ったものと見ゆる」として、その延長上に「併合」を見、その「教育」を合理化した（前掲『歴史地理』、『太陽』1910.9等）。

『日韓両国語同系論』という「言語学者」としての著書を持つ金沢庄三郎の場合も、日本語普及という「教育家」になると、「家庭語としての朝鮮語、社交語としての日本語」、あるいは「日本語＝帝国語、朝鮮語＝帝国語の方言」という言語観を介して「何処までも睦じく相携えて進む」ことを主張する。「朝鮮における国語の問題」は、「互いに他の言語を重んぜしめよ、帝国語を整理して適者の地位に立たしめよ」という（前掲『歴史地理』、"合邦後はいかに日本語を普及せしむべきか"『東京毎日』1910.8.27）。確かに言語学者としての金沢は、言語「同化」の困難については沖縄を例にして深く認識していた。日本語の普及方法についても、「朝鮮における教育語も、初等教育は朝鮮語本位とし…、中等教育では日鮮語を併用し、専門教育に至って初めて日本語本位となるのが、自然の順序」、「漸を追ふて接近せしむるやうになし、唯耐久力以って…百年の後に同化せしむるの覚悟を要す」と述べていた（前掲誌・紙）。これは、当時の例えば沢柳政太郎「朝鮮教育は日本語普及に全力を傾注すべし」（『帝国教育』1910.10）に代表されるような楽観的と言うべき言語同化論者とは明らかに異なるものであった。しかし、同系論から日本語＝帝国語に朝鮮語を同化させるという結論に至る論理的説明は見出せない。「国民教育」に対して、言語史の「研究」が平伏した構図と言えるのであるが、これをどう理解すべきだろうか。

その素材として、井上哲次郎の「歴史の研究と国民道徳」(『教育学術界』1911.4) を挙げて見よう。井上によれば、「歴史の研究と国民道徳とは、相互に必然の関係を有して居る」という。それは仮説ではなく結論であった。「道徳の立場から歴史を書く」ことがアプリオリに求められて「歴史の研究の結果」が「国民道徳を破壊するやうなこと」があってはならない、と言うのである。「歴史の事実を赤裸々に研究する…ことは良いこと」だが、その「研究の結果を国民教育に応用するに当って、国民道徳の如何を顧みない」風潮があることを厳しく批判する。「教育は次代の国民を良い国民になさうと云ふ意志が関係して居る」。この「目的」のためには、「ホワット」(what) よりも「ハウ」(how) が重大だ言う。「ホワット」とは何か、井上においてそれは所与のものとしての「国体」(日本の国柄) であり、それは日本人の「常識」であり、「歴史家」はこの「常識」を弁えて、その成果を「国民教育」に応用すること (ハウ) が肝心であると強調する。「ホワット」よりも「ハウ」をと言うのはそういうことであった。事実を究明する研究とその結果を否定はしないが、「国民教育」[その中心的内容は「国民道徳」] に応用する時にはそれを峻拒する。こうして、歴史における学術研究の成果は、「国民教育」から切断される構造になっていた。「国体」の観念とは「万世一系の皇統を以て基礎として」おり、「今後もこれ [万世一系の皇統] で行くべき国柄である」と断言する。それ故に井上は「皇統が二系」であることを意味する「南北朝並立」を許せば、国体の第一義諦、「国体の基礎は崩れてしまふ」としてこれを排撃したのである。「歴史と云ふものは、如何なる効用をなすべきものであるかと云ふことを十分了解して研究すべきであります。」と言うのが、この論説の結論であった。

日本の学術研究、特に人文・社会科学はこの顕示・黙示の「呪縛」から自由ではなく、それは研究者を識別するリトマス試験紙であった。

Ⅱ．教育・教育課程行政と歴史教育

(1) 教育課程行政

上に「国定教科書」にも言及したが、次に当時の日本の教育課程行政

について述べておく必要がある。「学制」（1872）以来の日本の近代的な教育制度の試行錯誤の歴史については省略するが、それが初等、中等、高等・大学を通じて教育課程としても制度的に確立するのが20世紀初頭である。小学校が1900年、中等学校が1901年、高等・専門学校が1903年、師範学校が1900年、帝国大学も1897年に2校、1910年に4校を数えた。歴史的に日露戦争から「韓国併合」への時期は、これらと見事に重なり、連動している。以下、「歴史教育」の課程行政を概観し、その問題（理論・イデオロギー・実際）について述べることにしたい。義務教育学校以外の教育課程行政のシステムは、総則や設置等の基本的事項は「勅令」という天皇制政府の命令で、その学校の編制や教則等は委任命令としての「省令」で、教育内容・方法等の詳細は「教授要目」と言う「訓令」で学校種別毎に指示する方式を確立していった。

日本の近代教育において「国家による教育理念」を規定したのは「教育勅語」(1890)であるが、それが直ちに学校教育全階梯の教育課程を被ったわけではない。

先ず小学校では1891年に「小学校教則大綱」（省令）が制定され、「教則」自体は各府県知事が決めることとされた。（以下、教育に関する、勅令・省令・訓令などの法規は『明治以降教育制度発達史』の当該法規所収の3～5巻に拠る。）この「大綱」では「徳性ノ涵養」を最重視し、次いで実用的「知識技能」の教授を国民教育に位置づけた。「日本歴史」は、尋常小学校の必修教科ではなかったが、その要旨を「国体ノ大要ヲ知ラシメテ国民タルノ志操ヲ養フ」と規定した。国民としての徳性涵養の機能が歴史教育に課せられた事を注視したい。「歴史家」が「教育家」としての顔を覗かせる法的根拠にもなった。

次いで1900年の小学校令（勅令）とそれに拠る小学校令施行規則（省令）が重要である。しかしこの時は、尋常小学校は4年制の義務であり、必修教科は修身、国語、算数、体操に限定し、歴史的内容は「国語」の読本教材や「修身」の道徳教材の中に組み込まれた。教科としての「日本歴史」は高等小学校にあって、その「要旨」は上の「教則大綱」を踏襲するものであった。小学校令中の改正で、1904年には「国定教科書制度」を実施した。これによって、修身、国語読本、日本歴史、地理は、全国一律、排他的に文部省著作の教科用図書の使用が義務づけられた。

国定教科書編纂・発行のために1904年には専任の「文部編修（官）」も置かれ、その一人（歴史担当）が先に紹介した喜田貞吉であった。この国定教科書の編纂・発行に向けて最初に着手されたのは「修身」（国民道徳教科）であり、1900年の修身教科書調査委員会の設置を経てのことでした。

　1907年に小学校は6年の義務制とし、「日本歴史」が尋常小学校（5.6年生）の必修教科とされ、それまで高等小学校（1.2年生）の日本歴史の要旨を踏襲した。韓国併合後、小学校「日本歴史」の要旨には目立った変更はなかったが、「地理」においては「韓国及満洲地理ノ大要」中の「韓国」が削除された。韓国は「本邦」に含められたのである。

（2）中等学校の教育課程—歴史科の場合

　日本の近代教育制度の構築過程は、小学校（その系としての師範学校）と大学から着手され、中等教育語学校は不安定な位置にあった。教育課程としても安定を得たのが中学校令の改正（勅令・1899年）を経た、1901年の中学校［男子］と高等女学校の「施行規則」（省令）であった。その教授内容・方法をさらに具体的に指示し、検定教科書用図書の準拠法規としての機能を併せ持ったのが「中学校教授要目」（訓令・1902）と「高等女学校教授要目」（同・1903）の制定である。「教授要目」という枠組みが、先ず中等学校において開始されたことも注目すべきことである。この枠組みは後に、師範学校、教科書を要しない諸学校の特定教科目（「体操」「教練」）、そして高等学校など上級学校の学科目にも範囲が拡大されたのである。

　この頃になると中学校は「高等普通教育」学校とは言え、男子にとっては上級学校（高等学校や専門学校）進学の階梯と見なされていた。高等女学校も同様に「高等普通教育」学校であったが、その教育内容は女子特性・役割分担論を基本とする「良妻賢母」養成を担った。同時に女子の上級学校（女子高等師範学校や女子専門学校）進学要求にも応える必要性があった。

　中等学校の歴史科と言うのは、生徒の上級学校進学要求対応と裏腹の関係で、帝国大学等における学術研究の文脈にも強く影響された。教科書の編纂・執筆者としては、「歴史家」と「教育家」が交錯する場面であり、

それは中等学校教員世界の特徴にも及ぶものであった。教科書検定制度という文部省の「枠」はあったが、国定教科書に比べれば執筆者の学術的裁量の余地があり、教育課程における区分名も「教科目」ではなく「学科目」であった。その意味で「歴史教育」の議論では中等学校を外せないのであるが、その論点は次のようなものである。

第一には、目的・要旨論である。中学校令施行規則（省令・1901）中の「学科及其ノ程度」では、歴史科の目的・要旨を「歴史上重要ナル事蹟ヲ知ラシメ社会ノ変遷、邦国盛衰ノ由ル所ヲ理会セシメ特ニ我国ノ発達ヲ詳ニシ国体ノ特異ナル所以ヲ明ニスル」と規定した。「国体ノ特異ナル」その内容には直接言及されていない。歴史科に「徳性涵養」的機能も特には明記されていない。これらは高等女学校も略同様であった。「教授要目」の嚆矢である「中学校教授要目」（訓令・1902）は教授すべき内容の詳細な項目であるが、太古の「神代」に始まり、上古は神武天皇に始まる「人代」中心の事蹟史である。これは最初の文部省版歴史教科書『史略』（1872）に通じるものであった（海後宗臣『歴史教育の歴史』1969）。この「教授要目」では、伝説の「神功皇后」は皇位扱いで示されているが、「韓土内附」と併記されて多少抑制的である。それは「高等女学校教授要目」も略同様であった。

ところが1911年7月、「大逆事件」「韓国併合」「南北正閏論」後の「施行規則」中の改正で、歴史科に「兼テ国民性格ノ養成ニ資スル」ことが目的・要旨として追加された。小学校における「国民タルノ志操」の中等教育版であったが、「国民」の中に「朝鮮人」が想定されたと思われる。同日に中学校「教授要目」も改正されて、「日本歴史」では、「時代区分」が消え、古代朝鮮の「項目」については「韓土」の用語が消えて、「三韓、任那及三国、神功皇后、文物ノ伝来」を以って一項目とし、伝説観は希薄であり事実史らしい用語も続く。勿論「南北朝」は「吉野ノ朝廷」（南朝）に替えられ、そして「韓国併合」が新たな一項目として追加された。「日本歴史」は1年前の事象を含むものであり、当代史であった。

第二には、「歴史科」の領域論である。尋常中学校の「学科及其ノ程度」（省令・1894）で、「歴史及地理」の週時間数を増やしたのであるが、それは「歴史ニ重キヲ置ク為」めとされ、「歴史教育ノ精神ハ我国体ノ貴重ナルヲ知ラシメ宇内ノ大勢ヲ詳ニシ古今ノ変ニ通スルノ能力ヲ養成

スルニ在リ」として、歴史は「尤中等教育ノ要点ヲ占ムル者ナリ」と説明された。学科としては「歴史地理」であり、「歴史」としては独立していない。歴史地理学会の設立（1898）にもそのような背景があった。その後、文部省は「尋常中学校教科細目調査」を実施し、それを参照にした1901年の「中学校令施行規則」の「学科及其ノ程度」では、学科としては「地理歴史」であるが、科目としての「歴史」は「日本歴史」と「外国歴史」の二領域で構成された。「国体ノ特異ナル所以ヲ明ニスル」ことの方法とも言えよう。教授すべき内容の詳細は、翌1902年の中学校「教授要目」で指示されたのだが、この時「歴史」は、「日本歴史」（1,2年）、「東洋歴史」（3年）、「西洋歴史」（4,5年）の三領域とされた。注視すべきは、古代韓国は「日本歴史」で扱われ、「東洋歴史」は事実上、中国史 – 当時は「支那史」– であり、その中国との関係において「朝鮮半島」も対象とされていたことである。つまり、中等学校の歴史教育では、朝鮮は日本との関係か、中国との関係でしか扱われていなかったのである。

　第三には、この時、一領域とされた「東洋史」とその性格である。日本の歴史学界における「東洋歴史」の提唱者は那珂通世と言われるが（奈須恵子 "中等教育における「東洋歴史」の登場"、『近代日本における知の配分と国民統合』、1993）、桑原隲蔵・著の「中等東洋史」（1898）とその改訂版「東洋史教科書」（1903）は中等学校で最も広く使用された教科書であったが（後述）、それはやはり東洋史＝中国史であった。

　そもそも創立当初の帝国大学（1886）における「史学科」は史学・万国史で、日本歴史や支那歴史は「漢文学科」に属していた。その後、1889年に史学科から国史学科が独立したが、1893年に帝国大学に講座制が導入された際も、歴史関係講座は「国史」と「史学」の2つであった。1905年に漢学から「支那史学」講座が独立したが、「東洋史学」講座は、後発の京都帝大に1907年に先ず設置された。その講座担当者が上の桑原隲蔵であった。このように「東洋史学」は、中等教育の学科目としての「東洋歴史」が先行していたのである。この中国中心の東洋史に対して「東洋諸国史」「中国塞外史」の「東洋史学」を構想したのが先に紹介した白鳥庫吉で、彼は方法論としても「漢学文献」からの脱却、ドイツの実証史学の方法論を取り入れた。東京帝大を拠点に東洋協会や満鉄

東京支社等の半官半民諸団体の協力で学術調査を実施し、日露戦後の日本の「満韓経営」に、『満洲歴史地理』『朝鮮歴史地理』等の研究報告で応えた（五井直弘『近代日本と東洋史学』1976）。桑原の中国中心の「東洋史学」は中等学校教科書を通じて主に「教育家」の顔を、白鳥の「東洋史学」は学術研究と政策論を通じて「歴史家」の顔を我々に見せている。

第四には、中等学校についてはその担い手である教員養成制度の問題があった。中等学校の教員養成は、高等師範学校で行うのが本来の制度設計であったが、中等教育の普及に伴う教員需要に全く応じ切れなかった（1910年に高等師範学校は女子を含めて4校）。それで、中等学校教員は、本体の高等師範学校卒業者の他、帝国大学等の卒業者である無試験検定合格者及び学歴を問わない試験検定合格者（双方を併せて通称「文検」－文部省中等教員資格検定試験－）、その三者で構成されるようになっていた。その結果、この教員養成過程の違いが中等教育界に微妙な影響を与えていた。①高等師範学校という「教育」系列、②帝国大学等の学術系列、③検定試験の出題担当者系列、この3つのルートに関わる専門家たちの分担が固定化される傾向があったからである（「歴史」については、奈須恵子"「歴史」の試験問題とその分析"、『「文検」試験問題の研究』2003）。文部省の所管も普通学務局（高等師範学校と検定）と専門学務局（大学、高等・専門学校）で、図式的には「教育」系と「学術」系とも言えるであろう。

（3）師範学校の教育課程と歴史教育

子ども達＝小学生の歴史意識形成に大きな影響を与えるのは、「教科書」であるがそれと同等、あるいはそれ以上の影響を与えるのは教員である。だからこそ喜田も「教育家の覚悟」を訴えたのであるが、その教員を養成した師範学校の教育課程、そこにおける「歴史教育」についての研究は、実は国定教科書研究や中等学校教育史に比すれば日本でも少ない。

師範学校は、教員に関わる政策・制度史では、生徒の年齢層から「師範学校・中学校・高等女学校」と括られたのであるが、その教育内容からは師範学校は「中等教育」とは区別された。そして、師範学校の教育課程は、中等学校に比して下級学校の教科目に規定されるという必然な

制度的制約を常に持っており、それが「教育家」という顔が要求される根拠であった。他方、中等教育、特に中学校（男子）の教育課程では、下級学校よりも帝国大学等に通じる上級学校からの要求に応えようとする。このように、師範学校の教育課程研究は、中等学校とも異なる、三次元と言うべき難しさを伴っている。

1900年（明治33）の師範教育令（師範学校、高等師範学校を包摂）では「順良、信愛、威重」という三「徳性」涵養に務めることが特に求められた。それ以前の師範学校の「学科及其ノ程度」（省令・1892）ですでに、「殊ニ我国体ヲ明カニシ尊王愛国ノ志気ヲ振起セシメ以テ国民タルノ志操ヲ養成センコト」が強調されていた。「小学校教則大綱」（省令・1891）で「徳性ノ涵養」が「知識・技能」よりも上位目的として定着化が図られたことを受けた結果と思われる。1907年（明治40）、統一的な「師範学校規程」（省令）における学科目としての「歴史」の目的・要旨では、「小学校ニ於ケル歴史教授ノ方法」［＝歴史科教育法］を含むことと週時数が少ないこと以外は、中等学校のそれと同じであった。1910年（明治43）5月、師範学校にも「教授要目」（訓令）が課せられることになった。その「歴史」は「日本歴史」と「外国歴史」から成っていたが、後者は、「支那ヲ中心トシタル東方諸国」と「西欧諸国」とに分けられて、「二・五領域」論と言うべきものであった。朝鮮が「東方諸国」の対象になっていない点では中学校のそれと同様であった。「日本歴史」は「神代」からの叙述であるが、中学校教授要目のような時代区分（太古、上古、中古、近古、近世、現代）はなく、その内の古代朝鮮については、「朝鮮、三韓、三国ノ分立、韓土ノ内附、文物ノ伝来」と括られた項目であって、その中に「神功皇后」はない。

このように師範学校として初めての「教授要目」（1910.5）は、その内容構成においても三領域の「中学校教授要目」（1902）に近いものであったが、次の師範学校「教授要目」の改正は、「韓国併合」直後、1910年（明治43）10月に行われた。この部分改正が主に「歴史」と「地理」において、しかも「中学校」のそれ（1911.7）に先行して行われたのは、「義務教育」との関係を意識したものであったと解される。

この師範学校の改正「教授要目」では、「日本歴史」における古代朝鮮に関わる先の「項目」に「神功皇后」が追加され、別項目の「韓土ノ

叛服」は「韓土ノ変遷」に、「韓土ノ離反」も「韓土ノ変遷」に変更し、さらに「朝鮮ノ建国」(李朝朝鮮)は削除された。「叛服」「離反」「建国」が忌避され、同時に別項で「韓国併合」が追加された。これらの「改正」は「韓国併合の結果に出でたもの」と説明されたが、それが史実の曖昧な古代史において特に行われたことに重要な意味があり、これらは翌年の中学校「教授要目」の全面改正と符合するものであった。さらにこの時、「歴史」の領域は「日本歴史」と「外国歴史」、後者は「支那ヲ中心トセル東方諸国」と「西欧諸国」に区分されたので、中学校の領域論が師範学校のそれに合わせた形になった。いずれにせよ、現実の政治情勢がいとも容易に古代史を含む教授要目の「日本歴史」書き換えに直結していたのである。

Ⅲ. 歴史科「教科用図書」の記述の実際

次にこのような1910年前後の日本の教育課程行政下における、小学校(国定)、中等学校・師範学校(検定)の「歴史科」教科書の記述の実際について見て行くことにする。「歴史科」教科書記述内容の事例については、一つは日韓古代史の中でも「神功皇后」に関する記述、もう一つは「韓国併合」についての記述、この2つに焦点を当てて紹介し、問題点を明きらかにしたいと思う。

(1) 小学校の国定歴史教科書の場合

1903年10月発行の最初の国定教科書(第1期)「小学日本歴史一」(高等小学1年生用)は神代の「第一 天照大神」から始まるのだが、「第四 神功皇后」を「仲哀天皇」の皇后としての紹介した後に、

"このころ、今の韓国の地には、新羅、百済、高麗の三国ありき。これを、わが国にて、三韓といへり。また、早くより、わが国に従ひし任那といふ小国もありき。皇后は賢き御方にてましまししかば、まづ、新羅を従へなば、熊襲は、おのづから、平がんとおぼしめしき。たまたま、天皇、軍なかばに、かくれたまひき。ここにおいて、皇后は人をして熊襲を平

げしめ、さらに、武内宿禰とはかり、海を渡りて、新羅にいたりたまひしに、新羅王、大いに、おそれて、たちまち、降参せり。それより、百済も、高麗も、みな、わが国に従へり。三韓わが国に従ひし後は、かの国より、いろいろのめづらしき貢物をたてまつり、また、学者、職人なども渡り来れり。これより、わが国は、ますます、開くるにいたれり。"
［以下、略］

　この「第四　神功皇后」（626 字）は、その後の国定教科書の定番となったもので、全文史実として記述されているという意味で重要である。しかし、この時挿絵はない。なお「第二　神武天皇」は、初代「人代」天皇として紀元元年（西暦紀元前 660 年）2 月 11 日即位の事実として描かれている。

　1909 年 9 月発行の「尋常小学日本歴史　巻一」（国定第 2 期）は、6 年義務制の尋常小学 5 年生用である。その構成は、古代については第 1 期と同じであるが、「第四　神功皇后」は、字数を 460 字に削減、代りに（？）挿絵「神功皇后はるかに新羅の方をのぞみ給ふ」を新たに加えた。内容的には「任那」を削除すると共に、神功皇后が妊娠の身であったことなどその勇気を讃えるだけでなく、「新羅」の対応を次のように書き替えた。"新羅王皇威の盛なるを見、大いに恐れて出降り、太陽西より出で、河の水さかしまに流るる時ありとも、叛き奉らじとちかひたり。"という創作を加えた。

　翌 1910 年 9 月発行の同書「巻二」（6 年生用）において、「第十六　明治三十七八年戦役」（日露戦争）と「第十七　平和克復と戦後の経営」（「韓国の併合」含む）を追加した。そのため、翌年問題化する「南北朝」は「巻二」から「巻一」に移されていた。その「巻二」において、「韓国の併合」については次のように記述された。

　"我が天皇陛下は韓国が常に禍乱の淵源たることを顧み給ひ、日韓相互の幸福を増進し、東洋の平和を永遠に確保せんが為に韓国を併合するの必要を認め給ひ、遂に此の年［1910］八月を以て、韓国皇帝より其の一切の統治権を永久に譲与することを承諾し給へり。ここに於て韓国を改めて朝鮮と称し、総督府を置きて諸般の政務を統べしめ給ふに至れり"と。つまり、韓国皇帝の統治権譲与の申し出を天皇が受け入れた、と。

最後に「国民の覚悟」として「忠君愛国の精神の発揮」で締めくくった。
　さらにその翌・1911年、「南北正閏論」の結果、国定第2期の「改訂版」が発行された。「巻一」の「第四　神功皇后」の記述と挿絵に変化はなかったが、前述の如く「二十三　南北朝」は、「吉野の朝廷」と改題されて「南朝正統論」に書き替えられた。「巻二」では、「十七　平和克復と戦後の経営」を「平和条約［＝ポーツマス条約］と韓国併合」に改題し、「韓国の併合」では"韓国は我が保護の下にあること既に及びしが"という説明を付け加えた。。
　国定歴史教科書の3期は「尋常小学国史」として上巻が1920年10月、下巻が翌1921年12月に発行された。上巻「第四　神功皇后」記述では、皇后顕彰がさらに強調されるとともに、「三韓時代」の地図と挿絵が書き替えられた。この第3期国定教科書においては「韓国の併合」の項目においてその経過やその後の状態にかなりの追加記述があった。併合後、"半島の民は悉く帝国の臣民となり、東洋平和の基はいよいよ固くなれり。これに先だち伊藤博文、統監をやめて満洲に旅行せし折、ハルビンに於いて兇徒に暗殺せられたり。…俄に薨じたるは、実に惜しむべきなり"と。勿論、「三一運動」についての記述はない。
　以後、4期（1934・35～）、5期（1940・41～）まで、「第四　神功皇后」は不動の位置にあった。国民学校の6期（1943～）は国定歴史教科書の構成が大項目に変わったのであるが、「第一　神国」中の「神功皇后」に記述の基本に変更はなかった。小学校・国民学校の教科書が国家の意思によって容易に書き替えられたのは、まさしくそれが「国定教科書」制度の狙いであり、結果であった。

（2）中等学校の歴史教科書の場合

　中等学校の教科書は、戦時下1943年以後に国定制度となり、そのこと自体は教科書分析としては重要なテーマであるが、実質的な影響力という点では別問題である。その意味で中等学校教科書は、略60年間検定制度で、各学科目とも多様な教科書が使用され、それは歴史教科書でも同様である。
　中等学校教科書には慣行的には師範学校教科書を含める場合が多かったが、「師範学校用教科書」として独自に編集・発行されるようになる

のは、「師範学校教授要目」制定以後のようである。Ⅱ章で述べた筆者の問題関心からは、師範学校用教科書を中等学校用教科書と区別したいと思う。仮説的には、中等学校教科書には歴史学研究成果の影響が、師範学校教科書には義務教育、つまり小学校国定教科書との整合関係が、各々特徴的に現れるのではないか、と思うからである。

以下、「教授要目」に拠って編集・発行された、中等学校－中学校の歴史科の教科書をについて、小学校国定教科書の歴史の場合と同様に、古代朝鮮に関わる「神功皇后」と1910年「韓国併合」の記述に焦点を当てたいと思う。中学校歴史科では同じ著者、同じ出版社においても、「一・二年生用」と「上級（四・五年）生用」の2種編集・発行するケースが多かったが、ここでは適宜両方に言及する。

1910年前後の中学校「歴史科」教科書は、1901年の中学校「教授要目」の領域論によって、「日本」「東洋」「西洋」の3つに種別化されていた。1907年度に使用されていた歴史科検定済み教科書は、日本史40種、東洋史25種、西洋史24種、他に「万国史」［＝世界史］22種であった（文部省『中学校・高等女学校　現在［1907年度］使用教科図書表』）。

この資料の復刻（1992）に付けられた「解題」（中村紀久二、橋本淳治）に依れば、それらの教科書の中で使用校数が最も多い日本史教科書は、峰岸米蔵（東京高等師範学校教授）編著『修正 日本略史』（上・下、1906修正）であり、同じく東洋史教科書は、桑原隲蔵（京都帝国大学教授）著『東洋史教科書』（1906訂正）であった。これは1910年度『使用教科図書表』でも、日本史では同じ峰岸の『新編 日本略史』（上・下 1908）が、東洋史では桑原の同名の『東洋史教科書』（1907修正）が最も多くの中学校で使用されていた（前掲、中村、橋本の解題）。このように、両教科書は最も広い支持を得ていた教科書だった。

峰岸の『修正 日本略史』（一・二年生用）も、国定教科書同様に「第一章 神代」からの記述であるが、「第五章 韓土内附」では、仲哀天皇の"皇后は、…海を渡りて、新羅を征したまひき。新羅は、韓半島の東南部に位せる国なり。新羅王、つひに、出で降り、長く年々の貢を約し…。当時、韓半島には、新羅の他、任那、百済、高麗の三国ありき。そもそも、わが国と韓土との交通は、はやく、神代よりありたりしが、崇神天皇の御代に、任那はじめて朝貢し、ここに至りて、新羅また従ひければ、百済も、

わが威をおそれて、ほどなく服属し、高麗も、後つひに、われに入貢するに至れり。皇后は、凱旋の後、応神天皇を生み、ながく摂政せられき。後世、その偉功を尊び、神功皇后と申したてまつる。"と記述している。「任那」の歴史的位置づけや「神功皇后」の由来などには小学校の国定教科書との違いも見られるが、「説話」を史実と見なしている点は全く同様である。この記述は、『新編 日本略史』でも踏襲されていたが、「韓土内附」の前に「埴輪土偶」等の考古学の成果を紹介した点は注目される。

同時期、中学校上級用の日本史教科書として最も広く使用されたのは、辻善之助（東京帝国大学史料編纂官）著『新編 国史教科書』（1906訂正）であった。この教科書は、明治維新以後、「現代の事は比較的之を詳述した」ことに特徴があった。全30章構成のこの教科書で「神功皇后」の記述は、第二章「大化以前の時代の概説－支那及び韓土との関係」の中にある。この章は"神武天皇以後、八帝の間は、歴史の記事闕けたるを以て、今知る由なし"として「崇神天皇」から記述されるのだが、「海外への発展」の小見出しで、"神功皇后は、三韓征伐の壮挙を起して、武威を輝かせたまふ。韓国は、もと、我天祖の御系統が移りおはしし所にして、それより後、垂仁の朝、任那の日本府をおかれたるなど、我と浅からざる関係を有したりしが、是に至りて、我の属国となれり。"と結論づける。"かくて、我国は、韓土の文化を吸収して、工芸文物大いに進み…"という文脈になっていた。

同教科書の韓国併合後の『修訂 新編国史教科書』（1910）では、「任那」の記述に修正を施し、「鎮撫」の"後、日本府をおきて、その国を治めたり"と変更した。「その国」が「任那」なのか、「韓国」なのかは曖昧な表現であったが、「神功皇后」の記述内容に変更はなかった。それ以上に、「第三十七章 韓国併合」を設けて4頁（850字）にわたって詳述したことが大きな「修訂」であった。一段落目は、伊藤博文「狙撃」を「排日主義」と見る記述から始める。第二段落は、韓国内には日本による「内政」に"疑惧の念、常に国内に充ちて、民其の堵に安んぜず、是に於て、我国は日韓相互の幸福を増進し、東洋の平和を永遠に確保せんが為、遂に韓国を併合するの必要を認むるに至れり。"と結ぶ。続いて、「併合条約」の経過・内容、「朝鮮」への改名、朝鮮官制などが記述された。

以上の日本史教科書の例から窺えるのは、国定教科書に比べれば記述

の多様性は認められるし、歴史研究の成果の反映もあると言える。しかし、古代史においては「神話・伝説」と「史実」の関係について、前者が「記・紀」に拠ることが明示されていない。「神功皇后」については大同小異の記述であり、「任那」については「後漢書」（中国）からの引用において粗密がある。他方で、当代史になると状況説明において特色ある記述も見出せるが、結論は政府発表の説明であり、それが生徒の歴史観を形成していたと言えるだろう。

　東洋史については、桑原著『東洋史教科書』（1906 訂正）は特に中学校、師範学校と区別せず「中等程度の学校」用に「平易簡明」に記述された。先にも述べたように「東洋史」とは言え、実際は中国古典を典拠とする「中国史」であり、付録には「支那歴代世系」が掲げられたが、紀年は国史との連絡を保つため日本の「皇紀」を本とした。「近世期」［＝近代］になると、東北アジア史的になり、同時に「明治年数」を用いる記述にした。本書では、書中「多く逸話、文辞」を挟み、「重要なる民族の風俗」も記述し、また「図画」は「正確なる考拠ある」ものとした点に特色があった。「上古期」［＝古代］には、「神功皇后」の「三韓征伐」の記述はないが、1910 年 11 月修正版の「近世期」の最終「第九章　日露戦役」では、「日本の韓国併合」を追加した。日韓協約以来、"わが国は韓国の施政の改善に努めしかど、未だ十分に治安を保障するを得ざりしかば、東洋の平和を永遠に維持せんがために、韓国を併合すべき必要を認め…"と上の辻著を簡略化した記述であった。

（3）師範学校の歴史教科書の場合

　小学校教員の歴史認識に大きな影響を与えたと思われる、師範学校教科書についても概観したいと思う。先述の文部省『使用教科図書表』の 1907 度版には師範学校用のデータはないが、1910 年度版には「師範学校用」歴史教科書の使用状況の資料がある。それに依れば、日本史 27 種、東洋史 17 種、西洋史 25 種、他に「統合」が 1 種である。中学校の場合と同様に、日本史は峰岸米蔵の編著の教科書、東洋史は桑原隲蔵著の教科書が最も多くの師範学校で使用されていた。師範学校は、歴史の週時数、従って在学中の歴史の総時間も中学校よりは少ないので、峰岸の日本史は書名も『修正　本邦史綱』（1907 修正）で中学校とは異なり、

内容も簡略化されていた。古代の「韓土内附」では、「神功皇后の新羅征伐」を「三韓」から説いたことが中学校用と多少異なっている程度であった。

師範学校用歴史教科書の編纂においては、三領域論に批判的な教科書もあった。日本史であっても、常に他国との関係での歴史像を教育において重視しようという斉藤斐章著の『統合歴史教科書 日本史（上・下）』（1907、修正版・1912）がそれである。斉藤は「師範学校教授要目」に依拠した、『統合歴史教科書 東洋史』(1907)も著した。その時期区分は、前者の日本史では「上古史、中古史、近古史、近世史、明治史」、後者の東洋史では「上古史、近古史、近世史」と整合性を欠いていたが、発想自身は1894年の「尋常中学校歴史科ノ要旨」（茨木智志 "1894年の「尋常中学校歴史科ノ要旨」に対する再検討"『総合歴史教育』37・2001）以来の「世界史」に通じるものと言えよう。「神功皇后」については、日本史では「神功皇后 朝鮮半島の服属」、東洋史では「上代の朝鮮半島と日本」という節で、各々両教科書で記述されており、内容的には上述の他書と略同様だが、前者では「日本書記」の原文を載せたり、後者では「東洋の中の日本」という記述の仕方などに工夫が見られる。

最後に、坪井九馬三（東京帝大教授）の師範学校用「東洋歴史教科書」(1903)を挙げておく。坪井も白鳥のようにドイツに留学し、その影響による科学的歴史研究を目指した一人であった。帰国後一時、中等学校教員検定試験委員(万国史)を勤めたこともあったが、「東洋歴史教科書」としては、中国中心ではあったけれど、西暦を採用したこと、「古来の伝説中、荒唐不稽の者は悉く之を排斥」したこと、内容的には「文学・技芸・宗教等の発達」を重視したこと、挿画、地図も「原図」を尊重したことなど、実証性を貫こうとした点に特色があった。「大いに教授者(教員）活動の余地を設け」たり、外国の地名、人名にも現地読みを漢字とカタカナ表記で試みるなどの工夫をした教科書であったが、広く使用される事はなかった。

以上、師範学校用歴史教科書の実際を概観したが、中学校のそれと比較しての明確な特徴を提示するまでに至らなかった。この時期、必ずしも画一的ではなかったように思われる。

おわりに―実証主義史家の教科書執筆からの退場

　以上、小学校国定教科書、中学校と師範学校の検定教科書の主なものからその特徴を見てきた。それらから言えることは、予想されたことであったが、古代朝鮮については基本的に「記・紀」神話を批判的に叙述する教科書は見られなかったことであり、「韓国併合」については「併合に関する詔書」布衍化の記述であったことである。それは国民国家形成期と帝国主義時代の歴史教育に共通な大国ナショナリズムと言うべきものとそれを支える「皇国」史観であった。

　1910年前後というのは、日本の歴史教育において大きなターニングポイントであったと言えるであろう。それは、「大逆事件」、「韓国併合」、「南北朝正閏問題」を媒介して、「万世一系」神話から逸れる教科書が消えたこと、幾人かの歴史家が中等学校歴史教科書の舞台から退場したことに現れていた。

　白鳥庫吉は、文科大学史学科出身でドイツに留学した歴史家で、「漢学文献」による歴史学に対して近代的な実証史学の方法による「東洋史学」の碩学として知られるが、彼は中等学校用「西洋史」を1899年に著し、その訂正改定版は9版（1903、冨山房）の発行までは確認できる。絶版確認の作業が残っているが、1910年以降に教科書執筆の形跡はない。1903～1904年に、中学校・師範学校の西洋歴史教科書と東洋歴史教科書を執筆した坪井九馬三も、ドイツに留学した科学的歴史研究を志向し、上述したように当時にあって伝説史を斥ける一方で、「西暦」を採用するなどを試みた歴史家であった。のみならず、坪井は「教授要目」に拠って記述したが、「表題の順序、字句の叙述、教授に便ならざるものは、必しも之［＝教授要目］に拘泥せず」と教科書の「序」で公言して憚らなかった（「中学校用 東洋歴史教科書」1903、文学社）。坪井もその後は教科書執筆から姿を消した。津田左右吉も1901年に「新撰東洋史」（寶永館）を執筆したが、以後教科書を執筆しなかったようである。

　彼等に共通するのは、歴史家として「記・紀」神話とそれに依る伝説史に批判の目を向けたことである。それは彼らの皇室へ敬愛とは全く別次元のことであったように思われる。彼等は「歴史家」として「教育」

の世界で伝説史を展開する事をためらって、早々に教科書執筆から退場したのではないか、と言うのが筆者の仮説である。

[註]

　本稿は、2010年11月19日の韓国独立記念館主催のシンポジウムでの報告論稿に必要最小限の加筆・修正を加えたものである。特に筆者の論稿を事前に丁寧に読まれて、貴重な疑問・批判・問題点を指摘して下さった、権五鉉教授(慶尚大学)に心から感謝するものである。論稿中の誤りや説明不足の個所には加筆・修正したが、論争点については保留したままである。

　また、シンポジウムでは、国定教科書に掲載された「神功皇后」の挿絵の変遷(4種)を配布したが、本稿では省略した。

　教科書資料については、国立教育政策研究所・教育図書館及び東京書籍株式会社・東書文庫にお世話になったことを記して擱筆する。

VI．彙報

2010年1月から2010年12月までの本研究会の活動を報告する(文中、敬称略)

(1) 組織・運営体制

本研究会には、会則7条によって本『年報』奥付に記載の役員が置かれている。役員の任期は3年、『年報』編集委員の任期は2年である（第9条）。編集委員、役員は任期中であり職務を継続した。内、編集委員の宮脇弘幸は海外勤務となったため3月末を以て離任し、その残りの任期の後任として岡部芳広が選任された。

代表：西尾達雄
運営委員
○書記・通信部：（議事録・通信・WEB更新支援）井上薫・北川知子
○企画・編集部：（年報編集・叢書計画案・シンポ企画等）弘谷多喜夫・前田均
○研究・資料部：（年次研究テーマ（科研）、定例研究会等）田中寛・渡部宗助
○宣伝・販売部：（年報の販路拡大など）小黒浩司・松浦勉
　　　事務局長：（総務・渉外・各部との連絡調整）白柳弘幸
　　事務局員：（HP担当）山本一生／（研究業績作成）小林茂子
　　　　　　（会計）合津美穂／（会計監査）清水知子・陳虹彣
　　年報編集委員会：（委員長）中田敏夫
　　　　　　　（委員）弘谷多喜夫・前田均・宮脇弘幸（3月まで）・
　　　　　　　李省展・岡部芳広（4月から）

本年の主な活動は以下の通りである。
1) 研究会総会（年1回、研究大会時に開催）
2010年3月27日（土）こども教育宝仙大学

2) 運営委員会（研究大会準備、日常的会務のために年数回開催）
① 3月26日、27日（金〜土）こども教育宝仙大学（第12回研究大会直前準備）
② 6月19日（土）こども教育宝仙大学（第13回研究大会準備等）
③ 10月30日（土）こども教育宝仙大学（第13回研究大会準備等）

3）研究部（研究例会を 2 回開催、企画、運営）
① 6 月 19 日（土）こども教育宝仙大学
② 10 月 30 日（土）こども教育宝仙大学

4）編集委員会
① 3 月 27 日（土）こども教育宝仙大学
② 10 月 2 日（土）神田外語大学

（2）第 13 回研究大会の開催

　第 13 回研究大会は 2010 年 3 月 27 日（土）から 28 日（日）、東京都中野区のこども教育宝仙大学で開催された。
　1 日目は午後 1 時半から 5 時過ぎまで「植民地と児童文化」のテーマでシンポジウムが開催され会員内外約 40 名が参加した。シンポのパネラーとして台湾研究から河原功、朝鮮研究から大竹聖美、満洲研究から河野孝之の各氏が発表。今回の 3 名のパネラーの方は会員外の協力を得て行った。また、コメンテイターとして、それぞれ弘谷多喜夫、北川知子、山本一生。コーディネイターは前田均が務めた。台湾、朝鮮、満洲の子どもたちがどういった文化（議題の中心は児童文学）に触れていたのか等の話題を提供していただき討論をおこなった。シンポ終了後、総会を行い、その後、懇親会が地下鉄丸ノ内線中野坂上駅近くの居酒屋にて行われた。
　2 日目は午前 9 時から正午過ぎまで 5 本の「自由研究発表」が行われた。
1)　金敬順（東京学芸大学大学院教育学研究科博士前期課程）：「朝鮮総督府発行『普通学校書方手本』について」
2)　林 琪禎（一橋大学大学院 言語社会研究科博士後期課程）：「日本領有時代台湾における初等義務教育制度についての考察」
3)　松岡昌和（一橋大学大学院言語社会研究科博士後期課程）：「日本占領下シンガポールにおける「児童文化」の変容―こども新聞『サクラ』の内容から」
4)　小泉紀代子（東京大学大学院教育学研究科修了）「日系パラグアイ人社会における日本語教育をめぐる対立」

5) 松浦勉(八戸工業大学)「戦中・戦後の教育学と戦争責任―海後宗臣の「戦争教育学」とその旋回―」

(3) 総会決議

　2010年3月27日（土）のシンポジウムの後、総会が行われた。本総会において、「「高校無償化」制度から朝鮮学校などの外国人学校を排除しないことを求める声明」が出席者全員によって採択された。声明文は、総理大臣、各政党、新聞社等へ52通発送した。

(4) 第14回研究大会の準備

　研究大火会は近年、首都圏とそれ以外の都市で隔年開催している。2010年3月26日の運営委員会において、第14回研究大会開催を2011年3月26日(土)、27日(日)の2日間、名古屋市にある中京大学で行いたい希望を酒井恵美子に打診。大学側の許可を得ることができた。シンポジウムについては運営委員(企画担当)と相談し、「1920年代の「内地延長主義」と教育」という提案がだされた。その後、コーディネーターとなった佐藤広美がパネラー予定各氏と相談し、「植民地と新教育―1920年代を中心にして」としたい希望が10月30日の定例研究会に出され、了承された。

(5) 年報『植民地教育史研究年報』の発行について

　第12号『三・一独立運動と植民地教育史研究』を皓星社から2010年3月30日付で出版した。特集は、前年度、龍谷大学で行われたシンポジウム「植民地教育史研究とって"三・一独立運動"とは」。この他、研究論文2本、旅の記録、書評、研究活動報告、彙報で構成した。

(6)「研究会通信」の発行

　研究会通信「植民地教育史研究」は、第31号（2010年3月1日付)、第32号(2010年5月25日付)、第33号(2010年9月29日付)、臨時号(2010年12月24日消印）の4号を発行した。
　第31号では、こども教育宝仙大学で行われる研究大会シンポジウム主旨、同自由研究発表の紹介、『年報』第12号の紹介等について掲載した。

第32号では、第24回定例研究会のお知らせ、西尾達雄を代表とする科研採択、その研究課題について。第13回研究大会の報告、総会で決議された「「高校無償化」制度から朝鮮学校などの外国人学校を排除しないことを求める声明」の声明書の全文掲載、及び、声明書の送付先。『年報』第13号の原稿募集等について掲載した。

第33号では、第25回定例研究会の研究発表募集、新入会員の紹介、韓国独立記念館シンポジウム招聘、会員研究業績等について掲載した。

臨時号では、第14回研究大会のお知らせ、会員業績等について掲載。

（7）科研採択について

2007年〜2009年度科研として「日本植民地・占領地の教科書に関する総合的比較研究―国定教科書との異同の観点を中心に―」の後をうけ、2009年末に申請した2010〜2012年度の科研「日本植民地・占領地教科書と『新教育』に関する総合的研究〜学校教育と社会教育から」が採択された。代表は西尾達雄。本会会員を中心として、外地教科書資料所蔵先玉川大学からも4名の参加を得て、25名が参加。

本年度は、資料収集と資料文献の整理を活動の中心とし、都内の大学等で2回会合を持った。研究の成果は、定例研究会や研究大会の折に発表することとした。

（8）定例研究会の開催

①6月19日（土）午後2時より、こども教育宝仙大学にて第24回定例研究会が開催された。

②10月30日（土）午後2時より、こども教育宝仙大学にて第25回定例研究会が開催された。

（9）韓国独立記念館シンポジウム招聘について

韓国を代表する研究機関からの招聘を名誉なことと受け止め、運営委員会に諮り、招聘を受けることにした。佐野通夫と渡部宗助が参加。招聘の詳しい内容や経緯は本号に渡部宗助より報告されているので、そちらを参照していただくことする。

(10) その他
　運営委員会及び編集委員相互の日常の諸連絡や相談事についてはメールよって行われている。

（事務局長　白柳弘幸）

編集後記

　今回新たに編集委員会に加えていただいたのですが、なにぶん初めてのことですので、中田編集長はじめ諸先生方に随分助けていただきました。この場をお借りしましてお礼申し上げます。他の学会の一般的な学会誌と比べたとき、研究論文と活動報告だけでなく多様なコーナーがあり、非常に読みごたえのあるものとしてこれまで「一読者」として読んできた年報ですが、編集の作業を経験して自分にとってより意味のあるものになったような気がしています。日頃の勉強不足のため、書くにしても読むにしてもいろいろと調べなければならないことが多く、とても貴重な勉強をさせていただきました。私の専門領域などとても狭い範囲のことですので、今後はそこだけではなく植民地教育史に対する複眼的な視覚を以て研究に携わっていかなければと、思いを新たにしています。例えば、編集のために高娉氏の著書を読み、日本、台湾、朝鮮、中国のそれぞれの西洋音楽受容について大いに考える契機をいただきましたが、これによって「東洋における西洋音楽の受容」というひとつの問題においても、複眼的な視覚を持つ必要があることを再確認させられました。日本のように自ら進んで西洋音楽を受容した例、台湾や朝鮮のように植民地として西洋音楽を押し付けられた例、そして独自のスタイルで選択的に受容した中国の例と、時にはそれらを同じ視野に入れて見ていかないと見落とすものがあるのではと感じています。そして興味があるのは、植民地終焉以降にこのそれぞれの国や地域が西洋音楽という分野において目指してきた／いるものが違うのか同じなのか、という点です。これからも本研究会で広い視野の研究をさせていただきたいと思っています。

　　　　　　　　　　　　　（岡部芳広）

　『年報』の編集委員長を担当して2年が過ぎる。この間11号までの編集内容に準拠して『年報』を構成するという安全策をとってきたようにも思う。これまで『年報』の鏡にあった編集委員会担当の「はじめに」（多分委員長が担当されていたか）を、「巻頭言」と言うことで、先号を研究会代表の西尾氏に、そして今号を槻木氏に依頼して、植民地教育史研究に関わる文章を寄せて頂いた点が小さな変更であった。

　ところで今号の研究ノートに関し説明をしておかなくてはいけない事が1点ある。研究ノートの分量は8千字となっているが、今号の研究ノートはそれを大きく上回ってお手元に届けている。実はこの原稿は当初研究論文の枠で提出されたもので、委員による論文審査の結果、研究ノートとして掲載頂くという扱いになったものである。極力研究ノートの分量への対応を依頼したが、一度書いた原稿を大幅に変更するのはむずかしいことであり、原稿の良さを殺すことにもなりかねないとも考える。編集委員会で審議した結果、分量が上回るが、編集後記でその事を記し、会員の皆様に了解を得ることにした。よろしくご理解をいただければと考える。今後もこのようなケースがあろうかと思うが、その際の分量は適宜編集委員会に委ねられたら、委員としてはありがたいと感じた。

　今号、研究論文としての提出が3件（応募は4件）、1件が修正採用で、2件が再提出。結果1件が辞退し、1件が研究ノートしての採用。4年間編集に携わり、研究論文の投稿の少なさを感じた。活発な研究会活動の証左として研究論文の充実があろう。今後を期待したい。私も一会員として、大会での発表、論文投稿を目標に研究会に関わっていきたいと、我が身を鼓舞する意味でも宣言して、任を終えたい。

　　　　　　　　　　　　　（中田敏夫）

著者紹介

李省展
恵泉女学園大学教員。「帝国・近代・ミッションスクール―ピョンヤンにおける「帝国内帝国」と崇実学校―」(駒込武・橋本伸也編『帝国と学校』、昭和堂、2007年)。『アメリカ人宣教師と朝鮮の近代』(社会評論社、2006年)

大竹聖美
1969年埼玉県生まれ。白百合女子大学修士課程児童文学研究専攻修了後、日韓文化交流基金訪韓フェロー、大韓民国政府招聘留学生としてソウルで6年間の留学生活を送る(1998～2004年)。延世大学校大学院教育学部にて博士(教育学)学位授与。今回の研究成果は延世大学で韓国語の博士論文としてまとめたものをもとに、新たに日本語で整理し直したものである。東京純心女子大学子ども文化学科准教授。帰国後は、韓国の現代絵本の翻訳紹介を中心に行っている。シリーズ「韓国の絵本10選」(アートン新社)、『とらとほしがき』(光村教育図書)、『韓国のお正月』(岩崎書店)など。

岡部芳広
相模女子大学准教授。1963年、大阪市生まれ。神戸大学大学院総合人間科学研究科博士後期課程修了。博士(学術)。台湾近現代音楽教育史専攻。『植民地台湾における公学校唱歌教育』(明石書店、2007年)、「台湾の小学校音楽教育における1962年改訂国民小学音楽科課程標準の意味」(『音の万華鏡 音楽学論叢』藤井知昭・岩井正浩編、岩田書院、2010年)

河原 功
東京大学・日本大学文理学部非常勤講師。財団法人台湾協会理事。専著『台湾新文学運動の展開』(研文出版)、『翻弄された台湾文学』(研文出版)。監修『台湾留用・引揚記録』(ゆまに書房)。共著『講座台湾文学』(国書刊行会)、共編『日本統治期台湾文学集成』(緑蔭書房)

北川知子
大阪教育大学非常勤講師
「植民地朝鮮の「国語科」－国定読本と朝鮮読本の比較を通して－」(「日本植民地・占領地の教科書に関する相同的比較研究－国定教科書との異同の観点を中心に－」平成18～20年度科研基盤研究B課題番号18330171 報告書 2009)
「いまこそ「本名を呼び、名のる」ことをテーマに～在日外国人教育の読み物教材考～」(『解放教育』2010年10月号)

河野孝之
1956年福岡生まれ。大東文化大学外国語学部中国語学科卒業。児童文学評論、中国語圏児童文学研究、植民地児童文学専攻。日中児童文学美術交流センター事務局長、(社)日本児童文学者協会理事。「中国児童文学の現在」(『日本児童文学』1986年4月号)、「中国児童文学批評の熱き日々―体験的中国児童文学批評史」(児童文学評論研究会編『児童文学批評・事始め』てらいんく、2002年)、「発禁処分の行方～石森延男編「満洲文庫」と東亜「新満州文庫」」(『児童文学研究』35号、2002年)、「日本における中国児童文学研究」(日本児童文学会編『児童文学研究の現代史』小峰書店、2004年)

小島 勝
龍谷大学文学部教授。異文化間教育学。

『日本人学校の研究―異文化間教育史的考察―』（玉川大学出版部、1999年）、『在外子弟教育の研究』（編著、玉川大学出版部、2003年）、『第二次世界大戦前の在外子弟教育論の系譜』（龍谷學會、1993年）、『アジアの開教と教育』（共編著、法藏館、1992年）、『異文化間教育学の研究』（編著、ナカニシヤ出版、2008年）など。

桜井　隆

明海大学外国語学部日本語学科教授。言語学・日本語教育史。1948年東京生まれ。「植民地教育史研究における言語の問題」（『植民地国家の国語と地理』29-37頁皓星社 2006）「日本の社会言語学－その歴史と研究領域」（『ことばと社会』10号 25-40頁 三元社 2007）

佐藤由美

埼玉工業大学人間社会学部教授。教育史専攻。日本統治下台湾・朝鮮における教育政策とその実態について研究を進めている。最近の研究に『日本植民地教育政策史料集成（台湾篇）』第6集、解題「日本統治期台湾における各科教科書の編纂」（龍渓書舎,2008）、「日本統治下台湾からの工業系留学生-林淵霖氏の場合-」（埼玉工業大学人間社会学部紀要8号,2010）がある。

佐野通夫

こども教育宝仙大学教員。1954年生まれ。教育行政学。
『子どもの危機・教育のいま』（社会評論社、2007年）『日本植民地教育の展開と朝鮮民衆の対応』（同、2006年）、『アフリカの街角から』（同、1998年）、『＜知＞の植民地支配』（編著、同、1998年）、『近代日本の教育と朝鮮』（同、1993年）。

白柳弘幸

玉川大学教育博物館。日台近代教育史・自校史（玉川学園史）。「台湾『公学校修身教科書』に登場する人物―人物を通して何を学ばせようとしたのか」『台湾学研究国際学術研討会：殖民與近代化』（台湾）国立中央図書館台湾分館　民国98年12月。「台湾の博物館教育事情調査」『玉川大学教育博物館　紀要』第8号　平成23年3月。

田中　寛

大東文化大学外国語学部日本語教員。博士（文学）。1950年生まれ。専門分野：日本語学、タイ語学、比較言語文化学。著作：『複合辞からみた日本語文法の研究』、『統語構造を中心とした日本語とタイ語の対照研究』（いずれもひつじ書房）、『『負』の遺産を越えて』（私家版）、「東亜新秩序と『日本語の大陸進出』」（『植民地教育史年報』6号）など。

槻木瑞生

元同朋大学教授。近現代東アジア教育史。「中国近代教育の発生と私塾―中国間島における近代的学校の発生―」（『東アジア研究』第24号、大阪経済法科大学アジア研究所、1999年4月）、「中国間島における朝鮮族学校の展開―1910年代から1920年代初頭にかけて―」（『東アジア研究』第25号　1999年8月）、「アジアにおける日本宗教教団の活動とその異民族教育に関する覚書－満洲における仏教教団の活動 」（『同朋大学仏教文化研究所紀要』第22号　2002年）、「戦前「外地」における郷土教育」（『玉川大学教育博物館紀要』第6号　2009年3月）

中川　仁

明海大学外国語学部日本語学科教員。言語政策史学、日本語教育学専攻。著書に『二・二八事件資料集』2008年、『戦後台湾の言

語政策―北京語同化政策と多言語主義―』2009年。

芳賀普子
1941年生まれ。一橋大学大学院言語社会研究科博士課程卒業。朝鮮戦争人民軍捕虜尋問書により人民軍動員研究で博士(学術) 2010年3月。「戦後都立朝鮮学校にあらわれた問題点―戦後教育史の分岐点として」(『植民地教育史研究年報2003年06』)など。(株)之潮 経営。恵泉女学園大学平和文化研究所研究員。

弘谷多喜夫
浜松学院大学短期大学部教員。1942年山口県生まれ。教育史専攻。研究テーマは近代国民国家と植民地教育、近代教育学理論の再構築。「戦後 (1945-92年) における台湾の経済発展と教育：世界史における近代植民地支配の遺産と関わって」(『台湾学研究国際学術検討会：殖民與近代化 論文集』国立中央図書館台湾分館編印)

前田均
天理大学国際学部准教授。1953年大阪市生まれ。
言語学・音声学・日本語教育専攻。論文等に『日本語教科書目録集成』(科研報告書)。

山本一生
東京大学大学院教育学研究科博士課程。1980年オーストラリアシドニー市生まれ。「日本統治下膠州湾租借地における初等教員人事異動の展開」(『植民地教育史研究年報』vol.12、2010年)「帝国日本内を移動する教員」(『日本の教育史学』52、2009年)など

林 琪禎
一橋大学大学院言語社会研究科博士後期課程。1978年12月生まれ。「『国民学校令』の植民地適用―『国民学校令施行規則』・『台湾公立国民学校規則』・朝鮮『国民学校規程』を見る―」(一橋大学大学院言語社会研究科紀要『言語社会』第4号、2010年)

渡部宗助
日本大学分理学部 (非常勤)。日本近現代教育史―植民地・留学生・戦後教育―。『日中教育の回顧と展望』(編著、国立教育研究所、2000)、『教育における民族的相克』(編、東方書店、2000)、「教員の海外派遣の政策史と様態」(小島勝編著『在外子弟教育の研究』、玉川大学出版部、2003)、『教育刷新委員会／教育刷新審議会 会議録』(全13巻、編著、岩波書店、2007)。

CONTENTS

Forward ·· TSUKINOKI Mizuo

I. Symposium ; Colonies and their juvenile culture
Conference purpose ··· MAEDA Hitoshi
Colonies and Juvenile Culture―― Korean Studies ························· OTAKE Kiyomi
Comments: Reviewing Books for Colonial Children of Korea ········ KITAGAWA Tomoko
Ishimori Nobuo and his Literary Activities for Manchurian Juvenile――Manchurian Studies ·· KAWANO Takashi
Comments: Creating "Japanese Community in Manchuria" ········ YAMAMOTO Issei
Juvenile Literature and Culture in Taiwan――Taiwan Studies ··· KAWAHARA Isao
Comments: Kawahara's Paper of Taiwanese Juvenile Literature and Culture
·· HIROTANI Takio

II. Research Papers
Compulsory Primary Education of Taiwan under Japanese Governance······ LIN Chi Jen

III. Study Notes
Colonial Cultural Policy under the Greater East Asia Co-Prosperity Sphere: The Fiction and the Reality of the Dream of a Butterfly ···························· TANAKA Hiroshi

IV. Research Material
School Experiences of the First Generation Koreans in Japan: a Case of KIM Shi Jeong
LEE Sung Jeon ,SATO Yumi, HAGA Hiroko

V. Field work Report
Research of Colonial School Education in Taiwan (No.3) ··· SHIRAYANAGI Hiroyuki

VI. Book Review
Kobayashi Shigeko; 'Nation State' Japan and its Emigrants' Trace ···KOJIMA Masaru
ENDO Masataka; Nationality and Family Registration of Japanese Colonies in Modern Japanese History -Manchuria, Korea and Taiwan······························· SANO Michio
HONMA Chikage: Educational Policy before and after Japanese Annexation of Korea
···LEE Sung Jeon
Wu Giang (Translated by Su Lin and Ryu Hideko, Supervised by Miyawaki Hiroyuki); Japanese Colonial Education Policy during its Aggressive Period in China
·· HIROTANI Takio
Lin Chu-mei ; Taiwan as the 'Homeland' : The Transformation of Identity through the Expansion of National Education ·······························NAKAGAWA Hitoshi
NAKAGAWA Hitoshi: Language Policy in Taiwan after WWII ― Assimilation into

Mandarin and Multilingualism ·· SAKURAI Takashi

  Gao Jing ; Formation of Music Educational Thought in Modern China - Chinese Intellectuals Studied Japanese School Songs in Japan ···················· OKABE Yoshihiro

Ⅶ. Words at Issue
Gunka — Military Songs ··SAKURAI Takashi

Ⅷ. Research Report
Remembering my visit to the Independence Hall of Korea ······ WATANABE Sosuke
Colonial History Education of the 1910's Korean Governor-general ······ SANO Michio
  Essay on the education of history around 1910 in Japan : Situation, curricula and textbooks ·· WATANABE Sosuke

Ⅵ. Miscellaneous ·· SHIRAYANAGI Hiroyuki

Editor's Note ································· OKABE Yoshihiro NAKADA Toshio
Authors ··

植民地教育史研究年報　第13号
Annual Reviews of Historical Studies of Colonial Education vol.13

植民地と児童文化
Colonies and their juvenile culture

編集
日本植民地教育史研究会運営委員会（第Ⅴ期）
The Japanese Society for Historical Studies of Colonial Education

　　代　　表：西尾達雄
　　運営委員：井上薫・小黒浩司・北川知子・白柳弘幸・田中寛・
　　　　　　　弘谷多喜夫・前田均・松浦勉・渡部宗助
　　事務局長：白柳弘幸
　　事務局員：井上薫・合津美穂・山本一生
　　第13号編集委員会：中田敏夫（委員長）・李省展・弘谷多喜夫・
　　　　　　　前田均・岡部芳広
　　事務局：玉川大学教育博物館研究調査室
　　〒194-8610 東京都町田市玉川学園6-1-1
　　TEL 042-739-8656
　　URL http://colonialeducation.web.infoseek.co.jp
　　E-mail：hiroyukis@tamagawa.ed.jp
　　郵便振替：００１３０－９－３６３８８５

発行　2011年3月30日
定価　2,000円＋税

　　　　発行所　　株式会社 皓星社
　　　　〒166-0004　東京都杉並区阿佐谷南1-14-5
　　　　電話：03-5306-2088　FAX：03-5306-4125
　　　　URL http://www.libro-koseisha.co.jp/
　　　　E-mail：　info@libro-koseisha.co.jp
　　　　郵便振替　00130-6-24639

　　　　　装幀　藤林省三
　　　　　印刷・製本　㈲吉田製本工房

ISBN987-4-7744-0453-0 C3337